KB236483

약사가 말하는

약사

지은이들 김현익 성남 복정동서울약국 약국장 | 곽현설 제주 한라약국 약국장 | 조예슬 한독약품 임상연구실CRA | 박서림 근무약사 | 윤정혜 분당서울대학교병원 특수조제팀 약사 | 김태욱 인천 다사랑약국 약국장 | 조정윤 레오파마 마케팅총괄이사 | 최혁재 경희의료원 약제본부 팀장 | 최정림 파주 정은약국 약국장 | 박홍진 한국오츠카제약 전무이사 | 최은경 인천 희망약국 약국장 | 강성심 서울특별시서북병원 약제부 약사 | 이재관 부천자연약국 약국장 | 노종화 태평양제약 품질보증팀 부장 | 정국현 서울 도곡메디칼약국 약국장 | 윤의경 미국 캘리포니아 월그린 약사 | 이주영 녹색소비자연대 의약품안전사용운동본부 본부장 | 김미혜 숨디자인 이사 | 배현 성남 밝은미소약국 약국장 | 윤수진 프리랜서 메디컬 라이터 | 장보현 늘픔약국 약사 | 박종우 한미약품 상무이사 | 정혜진 정약사의 비타민약국 약국장 | 맹호영 보건복지부 기초의료보장과장 | 김성일 부산 싱싱약국 약국장 | 홍성광 서울 동오약국 약국장 (이상 원고 게재 순)

약사가 말하는 약사

2013년   5월 31일 초판 1쇄 발행
2024년   5월   2일 초판 11쇄 발행

지은이 홍성광 외 25인
펴낸곳 부키(주) | 펴낸이 박윤우
등록일 2012년 9월 27일 | 등록번호 제312-2012-000045호
주소 서울시 마포구 양화로 125 경남관광빌딩 7층
전화 02) 325-0846 | 팩스 02) 325-0841
홈페이지 www.bookie.co.kr | 이메일 webmaster@bookie.co.kr
제작대행 올인피앤비 bobys1@nate.com
ISBN 978-89-6051-309-9 14300
ISBN 978-89-85989-61-9(세트)

부키 전문직 리포트 **18**

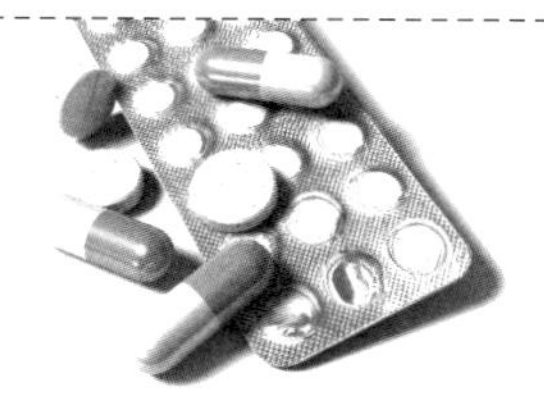

약사가 말하는

약사

26명의 약사들이
솔직하게 털어놓은
약사의 세계

부·키

1장 약사 24시

2장 새내기 약사의 고군분투

3장 다양한 약사의 세계

1장

약사 24시

오늘은 월급날

| 김현익 |

1997년 성균관대 약대를 졸업하고 2009년 같은 대학교 대학원에서 보건사회약학 석사 학위를 받았다. 대한약사통신 시스템이사를 역임했으며 '알리미팜'을 비롯한 약국 관련 각종 IT 시스템 개발에 참여해 왔다. 현재 복정동서울약국 대표약사이자 성남시약사회 약국경영활성화단을 이끌고 있다.

am 8:00

여느 때처럼 정신없이 아침 식사를 끝내고 전철에 몸을 싣는다. 오늘은 말일이어서 그런지 전철에 유난히 사람이 더 북적이는 것 같다. 약국 경영자에게는 출퇴근길이 하루를 준비하고 또 하루를 정리하는 데 요긴한 시간이다.

전철에서 아이패드를 이용해 약업 관련 전문지 기사들을 훑어본다. 대략 4종류의 전문지 기사를 읽다 보면 어느덧 도착역이 가까워진다. 그래도 시간이 조금 남으면 다음(Daum)과 같은 포털 사이트에서 건강 섹션 기사나 블로그를 읽는다. 요즘 소비자들은 약사보다도 더 빨리 인터넷을 통해 정보를 획득하기 때문에, 약국에 문의해 오는 경우 약사가 해당 사실을 몰라 낭패를 보는 경우가 많다. 그래서 소비자들의 관심사가 무엇인지 약사 입장에서도 늘 체크할 필요가 있다. 오늘은 한 방송 채널에 어떤 의사가 나와 비타민 A 연고를 예찬하는 바람에 소비자 문의가 급증하고 있다는 블로그 글을 접한다. 곧바로 주문해 약국에 비치하고, 해당 제품에 대한 복약 지도 내용을 꼼꼼히 재확인해야겠다.

am 8:50

약국 문을 열고 직원과 함께 업무 준비를 한다. 정식 업무 시작 시간인 9시부터 고객들에게 정상적인 서비스를 제공하려면 조금 더 일찍 문을 열어야 하기 때문이다. 어제 마감할 때 세척해 둔 유발과 유봉, 약주걱 들이 잘 건조되었는지 확인하고, 조제실에서 필요한 물품을 정리한다. 약국 업무 일지를 확인해 오늘 해야 할 일을 다시 한 번 체크한다. 오늘은 말일이므로, 직원들의 월급도 보내야 하고 몇몇 거래처에 결제도 해 줘야 한다. "은행에서 동전과 지폐도 교환해 둘 것"이라는 메모도 보인다.

am 9:20

도매업체로부터 어젯밤에 주문한 제품이 도착한다. 보통 작은 박스에 포장되어 도착하는데, 약국 주문은 특성상 다품목 소량 주문이기 때문에, 작은 박스이긴 해도 보통 10종류 이상의 제품이 들어 있다. 각 제품마다 수량이 맞는지 거래 명세서와 대조하고 유효 기간을 파악한다. 유효 기간은 보통 6개월 이상 남아 있는지를 확인해야 하는데, 6개월 미만으로 남아 있는 제품이 재고로 남으면 환자에게 투약되기 전에 유효 기한을 넘기기 십상이다. 이런 경우 고객의 불만 제기도 많아지므로 그런 제품들은 바로바로 반품 조치를 해 두는 것이 좋다. 이 부분을 꼼꼼히 챙기지 못하면 약국에서는 해당 제품을 모두 손실을 보고 폐기해야 한다. 따라서 아무리 매일 반복되는 지루한 작업이라도 설렁설렁 넘어갈 수 없다.

am 10:00

처방 고객 중 한 분이 오셨다. 혈압약을 30일분씩 투약받는 고객인데, 특별히 약이 바뀐 것이 없어서 약을 잘 복용하고 계신지 물어봤다. 가만 보니 약국 방문 일을 4일 정도 지나 들르신 것 같다.

"아버님, 혹시 혈압약을 건너뛰셨어요? 아니면 혹시 댁에 남은 약이 있었나요? 저번 달에는 26일에 오셨는데, 오늘은 30일을 넘겨서 오신 것 같아서요."

고객은 웃으면서 "내가 조금 바빠서 말이에요. 병원에 간다 간다 하면서, 오늘에야 왔네요."라고 답한다.

"아버님, 그럼 혹시 4일간 약을 복용 못 하신 거예요?"

"아니, 다행히 집에 예전에 받아 두고 남은 게 있어서 먹었지."

"아, 그러셨군요. 혈압약을 갑자기 중단하시면 급작스럽게 혈압이 상승할 수 있기 때문에 건너뛰지 않도록 주의하셔야 돼요. 다음에는 저희가 다시 한 번 체크해 드릴 테니 약이 떨어지지 않도록 미리미리 방문해 주세요."

우리 약국에서는 이런 상황에 대비해 고객에게 병원이나 약국 재방문 일자를 미리 알려 주는 문자 메시지 서비스를 제공하고 있다. 가령 30일분의 약을 복용하는 고객이 1월 2일에 방문했다면 2월 1일부터는 약을 다시 복용하기 시작해야 하므로 최소한 5일 전에는 병원을 재방문해야 한다. 따라서 1월 26일경에 고객의 병원 재방문 시기를 알려 주는 메시지를 발송하는 것이다. 실제, 매일 약을 복용하는 분들 중에는 스스로 확인해 가며 병원을 다시 가는 분도 계시지만, 대부분은 약이 얼마만큼 남았는지 확인하지 못한다. 이런 분들에게 우리 약국의 서비스가 큰 도움이 되고 있다.

am 11:30

약국은 처방 조제 고객과 일반의약품 등을 구매하러 오는 고객으로 늘 분주하다. 가끔 오시는 단골 고객 한 분이 방문하셨다. 낯이 익은 얼굴이라 먼저 인사를 건넨다.

"안녕하세요? 심은진 어머니시죠? 잘 지내셨어요?"

"네, 약사님."

"드시던 약을 잘 복용하셨나요? 그러고 보니 얼굴이 더 환해지신 것 같은데요?"

"아, 그래요? 호호호~."

심은진 고객의 상담 차트를 POS(point of sales) 프로그램에서 확인해 보니, 2개월 전에 기미 치료제를 구매한 내역 등을 확인할 수 있었다. 그날 고3인 딸이 스트레스로 잠도 잘 못 자고 머리카락도 자주 빠지는 것 같아 속상하다는 상담을 한 사실도 함께 확인했다.

"어머니, 따님은 좀 어떠세요? 아직도 잠도 잘 못 자고 그래요?"

"네, 약사님. 그렇지 않아도 오늘은 딸 때문에 상담 좀 하려고요."

"아, 그러셨군요. 그럼 어머니, 제가 나가서 설명을 드릴 테니 의자에 앉아 잠시 기다려 주시겠어요?"

우리 약국은 공간이 좁아 투약구에서 상담과 투약을 2명이 동시에 진행할 수 없는 구조다. 그래서 장시간 상담이 필요할 때는 직접 고객

:: 필자의 약국은 관리 프로그램과 POS 시스템에 필요한 모니터들로 투약구가 복잡하다.

과 의자에 나란히 앉아 진행하는 경우가 많다.

우선, 아이패드로 고객의 상담 내역을 확인할 수 있도록, 약국 컴퓨터와 원격으로 연결한 후 고객의 옆에 앉아 이야기를 진행한다. 고객과 관련한 모든 것을 내가 기억할 수 있다면 좋겠지만, 현실적으로 그 많은 고객을, 또 다양한 상담 내용을 일일이 기억할 수 없으므로 약국 프로그램 내의 상담 차트를 꼭 이용해야 한다. 더구나 우리 약국에는 나 말고도 4명의 약사가 교대 근무를 하므로, 각 고객에 대한 특성과 상담 내용을 꼭 기록으로 남겨 두어야 약사가 바뀌더라도 동일한 서비스를 제공할 수 있기에 상담 차트가 더욱 중요하다.

고객과 상담한 결과, 따님은 심한 스트레스로 인한 탈모 증세와 불면, 두통, 생리통 그리고 구내염 증상까지 같이 보이는 것으로 결론을 냈다. 성장기 스트레스와 학업 스트레스가 동시에 나타나는, 그 나이 또래에 가장 많이 보이는 전형적 증상이다. 학업 스트레스는 고3 수험

생활을 끝내기 전까지는 어쩔 수 없는 현실이어서, 현재 가장 불편한 증상을 개선시킬 수 있는 방향으로 투약하기로 했다. 불면, 탈모, 구내염 등에 도움을 줄 수 있는 조혈영양제와, 구내염은 물론 스트레스로 인한 신경 세포 파괴를 개선시킬 수 있는 고단위 비타민 B, 그리고 수면 장애와 생리통 개선, 어깨 결림 등에 효과가 있는 칼슘, 마그네슘 복합제를 복용시키기로 했다.

따님이 약을 잘 복용할 수 있도록, 약이 단순히 건강을 개선시킬 수 있을 뿐 아니라 학업 능력 향상에도 도움을 줘 결과적으로 본인이 원하는 대학에 갈 수 있다는 믿음을 주도록 딸에게 이야기를 잘해 주시라는 당부의 말씀도 잊지 않았다. 그리고 혹시 궁금한 것이 있거나 불편한 점이 발생하면 지체 없이 약국으로 연락을 달라고 말씀드렸다.

이런 내용은 모두 상담 차트에 기록되고 차후 방문 시 하나하나 고객에게 다시 확인하는 과정을 거치게 된다. 약은 구매하는 것보다 적절하게 꾸준히 복용하는 것이 중요하고 그것은 약사와 고객 간의 신뢰에서 시작되기 때문이다.

pm 12:30

오전 업무 시간이 거의 지나가고 있다. 오전 동안 소요된 처방약의 재고를 파악해 오후 주문을 할 시간이다. 우리 약국에서는 오프라인으로 거래하는 지역 도매업체에서 하루 2회 배송을 받는다. 오늘 저녁에 주문한 것은 내일 오전에, 오늘 오후 1시까지 주문한 내용은 오후 3시경에 배송된다. 도매업체 입장에서는 경비 문제로 잦은 배송을 피하고 싶겠지만, 약국 입장에서는 배송을 자주 해 주는 것이 재고 관리에 큰 도움이 되므로 힘들더라도 소량 주문을 자주 넣는 편이다.

:: "면허부터 개국까지 모든 것을 알려 주는" '초보 약사 탈출기' 강사로 나선 필자.

pm 1:00

즐거운 점심시간이다. 나와 근무약사, 직원 2명이 2명씩 짝을 이루어 30분씩 식사 시간을 가진다. 약국 주변의 여러 식당을 번갈아 가며 이용하는데, 식당 이용도 동네 장사여서 한 곳만 이용할 수 없다. 사소해 보이겠지만 여러 식당을 골고루 이용하는 것도 약국 이미지를 올릴 수 있는 작은 팁이다. 해당 업소 직원들도 똑같이 여러 약국을 이용하는 것과 같은 이치다. 오늘 점심 메뉴로 부대찌개를 골랐다.

pm 2:00

오후 업무의 시작이다. 이 시간에는 어제 온라인으로 주문한 제품들이 배송될 시간이다. 업체 3군데에서 큰 박스가 3개 도착했다. 직원과 함께 배송된 박스를 뜯고 확인 작업을 한다. 일반의약품의 경우에는 약국 내 재고 수량과 POS상의 재고가 일치하는지도 체크한다. 약국에서 제품이 판매될 때마다 POS에 입력해 재고 수량을 확인하는데, 사람이 하는 일이라 바쁠 때는 POS에 입력하지 못하고 판매되는 경우도 있고, 고객이 계산을 하지 않고 그냥 집어 가는 경우도 종종 있기 때문에, 진열 상품의 경우 재고 수량이 맞지 않는 경우가 많이 발생한다. 이런 부분을 틈날 때마다 정정해 주지 않으면, 나중에는 큰 차이가 나서 약국 전체 재고를 조사하지 않고서는 실제 재고를 파악할 길이 없다.

pm 2:30

출근 시에 봤던, 비타민 A 연고에 대한 자료를 찾아보고 있다. 국내에 유통되는 제품이 몇 개 없는데, 도매업체에 확인해 봤더니 한 품목을 제외하고는 모두 품절 상태다. 오늘도 벌써 고객의 전화 문의가 2건 있었으므로, 우선 도매업체에 2개 정도의 수량을 온라인으로 주문해 둔다. 내일 배송될 예정이므로, 혹시라도 있을 고객의 전화에 응대할 수 있도록 약국 업무 일지에 메모해 두고, 근무약사와 직원들에게 해당 내용을 공지해 준다. 비타민 A 연고에 대한 복약 지도 내용을 꼼꼼히 재확인해 두고 근무약사와 해당 내용을 공유한다. 그리고 고객이 요청하면 문서로 제공할 수 있도록 주요 사항을 A4 용지 한 장으로 미리 정리해 두었다.

pm 3:00

제약회사 영업 사원이 방문했다. 오늘은 2명이 같이 온 것을 보니 무슨 일이 있나 보다.

"안녕하세요? 약사님."

"아… 네, 안녕하세요?"

“다름 아니라, 제가 다른 지역 부서로 옮기게 되어 인수인계를 하려고 왔습니다.”

끄응, 역시나. 인수인계다.

약국 거래처의 담당자가 바뀌는 경우에는 해당 담당자와 처리한 주문 및 결제 내역과 관련해 정리할 것이 많기 때문에 신경 쓸 것이 많다. 가령, 영업 담당자가 빌려 갔던 제품, 약국에 빌려 준 제품, 그리고 주문 시 약정된 내용 등이 제대로 이행되었는지 확인해야 한다. 이런 부분들은 단순한 거래 관계를 떠나 약국과 영업 담당자의 개인적인 관계로 치부되는 경우도 있어서 다른 담당자로 바뀔 때 제대로 정리되지 않으면 서로의 신뢰에 금이 갈 수도 있으므로 꼼꼼히 챙겨야 한다.

다행히 해당 거래처는 특별한 것이 없어서, 새 담당자와 명함을 주고받으면서, 서로의 잔고 확인서에 도장을 찍는 것으로 인수인계가 무난히 마무리되었다. 해당 담당자는 가끔 약국으로 커피도 사다 주는 등 성실하고 서글서글한 성격이라 나도 호의를 많이 갖고 있었기에 여러모로 아쉽다. 그래도 좀 더 넓은 지역에 더 높은 자리로 옮긴다니 축하해 줄 일이다. 역시 성실하더니 회사에서도 인정받는 모양이다.

pm 3:40

돌발 상황이다. 50대로 보이는 여성 고객이 다짜고짜 약국 안으로 들어서면서 큰소리를 낸다.

“그 젊은 약사 어디 있어요? 나오라고 해요!”

약국 내에서는 그 고객 말고도 기존에 대기 중인 고객이 세 분 있는 상태다. 그 고객이 너무 흥분한 것 같아 내가 일단 흥분을 가라앉히려고 밖으로 나간다.

"어머니, 무슨 일인지 모르시겠지만, 제게 먼저 말씀해 주시면 조치해 드리겠습니다."

"됐고요. 그 약사 나오라고 해요, 그 젊은 약사. 내가 그렇게 처방대로 달라고 했는데 장난을 쳐? 내가 가만두지 않겠어!"

조제실에 있던 근무약사가 무슨 일인가 얼굴을 내밀었더니, 그 고객이 근무약사 얼굴을 보고는 또 한바탕 쏘아 댄다.

"아니, 약사님. 내가 일산에서 일부러 이 약국까지 찾아오는데, 어떻게 나한테 이럴 수 있어? 내가 화가 나서, 정말! 지금 그 앞에서 약을 짓고 오는 길인데, 어떻게 나한테 이렇게 싸구려 약을 줄 수 있느냐 말이지."

고객이 카운터 위로 저번에 받아 갔던 약으로 보이는 것들을 내팽개치자, 약국 분위기가 싸늘하게 얼어붙는다. 도대체 무슨 일이기에 저렇게 다짜고짜 화를 낸단 말인가.

우선 다른 고객들도 있고 해서, 진정시키기 위해 계속 말씀을 드렸다.

"어머님, 무슨 일인지 모르겠지만, 차근히 말씀해 주시면, 저희가 확인 후 조치해 드리겠습니다. 우선 여기 앉으시고 잠시만 진정해 주세요."

그사이, 민망한 상황에서 다른 고객들이 투약을 서둘러서 받고 약국을 빠져나간다. 정말 그분들에게 죄송스럽다. 한 분의 고객이 난리를 치면, 다른 분들에게는 소홀해질 수밖에 없으니 말이다.

분한 고객을 가라앉히고 이야기를 들어 보니, 본인은 줄곧 '디오반 160밀리'를 처방받아 복용하고 있었는데, 지난번에 우리 약국에서 임의로 '바로살탄 160밀리'로 주었다는 것이다. 오늘이 병원 방문 일이었고, 혈압을 재 보니 혈압이 조절되지 않고 올라가 있었다는 얘기. 더군

다나 처방 의사가 고객이 갖고 있는 약을 보고는 "내가 처방한 약이 아닌데요? 아마 약국에서 바꾼 것 같아요."라고 했단다. 이에 분노가 폭발한 그 고객은 한걸음에 우리 약국에 달려와 격렬하게 항의한 것이다.

디오반과 바로살탄은 동일 성분의 약이고 대체 조제가 가능한 약이다. 그런데 우리 입장에서는 굳이 대체 조제를 할 이유도 없고, 설사 대체 조제를 했다고 해도 고객에게 충분히 설명했을 것이다. 이해가 잘 가지 않는 상황은 우리도 마찬가지였다.

우선, 해당 고객의 처방전 내용을 확인해 보기로 했다. 여전히 고객은 씩씩거리고 있지만 정확히 확인하기 전에는 어떠한 대응도 불필요한 상황이어서 컴퓨터로 달려갔다. 우리 약국에서는 고객의 처방전을 스캔해서 보관한다. 고객의 방문 일자를 확인해 스캔된 처방전을 출력했다. 출력된 내용에는 정상적으로 '바로살탄 160밀리'가 인쇄되어 있었다. 즉 약국에서는 아무 문제가 없었던 것이다. 더구나 우리 근무약사 말에 의하면, 당시에 과거에 드셨던 약품명과 다르게 처방이 나왔다고 고객에게 알려 드렸더니, 고객이 꼭 처방 나온 대로 달라고 해서, 그 제품을 따로 주문하기까지 해 그다음 날 투약했다. 이런 경우는 정말이지 약국에서 억울하게 당한 것이라고밖에 볼 수 없다.

우선 고객에게 말씀을 드렸다.

"고객님, 무슨 오해가 있으신 것 같은데, 여기 보시는 것처럼 저번 처방이 바로살탄으로 나왔고, 제대로 투약해 드린 것이 맞습니다. 그런데도 그렇게 무턱대고 화를 내시면 저희는 어쩌란 말입니까?"

"아니, 맞는다고요? 잠시만요!"

직접 확인을 하고 나니 본인도 난감해한 표정이다.

"아이고, 약사님 미안해서 어째요? 난 병원에서 그렇게 이야기를 들어서 그런 줄로만 알고 약사님에게 심하게 이야기했네요. 정말 죄송합니다!"

고객은 실제로 과거에 비해 혈압 조절이 잘 안 돼 아주 예민해져 있는 상황이어서 오해하기 쉬웠다. 무엇보다 디오반을 처방했다고 기억하고 있는 의사가 (실제로는 처방전에 바로살탄으로 인쇄되어 나온 사실을 모르는 채로) "약국에서 임의로 변경했다"라고 발언한 것이 결정적인 이유였다.

나는 처방 의사에게 전화해 해당 내용을 알리고 정중히 항의했다. 환자에게 정확하지 않은 설명은 서로에게 불신만을 가져다줄 수 있으므로, 다음에는 이런 일이 생기지 않도록 해 달라고 부탁했다.

나중에 재차 확인해 보니, 이번 일은 해당 병원의 처방전 발급 시스템에도 문제가 있어서, 특정 상품명을 입력했을 경우 새로 등록된 제품(동일 성분이긴 하지만)이 먼저 출력되는 오류가 있었던 것으로 밝혀졌다. 어이없는 해프닝으로 일단락되었지만, 오랜 기간 고객과 쌓아 온 신뢰 관계가 의도치 않은 일들로 깨져 서로에게 상처가 될 뻔했다.

pm 5:30

앞선 고객의 문제를 처리하다 보니, 벌써 시간이 훌쩍 흘러 버렸다. 이제 30분 후면 근무약사가 퇴근하니, 퇴근 전에 혹시 서로 공유해야 할 내용이 있는지 확인한다. 내가 자리를 비운 점심시간에 근무약사가 비타민 A 연고를 찾는 고객의 전화를 받았다는 내용을 언급한다. 전화가 왔던 번호가 메모되어 있어 고객에게 전화를 걸어 내일 제품이 도착하니 혹시 처방전을 받으셨다면 약국을 방문해 달라고 전했다.

:: 2013년 성남시약사회 정기총회에 참석한 필자.(첫 줄 맨 왼쪽이 필자)

pm 7:00

직원 1명도 퇴근하고, 이제는 처방전 고객보다는 일반 약을 구매하는 고객이 많이 오는 시간이다. 대부분 퇴근 후에 들리는 고객이어서 다양한 요구가 있다. 감기가 도는 때라 대부분 감기약을 구매하지만, 피곤하다는 분, 발에 무좀이 재발되었다는 분 등을 일일이 응대하다 보면 벌써 8시에 다다른다.

pm 8:00

남아 있는 직원이 내일 업무에 지장이 없도록 조제실을 정리한다. 또 세척할 것은 세척하고 재활용 쓰레기와 휴지통도 비우고 진열장에 제품도 채우고 퇴근한다.

생각해 보니, 직원들 월급을 아직 못 보냈다. 부지런히 급여 명세서대로 급여 이체 처리를 한다.

내일 시급히 도착해야 할 제품들의 주문을 넣는다. 단순히 재고가 부족한 제품뿐 아니라, 드문드문 오시는 장기 고객을 위한 재고도 확보해야 하므로, 앞으로 7일간 필요한 제품들을 처방 판매 통계를 보며 일일이 확인해 주문한다. 웹으로 주문장을 전송하고 나서야, 한숨 돌릴 겨를도 없이, 국민건강보험공단 EDI[*](electronic data interchange) 청구를 준비한다. 모든 작업이 전산으로 이루어지기 때문에 육체적으로 힘든 일은 없지만, 처방전 내용을 부정확하게 입력하는 경우에는 EDI 청구가 정상적으로 이루어지지 않으므로, 처방전대로 실제 입력되었는지 미리미리 확인해 두어야 한다.

처방 조제 오류 검사를 모두 마치고, 청구 자료 집계를 한 후 전송을 한다. 이 모든 작업이 10~20분 안에 이루어진다. 우리 약국은 컴퓨터 사양이 조금 달리는 편이라 작업 속도가 더디다. 조만간에 고사양의 컴퓨터로 변경해야겠다.

pm 9:00

이제 퇴근 시간이다. 내일 해야 할 업무를 미리 정리해 둔다. 특히 내일 오전에 급히 처리해야 할 일은 약국 업무 일지에 메모해 둔다. 월초에는 처방약 주문량이 한 번에 많아지므로 내일은 좀 더 정신없을 것 같다.

* 약국을 비롯한 의료 기관에서 의료급여비를 청구하는 전산 시스템. 청구가 이뤄지면 건강보험심사평가원이 청구액을 심사한 뒤 지급한다.

pm 9:40

집으로 가는 전철 안. 오늘은 참 많은 일이 있었다. 상담을 통해 만족한 얼굴로 돌아가신 고객도 계시고, 우선 화부터 실컷 내고 우리에게 상처를 준 고객도 있었다. 한 달 동안 고생한 근무약사와 직원들에게도 감사하고, 나 스스로에게도 칭찬과 위로를 함께 보낸다. 경영적인 면에서 본다면, 저번 달보다는 매출도 감소하고 수익도 감소했지만, 다음 달에는 더욱 열심히 해서 고객도 만족하고 약국도 성장하는 그런 한 달이 되면 좋겠다는 생각을 한다.

맥가이버,
쩐의 전쟁에 뛰어들다

| 곽현설 |

삼육대 약학과 99학번. 중간에 약국을 운영했던 1년을 제외하면 약국에서 짧게는 며칠, 길게는 2년씩 근무 약사로 일해 왔다. 불의를 봐도 잘 참는 무난한 성격이다. 진짜다.

"따르릉~."

"여보세요."

"언론중재위원회입니다. 2011년 11월 10일자 ○○일보에 실린 '똑같은 복합마데카솔인데 최고 7600원, 최저 2800원, 젤콤정의 경우 최고 2000원, 최저 500원' 기사에 대해 정정 보도 청구하셨죠?"

"네. 복합마데카솔 7600은 10그램, 2800원은 5그램으로 용량이 다르고, 젤콤의 경우 2000원은 물약 2포, 500원은 알약 1개인데 같은 제품이라고 기사를 내서요. 기자에게 정정을 요구했는데 답장이 없어 정정 보도 청구했습니다."

"해당 기사의 내용상 개인이 신청하실 수는 없고요. 약사 단체를 통해 신청해 주셔야 합니다."

"알겠습니다. 약사회를 통해 재신청하겠습니다."

기사의 취재원은 의약품 편의점 판매를 주장해 온 시민단체. 기사의 이면에는 약국이 약을 독점해서 가격을 멋대로 매기니까 편의점에서도 약을 취급하게 해서 소비자 선택권을 넓히고 약가를 낮추자는 메시지가 깔려 있다. 기존의 체계를 비판하는 사람은 대안을 제시할 의무가 있고 그 대안은 명확한 근거를 갖추고 있어야 한다. 왜곡된 자료를 근거로 한 시민단체의 주장대로 의약품의 편의점 판매는 2012년 시행됐다. 개인적으로 안전성이 확보된 상비약의 편의점 판매라는 결론에 찬성한다. 하지만 왜곡된 자료를 흘려 여론을 호도하는 수법에는 찬성하지 않는다.

심리학은 필수!

근무약사는 월급쟁이 약사로 흔히 '근약'이라고 줄여 부른다. 보통 1년 단위로 계약하기 때문에 한곳에 2년 이상 있으면 오래 있는 편이다. 나이 들어 근무할 만한 곳이 줄어드는 점을 제외하면 근약도 할 만하다는 게 내 지론이다.

약사는 제품을 매개로 결국 사람을 상대하는 직업이다. 약국을 찾는 환자 중에는 다음과 같이 항의하는 이들이 허다하다.

"왜 ○○약국보다 100원 비싸죠?"

대학에서는 이런 상황에 대처하는 법을 가르쳐 주지 않는다. 그래서 새내기 근약은 스트레스를 많이 받는다. 개중에 내성적인 이는 아예 제약사나 병원으로 진출해 버리기도 한다.

나 역시 경험이 부족했을 때는 사람으로 인한 스트레스가 커 출근하자마자 퇴근 때만 기다렸다. 아무래도 외향적이면 유리하지만, 차분하게 정확한 정보를 전달해 주기를 원하는 사람도 많아서 내성적이라고 불리하지는 않다. 말수가 적고 내성적인 나도 현재 약국에서 문제없이 일하고 있다.(물론 약국장님은 문제가 많은 약사라고 생각하시는지는 모르겠다.)

왜 100원 비싸냐며 거품을 무는 사람에게는 "그럼 거기서 사세요!"란 말이 혀끝까지 튀어나오지만 참아야 한다.(약국장은 안 참아도 된다.) "주유소마다 휘발윳값 다른 것과 마찬가지죠. 드릴까요?" 하고 선택권을 넘기는 순간, '살까 말까' 환자의 깊은 고뇌가 시작되면서 거품 분비가 줄어든다.

중요한 점은 웃으며 말해야 한다는 것.(물론 웃으며 말한다고 100퍼센트 성공하는 것은 아니지만.) 평소 심리학 관련 서적들을 읽어 두면 도움이 된다.

근약의 문어발 근무 스킬

근약을 한 명을 쓰든 두 명을 쓰든 모두 나름대로 최소한의 인력을 채용한 것이기에 환자가 몰리는 시간이 되면 어느 약국이든 바쁘다. 약사는 조제 중인데 헐레벌떡 들어와서 "차 빼야 하니 약 좀 빨리 달라."고 독촉하는 사람, 대기석에서는 좀 전에 약 먹은 아이가 토하고, 5000원 내고 잔돈까지 받아 간 할머니가 돌아와 1만 원을 냈다고 우기는데 CCTV를 보여 줘도 막무가내고, 서둘러 조제하다 약을 빠트리는 바람

에 퀵으로 보내고…. 피크 타임에는 이렇게 문어발처럼 동시에 업무를
처리해야 한다.

근약의 주 업무는 조제·투약, 일반 약 판매, 모니터링, 상담의 4가
지다.

조제와 투약: "약사는 동자신이 아니다"

첫째, 조제·투약. 현재 근무하는 곳은 2700만 원짜리 로봇 조제기
로 조제한다. 드라마에서만 약국을 본 사람은 '컥!' 할 것이다. 소품으
로 쓰기에는 비싸서 앞으로도 TV에 나올 일은 없을 듯하다. 아직도 약
주걱에 약포지를 끼워 손으로 약을 넣고 포장하는 곳이 많다.

투약 시에는 처방 의도를 파악하고 환자 눈높이에 맞게 설명한다.
ER(extended release) 제제는 말 그대로 서서히 녹아서 약물을 지속
적으로 방출시키는 제형이다. 하루 한 번 복용하는 ER 제제 당뇨약의
경우, 약은 서서히 녹는데 체외로 빨리 방출돼 버리면 효과가 떨어지므
로 위장관 운동 속도가 느려지는 저녁 복용이 효과적이다. "왜 저녁에
먹어요?"라고 묻는 환자에게 "원래 그래요."라고 성의 없이 대답하면,
납득하지 못하는 환자는 '아침에 먹어도 되겠구나' 생각한다. 그렇다면
ER 제제 당뇨약을 아침에 복용하라는 처방은 틀린 것일까? 그렇지 않
다. 환자가 아침에는 챙겨 먹을 수 있는데 저녁에는 먹기 어려운 상황
이면 다소 효과가 떨어지더라도 안 먹는 것보다는 나으니까 아침 복용
으로 처방이 나온다. 사회가 갈수록 경쟁이 치열해지다 보니 약을 먹는
연약한(?) 모습을 안 보여 주려는 직장인이 많다. 알약 하나 주는 데 사
회까지 이해해야 한다면 너무 거창한가?

간혹 전화로 다른 약국에서 조제한 약을 문의하는 사람이 있다. 그

:: 대략 1500만 원대의 보급형 조제 기계를 작동시키는 필자. 기계가 조제를 진행하는 동안 환자 상대에 시간을 더 할애할 수 있다.

런 경우는 처방 의도를 파악하기 어려우므로 조제한 곳에 문의하시라고 정중히 거절한다. 간혹 전화선을 타고 쌍욕이 날아온다.

"다른 약국에서 탔는데 약 이름이 시메티…딘? 이거 무슨 약이에요?"

"보통 위염에 쓰는 약인데 위가 안 좋으세요?"

"위는 멀쩡한데… 의사가 실수했나? 아, 알았어요."

통상 위염에 쓰이는 시메티딘을 피부과에서 20~30mg/kg/day로 처방했다면 사마귀 치료 용도로 처방한 것이다.

플라세보 효과가 가짜 약에도 효과를 보는 현상이라면, 노세보(nocebo) 효과는 진짜 약이 불신으로 인해 효과를 못 보는 현상이다. 처방 의도를 파악하지 않은 채 엉뚱하게 답해 주면 결과적으로 치료를 방해하게 된다. 환자가 병원에 전화해서 따지면 그야말로 개망신이다!

위와 같이 '허가받지 않은 용도(off-label use)', 즉 약물의 비공인 효능을 이용하는 처방일 경우 약물만 보고 환자의 질환을 섣불리 판단해서는 안 된다. 가바펜틴의 공인된 적용 질환은 발작, 신경병증성 통증이지만 '허가받지 않은 용도'로 조울증, 본태성 진전, 안면 홍조, 편두통 예방, 수면 장애의 일종인 하지 불안 증후군, 절단된 팔다리에서 통증을 느끼는 환영 사지 증후군(phantom limb syndrome)에까지 쓰인다.

"이거 어디 쓰는 약이에요?"

"여러 질환에 두루두루 쓰여요. 진단을 어떻게 받으셨는데요?"

"약사가 척 보면 몰라요?"

"같은 쌀로 밥도 하고 죽도 쑤듯이, 여러 곳에 쓰이는 약이에요."

나는 동자신이 아니다. 진단 결과를 물어보고 눈높이에 맞게 설명해 준다. 눈높이에 맞는 설명은 제품보다 사람에 초점을 맞추는 설명이다. 고혈압 환자에게 약의 작용 기전을 침 튀기며 설명해 주는 것보다는(아마도 기전을 듣다가 혈압이 더 올라갈 것이다) 사람에 초점을 맞추는 것이다.

"짜게 먹지 마세요." 하면 '누가 그거 모르냐?' 하는 표정이다.

"찌개에 물 한 컵 붓고 젓가락으로 건더기만 건져 드세요. 수저 쓰지 말고."라고 콕 집어 줘야 한다.

이런 설명도 몇 년씩 같은 약을 먹는 환자에게는 반복할 필요가 없다. 잘 먹고 있는지 체크하고, LA에서 아들이 보냈다는 건강식품의 정체를 밝혀 드리고, 한가하면 말동무해 드리고 그러면서 도움을 주기도 하고 받기도 한다. 시골 약국에서 일할 때는 마도로스 시절 세계를 누빈 얘기를 풀어놓던 단골 할아버지 덕분에 외항 선원의 고단한 삶을 이해할 수 있었다.

이런저런 직업을 가진 사람들을 만나다 보면 약사로서 미처 깨닫지 못하던 것도 배운다. 노인이 있는 집은 화장실 문이 바깥으로 열리게 설계해야 한다는 것은 책에서 만난 건축가에게서 배웠다. 화장실에서 쓰러졌는데 문이 안쪽으로만 열린다면, 구조한다고 문을 밀치며 들어갈 때 환자에게 2차 충격을 가할 것 아닌가?

일반의약품 판매: "약사는 자판기도 아니다"

두 번째 업무는 일반 약의 판매다. 약사가 달라는 대로 주기만 하면 되는 직업이라면 참 쉬울 텐데….

"해열제 하나 줘요."

"누가 드실 건데요?"

"달라면 빨리 주기나 할 것이지 왜 물어봐요?"

"해열제도 여러 종류가 있으니까요. 누가 열이 있는데요?"

"열은 없고 애가 발진이 돋아서요."

"예? 발진에는 피부약을 써야지, 해열제는 왜…?"

"옆집 언니가 속열 때문에 피부 발진이 올라온 거라고 해열제 먹이래요."

"그러지 마시고 길 건너 피부과 데려가 보세요."

"별꼴이야! 그냥 주면 되지! 약국이 여기밖에 없나?"

(이어서 꽝! 하고 문 닫히는 소리)

처음 보는 약사보다 옆집 언니 말이 먹히는 것이 인지상정. 고객이 달란다고 무작정 집어 주지는 않는다. 자판기는 아니니까.

여름에 "습진 연고 주세요." 하는 무좀 환자에게 그대로 습진 연고를 주면 무좀은 악화된다. 대부분의 환자가 가려움을 '습진'이라는 단어로 표현하기 때문이다. 무좀 환부의 특징을 설명해 주고 특징이 일치한다고 하면 무좀 연고를 팔고, 헷갈려 하면 진단을 받으라고 의원으로 보낸다.(요새는 태블릿 PC로 환부 사진을 보여 주고 판단하라고 하는 약사도 있다.) '습진 연고 달라고 했으니 악화돼도 환자 탓'이라고 할 수는 없다.

모니터링: "약사는 떠돌이 약장수가 아니다"

모니터링은 사용 약물의 효능 및 유해 반응을 관찰하는 것으로, 일하는 티가 가장 안 나는 업무다.

2002년 한일 월드컵 16강 이탈리아 전에서 코뼈를 다친 김태영 선수가 복용했다는 다국적 제약사의 진통제 바이옥스에 대해 2004년 10월 1일부로 당시 식품의약안전청은 허가를 취소하고 전량 회수 조치를 내렸다. 1999년 FDA(미국 식품의약국) 승인을 받아 출시된 후 2003년 해당 제약사 매출의 11퍼센트가량을 올렸다는 이 블록버스터 약품에 어떤 일이 일어난 것일까?

구형 진통제는 위 보호에 관여하는 효소 COX-1과 통증 유발에 관여하는 COX-2를 모두 차단해 위장 장애가 있었으나, 바이옥스는 COX-2만 차단함으로써 위장 장애 없는 진통제로서 돌풍을 일으켰다. 하지만 18개월 이상 복용 시 심장 마비와 뇌졸중 위험이 2배 증가한다는 사실이 밝혀져 퇴출된 것이다. 위장 장애는 없지만 피떡을 생성시키고, 이것이 혈관을 막아 심장 마비와 뇌졸중 위험을 높인 것이다. 관절염 치료하다 심장이 고장 나면 얼마나 황당하겠는가?

이러한 유해 반응은 의약품안전원에 보고한다. 반대로 좋은 결과를

:: 아이패드를 복약 지도에 활용하는 강대원 약사(약업신문 주최 2010년 약국경영대상 수상)에게 고객 만족도를 묻는 필자.(사진 오른쪽) 새로운 서비스를 하는 약국이 있으면 찾아가 한 수 배워 둔다.

얻는 경우도 있다. 미녹시딜은 고혈압 치료제로 개발됐지만 환자의 모발이 자라는 것이 관찰돼 지금은 '바르는 발모제'로 더 유명하다. 바이옥스의 퇴출과 발모제의 발견은 모니터링의 결과물이며, 일종의 A/S라고 할 수 있다. 떠돌이 약장수처럼 '팔고 나면 땡'이 아닌 것이다.

상담: "상담은 무료예요"

변호사를 만나 상담하면 돈이 들지만 약사의 상담은 무료다.

"눈이 침침해요. 인터넷을 찾아보니 간이 나빠서 그렇다는데 진짜예요?"

"맞을 수도 있고 틀릴 수도 있죠."

말 그대로 눈 자체의 문제일 수도 있고 간의 문제일 수도 있는데 아마 질문한 이는 "간은 눈을 주관하고 정신 작용으로 분노에 해당한다.

따라서 분노는 간을 상하게 한다."라는 고대 중국 『황제내경(黃帝內經)』의 음양응상대론(陰陽應象大論)을 인용한 글을 본 모양이다. 소화, 해독 등 여러 역할을 하는 간이 고장 나면 온몸에 이상이 오는데 눈인들 멀쩡하겠는가? 당연히 간 때문에 눈이 침침할 수 있다. 하지만 간이 멀쩡해도 눈이 침침할 수 있다. 재미있는 점은 『황제내경』은 뇌를 정신과 무관한 것으로 보고 있다는 것. 현대 과학으로도 모두 밝히지 못한 뇌 기능이 고대 중국 책에 밝혀져 있다면 오히려 이상하지 않을까? 전승돼 온 지식 중에 맞는 것은 수용하고 틀린 것은 고쳐 전파하는 것 또한 나의 일이다.

영양제 성분도 마찬가지다. 베타카로틴이 암을 예방한다고 각광받던 시절이 있었다. 그래서 미 국립암연구소는 핀란드 복지부와 함께 1985~1993년에 핀란드 흡연 남성 2만 9133명을 그룹으로 나눠 베타카로틴 보충제와 폐암의 관계를 연구했다. 그 결과 베타카로틴 보충제를 복용한 그룹이 가짜 약을 복용한 그룹보다 폐암 발생률이 18퍼센트 높다는 결과를 얻었다. 이후 참가자들을 추적해 베타카로틴 보충제의 복용을 중단시켰더니 폐암 위험이 즉시 떨어지기 시작해 4년 내에 가짜 약 복용 그룹과 비슷해지는 결과도 얻어 냈다. 이를 근거로 현재 미국에서는 흡연자에게 베타카로틴 보충제를 권하지 않는다.(베타카로틴 함유 채소와 베타카로틴 보충제는 체내 작용이 다르므로 채소의 섭취는 위험하지 않다고 한다.) 이러한 연구는 아직 널리 알려지지 않았기 때문에 나는 흡연자가 베타카로틴을 함유한 영양제를 찾을 경우 설명해 준다. 오늘의 진리가 내일 뒤집힐 수도 있다. 오늘날 운동이 건강에 좋다는 것이 상식이지만 1950년대에는 운동이 심장에 스트레스를 줘서 좋지 않다는 주장도 전문가들 사이에 존재했었다.

만병통치약도 없고 불변의 진리도 없다. 인터넷에서 어제의 진리를 찾아 하이에나처럼 헤매지 말고 가까운 약국에게 문의하기 바란다. 다시 말하지만 상담은 무료다.

근약의 최고 난도 업무

"○○씨, 서랍에 시럽 병 좀 채워 놓을래요?"
(손톱 다듬으며) "약사님이 하세요~."
근약에게만 주어지는 고난도 업무가 하나 있다. 바로 '직원과 공존하기'. 둘 사이의 갈등으로 인해 때로는 직원이, 때로는 근약이 떠난다. 환자가 아무리 난동을 부려도 잠깐 보면 그만이지만, 직원은 퇴근할 때까지 계속 보고 내일 출근해서도 봐야 하기 때문에 갈등은 빨리 풀어야 한다.

우리나라는 경제 수준에 비해 임대료가 높고, 그로 인한 경영상의 손실을 노동자의 저임금으로 보충하는 구조가 고착화돼 있다. 게다가 바코드와 스캐너의 도입으로 약국의 전산 업무는 점차 단순해지고 있어 초보자도 점점 쉽게 업무에 적응하는 상황이다. 이러한 요인 탓에 직원 임금이 높지 않고, 따라서 대부분 잠시 거쳐 가는 직업으로 여긴다.

직원 입장에서 평생직장도 아니고, 월급 주는 약국장도 아닌 근약의 지시가 못마땅한 것은 당연하다. 그러한 입장을 헤아리고 터놓고 대화하면 갈등을 해결할 수 있다. 업무 구분을 명확히 하고, 근약이 직원 업무를 덜어 줄 부분이 있다면 덜어 주는 것이 갈등 해결의 실마리가 된다.

나는 업무 도중 직원이 저지른 실수를 약국장에게 전하지 않는다. 엎질러진 물이고, 본인이 주의할 생각을 했다면 말해 뭐하겠는가? 이것이 내가 직원과 공존하는 노하우다.

휘발유 소비 감소에 기여하다

근약. 편하긴 하다. 쫄딱 망할 일도 없고, 관두고 싶으면 관두고.

하지만 처방전 수용 위주로 시장이 재편되면서 자본을 갖춘 젊은 약국장이 늘어 가는 추세라서 계속할 수는 없다. 나 역시 30대에 개국을 했었다.

2007년 경기도에서 개국했을 때 조제실 위생에 대한 의구심을 해소하려고 외부에서 조제실이 보이게 설계했고, 환자의 프라이버시를 위해 약품 수령처에 반투명 칸막이를 설치해 주변 시선을 차단했다. 당시로서는 파격적인 여러 노력이 있었지만 손익 분기점을 넘지 못해 약국은 1년이 안 되어 같은 건물에 있던 의원과 동시에 폐업했다. 일단 방문한 고객을 만족시킬 수는 있었지만 그 고객 수가 높은 임대료를 커버할 만큼 증가하지는 않았다.

폐업을 결정한 시기에 마침 도매상 담당자로부터 전화가 왔다.

"김 부장입니다. 주문 금액이 작은 거래처는 배송 차량 기름값 절약 차원에서 정리하기로 했습니다."

소매상인 약국이 도매상에서 제품을 공급받을 수 없으니 계속 운영하고 싶어도 할 도리가 없는 상황이었던 것이다. 비록 실패했지만 백신 한 방 맞았다고 생각한다.

:: 거래처인 J약품 담당자의 도움으로 도매 물류 창고를 방문해 설명을 듣고 있는 필자.

범죄의 재구성

고교 때는 '맥가이버 키드'였다. 금속 나트륨으로 벽을 부수고 심장약으로 폭탄을 제조하는 맥가이버의 영향으로 화학공학과에 진학했다. 화학공업은 대규모 장치 산업인데 28개월의 군 복무는 내가 조직형 인간이 아니라는 사실을 깨닫게 해 줬고, 어딘가 더 자유로운 길이 있지 않을까 하는 고민을 시작했다. 다행히 졸업할 때 터진 IMF 구제 금융으로 고민은 간단히 끝났다. 엔지니어부터 감축하는 기업체에 미련을 둘 이유가 없었다.

당시는 의약분업 전이라 약국 간 빈부 격차가 심하지 않을 때였고 법적으로 정년퇴직이 없는 약사에 대한 선호도가 높던 때였다. 수능을 쳐서 99학번으로 삼육대 약대에 입학하면서 약업계에 마침내 발을 들여놓았다.

그런데 평온하기만 할 줄 알았던 약업계가 2000년 시행된 의약분업으로 지각 변동이 일기 시작했다. 현재 약국가는 한마디로 '쩐'의 전쟁터다. 약사 간 빈부 격차는 점점 벌어지고 있다. 15개 약대의 증설로 1900명에 가까운 약사가 배출되는 2015년 이후에는 과열 경쟁과 그에 따른 수입 하락이 불가피하고, 실질적 정년퇴직 역시 앞당겨질 것이다. 너무 어두운가? 하지만 어느 분야인들 그렇지 않겠는가? 모두가 변화의 소용돌이 속에서 생존을 위해 몸부림치고 있다.

마음 약한 이들은 다음과 같은 유혹의 마수에 넘어가고 만다.

1월 1일 밤 11시, 변두리 ○○약국

창고 앞에 SUV 한 대가 멈추고 차에 실린 상자가 창고로 운반된다. 하역이 끝나고 운전수는 돈다발을 받고 어둠 속으로 사라진다.

그 1년 전 경기도 별다방

"아니, '카운터 박'이 은퇴한 노인네한테 무슨 볼일이야?"

"이 약사님, 면허에 거미줄 치지 말고 손잡고 하나 차립시다."

"돈도 없고, 칠순 넘어 눈도 어두운데 무슨 약국을 차리자는 건지…."

"제가 다 알아서 할 테니 면허만 주세요. 출근할 필요도 없고 5대 5요. 콜?"

"구미는 당기는데… 약사가 출근 안 해도 되겠어?"

"'식후 30분 하루 3번'만 알면 되지 뭐 별거예요? 약사 맞느냐고 하면 갑갑해서 가운 벗고 있다고 하면 그만이고요."

"보건소 단속이라도 뜨면 골치 아픈데…."

"아이고, 간이 쪼그라드셨나? 떠 봤자 1년에 두 번 아닙니까! 뜨는 날 잠수 타고, 다음 날 쨍할 때 열면 되지, 걱정 붙들어 매세요!"

1월 2일 낮 12시 ○○약국

제약사와 도매상 직원 10여 명이 모여 있다.

"김 과장 쪽도 당했어? 주문 늘릴 때부터 찜찜했는데 제대로 한 방 먹었네."

"우리도 채권 팀이 추심 준비 들어갔어. 노인네 말년이 딱하네."

"보험공단에서 그동안 지급했던 돈도 환수할 테니 산송장이지."

"먼지까지 털어서 튀었구먼. 빼돌린 약은 처분 끝났겠지?"

"이미 선수한테 넘겼겠지. 쯧 났어. 밥이나 먹자."

뒤늦게 달려온 이 약사. 다리가 풀려 주저앉는다.

현재는 약사법상 '한 명의 약사'가 '한 개의 약국'만 개설할 수 있다. 그래서 암암리에 면허 대여, 이른바 '면대'가 행해지고 있다. 오직 돈만을 목표로 개설한 약국들이라 불법을 저지르다 공중파 뉴스에도 가끔 출연한다.

물정 모르는 졸업생과 판단력이 떨어지는 노인 약사에게 면대의 유혹은 끊이지 않는다. 전주(錢主)가 약사인 경우 "몇 달만 운영해 보고 맘에 안 들면 면허 빼 가도 돼."라고 지능적으로 접근한다고 한다. 하지만 일단 개설하면 해당 약국에서 발생하는 모든 채무는 약사의 몫이 되고 채무가 정리되지 않는 한 면허를 빼는 것은 불가능하다. 퇴직한 직원의 내부 고발로 걸리거나, 관계를 정리하기 위해 면대를 자백하면 어떻게 될까? 그동안 보험공단에서 약국에 지급한 돈을 면허를 제공한 약사가 '토해' 내야 하는 것이 판례다. 사실상 월급쟁이였는데 전주가 챙긴 돈까지 토해 내야 하니 들어가는 순간 빠져나올 수 없는 덫이 되는 것이다. 이러한 약점을 이용해 최초에 제시한 임금을 안 주는 면대 업주도 있다고 한다. 법 개정을 통해 면대 업주에게도 책임을 물으려는 움직임이 있지만 그래 봐야 차명 재산으로 돌려놓으면 결국 약사가 토해 내고 면대 업주 상대로 소송을 벌여야 할 것이다.

우려스러운 것은 면허 대여를 형식적이나마 불법으로 규정하고 있는 상기의 조항이 '전문 자격사 선진화'라는 명목하에 폐기될 가능성이 있다는 점이다. 즉 미래에는 약사가 아닌 자(기업)가 다수의 약국을 합법적으로 하게 될 가능성도 있다. 그렇게 되면 미국처럼 개인의 약국 개설이 어려워지고 월급쟁이 약사가 보편적 근무 형태가 될 가능성이 커지고 있는 것이다.

따라서 고수익을 기대하고 약대를 간다면 어리석은 선택이 될 것이다. 약사 고유의 업무에서 보람을 느끼고, 약학을 기반으로 더 넓은 분야로 진출하고자 하는 이들만이 진학해야 할 때다. 세상에는 약사로서 가능한 것과 불가능한 것이 있으며 그 경계는 사회의 변화에 따라 달라진다. 변화에 적응하면서도 약사로서 기본을 지키겠다고 다짐해 본다.

* 필자는 오랜 근무약사 생활 끝에 2013년 약국을 인수해 경영에 나섰습니다.

2장

새내기 약사의 고군분투

글로벌 CRA가 되는 그날까지

| 조예슬 |

1989년생. 2012년 동덕여자대학교 약학과를 졸업했다. 대학 생활 4년간 각종 동아리, 학생회 등 다양한 활동을 하고 이곳저곳 여행하며 마냥 즐겁게 지내다 어느 날 갑자기 졸업을 맞았다. 이후 3개월간 현실을 받아들이지 못한 나머지 여기저기 들쑤시며 엉뚱한 백조로 지내다 2012년 6월 한독약품에 입사해 신입 CRA로 정신없이 근무하고 있다.

"예슬 님, 우리 바지 입으면 안 되는 거 몰랐어요? 이사님 보시면 한마디 하실 것 같은데…."

입사한 지 4일째 되는 날, 옆자리 선배가 내 옷차림을 보고 한 말씀 하셨다.

사회생활을 시작하며 처음 정장을 입었을 때 주위의 반응은 "오~! 예슬이, 이렇게 입으니까 좀 직장인 같은데?"가 대다수였다. 하지만 청바지에 후드 티가 기본 차림이고 치마라 해 봤자 나풀거리는 팔랑 치마가 다인 대학 생활을 하던 내게 만날 정장을 차려입고 출근하는 일은 적응하기 힘들었다.

정장이라고는 졸업 사진 찍을 때 입었던 것과 입사 기념(?)으로 산 한 벌이 전부였다. 출근 4일째가 되고 나니 딱히 입을 것도 없고 해서 고민 끝에 자주 입던 면바지와 블라우스를 입고 갔다. 내 나름대로는 매우 얌전하고 포멀한 스타일이라고 고르고 고른 것이었다.

신입 사원이라고 안 그래도 군기가 바짝 들어 있는데, 선배에게 이런 말을 들으니 '아… 내가 실수했구나. 첫 주부터 찍히면 어쩌나?' 하고 덜컥 겁이 났다. 결국 그날 퇴근하자마자 정장 원피스를 세 벌 사 왔다. 그 뒤로 옷을 사러 가기만 하면 눈은 '샤랄라'하고 화사한 원피스로 쏠리면서도 옆에 있는 칙칙하고 평범한 정장 치마를 사야 한다는 생각에 갈팡질팡하다 결국 빈손으로 돌아오기가 일쑤였다. 그런데 6개월이 지난 지금은 쇼핑을 갔다 하면 일자 치마와 블라우스만 손에 들고 돌아오는 내 모습에 새삼스레 놀라곤 한다.

준비된 신입 사원의 눈치코치 적응기

약대 공부는 의외로 내 적성에 맞았고 재미도 꽤 느꼈다. 학점도 나쁘지 않은 편이었고, 주변 분위기에 덩달아 약사고시도 열심히 준비했다. 그래서 학교를 갓 졸업했을 때 따끈따끈한 새내기 약사로서 약학 지식은 부족하지 않을 것이라 자부하고 있었다.

그런데 막상 회사에 들어가고 나니 그동안 내가 단단히 착각하고 있었음을 깨달았다. 태풍이 몰아치기 전 자그마한 우산을 준비해 놓고는 만반의 준비를 했다며 의기양양해 있었던 꼴이었다. 실무에 들어가니 내가 할 줄 아는 것이라고는 말 그대로 아무것도 없었다. 하나부터 열까지 모든 것이 새로웠고, 걸음마를 배우는 아기처럼 하나하나 배워 나가야 했다. 아기가 한 걸음 한 걸음 떼다가 넘어지거나 어른들의 걸음을 따라가지 못해 한참을 뒤처져 울음을 터뜨리기라도 하면 부모가 달려와 어르고 달랜다. 하지만 회사에는 아기가 다시 걸음을 떼도록 기다려 줄 엄마가 없다. 넘어지면 말없이 일어나 있는 힘껏 쫓아가야 한다. 실패하면 그저 '무능력한 사람'이 될 뿐이다.

입사하자마자 가장 먼저 문서 및 메일 작성 업무가 주어졌다.

'그래, 내 이럴 줄 알았지! 나 MOS master 자격증 소지한 여자야!'

이렇게 회심의 미소를 짓는 순간……을 오래도록 상상했었다. 그러나 현실은 그리 녹록지 않았다. 자격증을 따기 위해 내가 배운 내용들은 실무에서 쓰는 기능의 10분의 1도 되지 않았다. 내 업무에 필요한 기능들은 직접 알아내거나, 선배에게 물어 가며 배워야 했다. 너무 자주 묻다 보니 점점 윗사람에게 물어보는 것이 심히 부끄럽고 망설여져, 어느 순간부터는 동기들과 머리를 맞대고 워드프로세서의 표 작성 기능을 끙끙대며 연구하는 풍경이 연출되었다.

실무를 위한 전문적 지식은 물론이거니와, 사내 에티켓이나 외부 손님을 대하는 방법 등 행동이나 말투 하나하나가 조심스럽고 어렵다. 명함을 주는 방법부터, 택시를 탈 때 나는 어떤 자리에 앉아야 하는지, 밥을 먹을 때는 내가 나서서 계산하고 심부름을 해야 하는 것인지, 회의를 하기로 했다면 알아서 회의실을 잡아야 하는지 등등…. 무엇이 맞는 것인지도 잘 모르는 데다 이러한 행동들이 몸에 배지 않아 끊임없이 긴장하고 눈치를 봐야 했다.

역시 한 번쯤은 태풍을 맞고 쫄딱 젖어 봐야, 우산이 아니라 비옷을 준비해야 한다는 것을 깨닫게 되는 것 같다. 직접 부딪치고 다양한 상황을 겪으며 엉뚱한 짓, 쓸데없는 짓도 잔뜩 해 보고 혼나고 '깨져야' 비로소 내가 무엇을 해야 하고 무엇을 알아야 하는지 몸소 배우게 된

:: 병원 연구자들과의 미팅이 있었던 호텔에서 찍은 한 컷. CRA는 최대한 깔끔한 차림이어야 한다.

다. 이렇게 한 걸음씩 성장해 가는가 보다. 하아~ 그렇다고는 하지만 아무것도 모르는 신입사원은 참으로 고달프다. 하는 것도 없이 고달파서 더 슬프다.

CRA는 제약사, 병원, 환자 사이의 평화의 메신저

"저, 제약회사 CRA예요. 임상 시험 관리하는 사람요."

"으응. …그래서 네가 하는 일이 뭐라고?"

내가 CRA가 되고 나서부터 주변 사람들에게 무수히 많이 듣는 질문이다. 워낙 하는 일이 다양하다 보니 이것저것 주절주절 설명하기도 힘들고 해서, 보통은 그냥 '임상 시험을 진행하는 일 한다' 정도로만 얘기한다. 그러면 사람들은 '제약회사에서 환자 대상으로 실험적인 약을 먹이는 일'을 하는 정도로만 이해한다. 아무래도 정확히 어떤 업무를 하는지 감이 잘 오지 않나 보다.

CRA란 'clinical research associate'의 약자로, 흔히 '임상 시험 모니터 요원'이나 '임상 시험 전문 요원'이라 번역한다. 한마디로, 임상 시험이 정해진 법규에 따라 잘 진행되고 있는지를 관리하는 것이다.

신약은 개발에서 시중에 판매되기까지 다양한 단계의 임상 시험을 거치며 그 유효성과 안전성을 평가받는다. 약을 만들기는 했는데, 이 새로운 화학 물질이 과연 사람에게 쓰여도 괜찮은지, 쓰게 된다면 얼마만큼의 효과가 있을지 직접 확인하는 과정을 거치는 것이다. 여러 단계의 임상 시험을 마치기까지 길게는 10년이 넘는 기간이 걸리며, 신약 개발 단계의 임상 시험에는 엄청난 시간과 막대한 비용이 소요된다. 따라서 그만큼 빠르면서도 정확한 임상 시험이 수행되어야 하는 것이다.

개발한 신약으로 임상 시험을 주도하는 제약회사와, 실제로 임상 시험을 수행하고 직접 환자를 돌보는 병원, CRA는 이 둘 사이의 매개체 역할을 한다. 즉 CRA는 의뢰사(제약회사)를 대신해 임상 시험 기간 동안 피험자의 안전과 권리를 보호하면서 동시에 과학적인 자료가 생성될 수 있도록 임상 시험을 전체적으로 관리한다. 회사에서는 임상 진행과 관련된 각종 서류를 작성·정리하고, 병원에서는 직접 환자의 검사 기록을 살펴보고 검사가 올바르게 수행되었는지, 제때 진료가 이루어졌는지, 약물은 제대로 투약되었는지, 관련 물품이 제대로 보관되고 있는지 등을 확인한다. 또 임상 시험에 참여하는 환자가 윤리적으로 보호를 받으며 적절한 치료를 제공받을 수 있도록 하는 것도 CRA의 임무다.

따라서 CRA는 언제나 제약회사, 병원, 피험자, 이렇게 3자의 입장을 살피고 조율할 줄 알아야 한다. 임상 시험을 수행하는 이 세 주체 사이에서 평화의 메신저가 되는 것이다.

장고 끝의 선택… 후회는 없다

대학을 다닐 때도 나는 병원이나 약국보다는 제약회사에 관심이 많았다. 졸업이 다가오면서부터는 제약회사의 어느 부서를 갈지 알아보기 시작했다. 첫 직장이란 얼마나 중요한 것인가! 신중히 알아보고 충분히 생각한 뒤에 선택하려다 보니 취업이 조금 늦어지게 되었다.

동기들은 하나 둘씩 직장을 구해 떠나갔다. 떠난 동기 중에도, 서너 명밖에 남지 않은 '백조' 동기 중에도 제약회사를 선택한 친구는 단 한 명도 없었다. 주변의 모든 친구가 약국이나 병원에 다니니 나도 많이 흔들렸다.

'내가 과연 옳은 선택을 하는 걸까? 굳이 나만 다른 선택을 할 필요가 있을까?'

부모님 역시 구직조차 하지 않고 있는 내가 답답하셨나 보다. 함께 길거리를 가다 병원이 보일 때마다 내게 취직 제안을 하셨다.

"예슬아, 저 병원은 어때? 위치도 좋고 시설도 좋아 뵈는데…"

병원들은 목도 좋았고 시설도 좋았다. 그래도 제약회사에 대한 내 관심을 무너뜨리진 못했다.

제약회사에도 수많은 부서가 있고, 약사가 하는 일도 참 다양하다. 그중에서도 역시 CRA 업무가 가장 눈에 들어왔다.

'그래, 한번 CRA에 대해 알아볼까?'

CRA를 하고 있는 선배들을 수소문해 조언도 구하고, 현직 CRA들이 소통하는 사이트에도 가입해 CRA가 정확히 어떤 일을 하고 어떤 성향이 잘 맞을지 알아보았다. 그런데 또다시 벽을 만났다. 하나같이 "힘들고" "3D 직업"에 "만날 야근"이라고 고충을 토로했다. 심지어 "삶의

질이 떨어진다"는 얘기까지.

그럼에도 내 최종 선택은 CRA였다. 왜냐고?

글쎄, 나도 잘 모르겠다. 힘들 거라는 것을 알면서도 이상하게 끌렸다. 아마도 외근이 많으니 이곳저곳을 다닐 수 있다는 점, 일단 어느 정도 경력이 쌓이면 자리도 확고하게 보장되고 인정받을 수 있다는 점, 해외 출장의 기회가 생길 수 있다는 점, 그리고 좀 더 다양한 사회 경험을 해 볼 수 있다는 점이 맘에 들었나?

9개월이 지난 지금 내 선택에 대해 간단히 평을 하자면, 확실히 힘들다. 하지만 그렇게 끌릴 만큼 매력이 있는 직업인 것도 확실하다.

예측 불허, 시한폭탄 같은 일상들

"오늘 몇 시에 끝나? 저녁은 집에 와서 먹을 거니?"

"몰라요. 회사 가 봐야 알 것 같아."

"예슬아, 우리 오늘 몇 시에 만날까?"

"나 몇 시에 퇴근할지 모르는데…. 퇴근하자마자 최대한 빨리 날아갈게."

CRA에게 '할 일'을 계획적으로 세우는 것은 쉬운 일이 아니다. 퇴근 시간부터 예측하기 힘드니까.

하는 일이 다양하고 많은 사람들과 연관되어 있는 만큼 하루하루가 매우 다이내믹하게 돌아간다. 어디서 어떤 전화가, 어떤 메일이 날아올지 모른다. 당장이라도 기관에서 문제라도 생겨 전화가 오면 달려가야 한다. 보통은 단기적, 장기적으로 계획을 세우고 일을 하지만 CRA에게는 이것이 불가능하다. 더 정확히 말하자면 단·장기적으로 세워져 있는 계획과 더불어, 여기저기서 터지는 일들을 그날그날 처리해 주어야 한다. 언제 어떻게 터질지 모르는 크고 작은 시한폭탄을 안고 있는 셈이다. 이렇게 시한폭탄들을 처리하다 보면, 어떤 날은 정작 계획된 일을 전혀 하지 못하는 날도 있다. 이러니 퇴근 시간 예측이 불가능할 수밖에.

하루에도 10명이 넘는 사람들과 통화하고 수십 통의 메일을 주고받는다. 이틀 정도 외근을 다녀오면 받은편지함에 100통이 넘는 메일이 들어와 있다. 이런 날은 메일 확인만 몇 시간이 걸린다. 전화만 받다가 하루가 훌쩍 지나가는 날도 있다. 또 불시에 미팅이 생기기도 한다. 특히 내부 미팅은 이슈가 있을 때면 시도 때도 없이 생긴다. 워낙 외근이 많다 보니 팀원 모두가 다 같이 모일 수 있는 날이 적고 시간을 맞춰 회의를 하기도 힘들다. 그래서 누군가가 외근을 나갔다가 저녁에 돌아와 대충 모두가 모였다 싶으면 그때라도 옹기종기 모여 회의를 시작하는 것이다. 퇴근 시간은 더욱 늦어지고….

이 때문에 CRA는 복장에도 항상 신경 써야 한다. 외근할 때는 정장을 차려입고 깔끔하게 가야 한다. 그런데 문제는 내근할 때다. 실내 근무이니 조금은 편한 차림이었으면 하는데, 우리 부서만 유독 복장 규정이 까다롭다. 처음에는 이해하기 힘들었다. 다른 부서가 마냥 부러울 따름이었다. 그런데 일을 하다 보니 이러한 것들이 점점 이해가 가기 시작했다. 워낙 언제 어디서 어떻게 일이 터질지 모르므로 항상 복장을 잘 갖춰 입고 이에 대처할 준비가 되어 있어야 하는 것이다. 여름이라고 민소매 티를 입고 왔다가 갑자기 연구자를 만날 일이 생기면 당황할 수밖에 없다. 그래서 구두나 검정색 정장 재킷을 회사에 상시 비치해 두는 CRA들이 많다. 이런 이유로 언제나 복장에 신경 쓰고 이왕이면 깔끔하게 정장을 입도록 교육받는 것이다.

"여보세요? 저 출근 중이에요. …네? 지금 바로 가라구요?"

"네, 예슬님. 내일이 마감이래요. 미안하지만 오늘 바로 가서 서명받고, 제출하고 와야 할 것 같아요."

한번은 출근길에 전화가 오기에 무슨 일인가 했더니, 어떤 기관에서 우리 임상 연구에 참여하기로 결정했는데 그 기관의 서류 제출이 당장 내일까지라는 것이다. 각 병원에는 임상 연구의 실시 여부를 심사하는 절차가 있다. 그런데 병원마다 심사 일정이 다 다르고, 심사가 자주 없는 병원에서는 한번 날짜를 놓치면 하염없이 기다려야 하므로 서류 마감 일자를 지키는 것이 무엇보다 중요하다. 결국 나는 회사에 잠깐 들러 노트북을 들고 바로 병원으로 달려가 병원 연구자의 서명을 받아야만 했다. CRA는 그날그날 어떤 일이 생길지 예측이 불가한, 참으로 다이내믹한 업무다.

글로벌 CRA를 꿈꾼다

"조예슬 씨, 5년 뒤의 본인은 어떤 모습일 것 같아요?"

입사하기 전, 1차 면접, 2차 면접에서 모두 들은 질문이었다.

"글로벌 CRA가 돼 있을 것 같습니다."

CRA 업무를 실전에서 해 본 적도 없던 내게서 나온 대답이었다. 진심이기는 하지만 막연할 수밖에 없었다.

CRA가 맡는 과제들 중에는 글로벌 임상이 있다. 직간접적으로 해

외 제약회사와 일할 기회가 생기는 것이다. 때문에 영어 실력이 꽤 중요하고, 메일로, 가끔은 직접 만나 영어로 대화를 나눠야 할 때도 있다. 아직 내게는 그런 기회가 없었지만 임상을 위해 해외에 나갈 일이 생기기도 한다. 여행을 좋아하는 내가 처음 CRA에 관심을 갖게 된 큰 이유 중 하나이기도 하다.

얼마 전부터 내게는 미국 S제약회사에서 개발한 항암제 임상 시험 과제가 주어졌다. 이 약의 치료 대상이 될 질병은 워낙 희귀한 터라 세계적으로도 환자가 많지 않다. 따라서 세계 각지에서 동시에 피험자를 모집하며 우리나라도 참여하고 있다. 우리 회사가 우리나라에서 진행되는 임상 시험을 대행하는 것이다. 그러다 보니 모든 문서가 영어로 되어 있다. 크고 작은 업무를 진행할 때마다 미국 개발사의 확인과 허가를 일일이 받아야 한다. 이런 글로벌 과제들은 일도 2배, 어려움도 2배라 힘들지만 그만큼 보람도 2배다. 국내 임상 시험이 주로 제네릭

(generic, 특허가 종료된 신약을 복제한 약)을 위한 시험인 데 반해, 진정한 신약 개발을 위한 임상 시험은 대부분 글로벌로 진행되기 때문이다.

면접 때는 막연한 느낌으로 대답했지만, 이렇게 글로벌 임상을 직접 맡아 보니 조금은 글로벌 CRA에 가까워진 느낌이다. 더 경력이 쌓인다면 해외도 직접 나가고 언젠가는 이런 세계적인 프로젝트를 통솔하는 관리자가 될 수 있지 않을까?

3D라도 행복하니 좋다

취업 준비를 하며 CRA에 대한 정보를 찾아보던 시절, 우연찮게 읽은 글 중에 매우 인상 깊었던 문구가 있다.

"'힘들다', '3D 업종이다' 등등 CRA에 대해서는 좋지 않은 평이 대부분입니다. 물론 CRA가 힘든 직종이라는 것은 사실입니다. 하지만 10년 넘게 CRA를 하고 있는 저는, 지난 10년 동안 단 하루도 행복하지 않은 적이 없습니다."

아무것도 모르고 알아 가야 할 것이 너무나 많은 신입 사원은 매일같이 실수하고, 상사에게 혼나고, 곳곳의 담당자들에게 시달린다. 가끔은 너무 억울해 눈물을 쏙 빼기도 하면서 하루하루 성장해 가고 있다. 아직도 배워야 할 것이 많고 만만찮은 난제가 가득한 여정이지만, 나는 그 속에서도 깨알 같은 즐거움을 찾아내며 내 일을 사랑할 수 있는 사람이 되고 싶다. 내 일을 사랑하는 것이야말로 나 자신을 사랑할 수 있는 방법이며 성공할 수 있는 방법이라 믿기 때문이다.

'학생', '아가씨'는 이제 그만!

| 박서림 |

2012년 숙명여자대학교 약학과를 졸업했다. 2011년부터 프리마켓 작가로 활동하면서 졸업 후 평소 멘토로 여기던 약사님 아래서 견습약사를 거쳐 약국 근무를 시작했다. 2012년에는 버려지는 물건을 재활용하며 개선시키는 작업인 '업싸이클러' 활동도 했다.

"플라스틱으로 코팅된 길을 걷다 보니…."

암기에 매우매우 약한 나는 어려운 용어가 나올 때마다 외우기 쉽게 어떻게든 문장으로 만들어 외우는 습관이 있다. 그런데 위 문장은 고등학교 화학 시간에 외운 것이 아니다. 약학과 생약 과목에 나오는 길경(도라지)의 학명 '플라티코돈(platycodon)'을 외우기 위해 만든 문장이다.

부푼 꿈을 안고 들어온 대학교에서 고교 시절의 추억으로만 존재해야 할 풍경이 재현되고 있다니! 도대체 왜 배우는지 알 수 없는 과목들에, 과제와 시험이 끊임없이 쏟아졌다. 다른 학과 친구들이 대학 생활을 만끽하고 있을 때, 우리는 학교와 친분을 쌓으며 고등학교 때와 별반 다르지 않은 생활을 해야 했다.

약학과를 간 이유를 간단하게 말하면 생물과 화학을 좋아해서였다. 또 약사라는 직업이 안정적이라고 생각했고 우리 일상생활과 좀 더 밀접한 관계에 있다는 점도 끌렸다. 그러나 학과에서는 물리, 통계, 생약 등 생물, 화학 말고도 여러 범주의 학문을 다루었다. 하나같이 엄청난 암기를 요하는 과목이었다.(다시 말하지만, 나는 암기에 매우 약하다.) 많은 선배들이 학교에서 배우는 내용들은 대학원에 들어가 연구원의 길을 가는 것이 아니라면 1퍼센트도 필요하지 않다는 아주 도움이 되는 말씀들을 해 주셨다.

시험 기간이면 5일 동안 10~12과목을 몰아서 보는 뜨헉(!)한 상황이 매번 계속되었다. 처음에는 그냥 무턱대고 밤을 새던 우리는 나중에는 아예 트렁크로 짐을 싸 와서 밤을 지새우기 시작했다. 친구들끼리 복작대면서 졸린 눈으로 서로 깨워 가며 공부하던 고교 시절의, 아니 대학 시절의 추억…. 그래도 돌이켜 보면 나름대로 쏠쏠한 재미가 있었던 것 같다.

What's My Dream?

공부 외에도 학교를 다니는 내내 나를 괴롭힌 것이 있었다.

'내 꿈이 뭐지?'

물론 자신의 꿈에 대해 고민한 사람이 나 혼자만은 아닐 것이다. 약대에 진학한 나를 두고 지인들은 대부분 이런 반응을 보이곤 했다.

"네가 걱정할 게 뭐가 있니? 앞길이 다 정해져 있잖아?"

"이미 꿈을 이룬 거 아니야?"

:: 대학 마지막 여름방학 때 필자는 생활 창작품을 직접 만들어 프리마켓에서 팔았다. 물품 제작부터 가격 책정, 디스플레이, 판매까지 모든 과정을 겪어 본 이때의 경험이 훗날 약국에서 약품을 배치하고 진열하는 데 도움이 되었다.

약사라는 직업 자체가 내 꿈은 아니었다. 약사가 되더라도 어떤 약사가 될지, 어떤 과정을 밟을지가 고민이었다. 당시 나는 약사가 무엇인지 잘 알지 못했고, 이는 다른 친구들도 마찬가지였던 것 같다.

진로를 고민하면서 제약회사에서 일하는 선배들을 찾아가 보기도 하고, 병원 인턴 및 제약회사 단기 영업 인턴, 실험실 인턴도 해 보았다. 대학원을 기웃거려 보기도 했다.

그중 제약회사 영업 인턴은 내게 '약사'라는 자만심과 특권 의식을 버리게 해 준 가장 인상적인 인턴이었다. 내가 영업 인턴에서 맡은 업무는 약국을 돌아다니며 제품을 '디테일'하는 것, 즉 복약 지도가 어려운 흡입기나 비강 분무제(nasal spray)의 사용법을 약사님들에게 가르쳐 드리고 설문을 받아오는 일이었다. 약국에서 실제 근무하는 약사님들을 만나 뵙고 의견을 들으면서 대학교 안에서 느끼지 못한 현실을 접할 수 있었다. 친절하게 대해 주시고 꼼꼼하게 환자를 챙기며 복약 지도를 하시는 분도 있었다. 하지만 이미 약국은 동네 슈퍼와 비슷하게 변해 있었고, 약사라는 직업 자체에 회의적인 약사님들도 만나게 되면서, 졸업 후의 내 모습과 '약사'로서의 삶이 걱정되기 시작했다.

앗! 졸업해 버렸다!

막상 대학교 때 이런저런 걱정을 잔뜩 하면서 보내던 모습이 무색하게도 졸업이 '덜컥!' 찾아왔다. 약사고시 결과가 나오길 기다리며 뭐 하고 살지 막연하게 걱정하는 가운데 시간이 훌훌~ 흘러가 버렸다.

그 와중에 우연히 '초짜 약사 탈출기'라는 강의를 듣게 되었다. 약사로서 가져야 하는 올바른 자세와, 새내기 약사가 처음 약국약사로 적응하는 법, 약사로서 사회에 적응하는 법 등을 들려주는 강의였다. 이는 약사에 대해 다시금 생각해 보는 계기가 되었다.

내가 생각하는 이상적인 약사란 자부심을 갖고 환자에게 도움을 줄 수 있는 위치에 있는 약사인데, 이 강의를 주관한 약사님들이 바로 그런 모습에 가까웠다. 각자의 지역 사회에서 자신들이 바라는 약국을 키워 가고 계신 그 약사님들을 보면서 동네 슈퍼 아주머니 같은 약사가 아니라 존경받는 약사가 되고 싶다는 내 첫 번째 목표를 세웠다. 그리고 먼저 약국약사를 경험해 보기로 결정했다. 그때 우연하게 약사님 한 분 밑에서 일을 배울 수 있는 기회를 얻었다. 근무 시간을 스스로 정해 3개월간 다니기로 했다.

아무것도 모르는 돌팔이 약사, 환자들과 마주 서다

처음 근무하는 약국이라 당연히 떨리고 긴장하리라 예상했지만, 생각한 것보다 솔직히 10배는 넘게 힘들었다. 대학교 때 배운 지식은 약국 적응에 아무 도움이 되지 못했다.(역시 선배님들 말씀이 맞았어!) 나는 가운만 입었지 아무것도 모르는 '돌팔이 약사'였다. 흔하게 팔리는 약의 위치도 모르고 가격도 못 외고, 처방전을 입력하는 법도 읽는 법도 몰랐으며, 약마다 다르게 적용되는 보험 사항을 제대로 숙지하지도 못했다. 차근차근 배운다고는 했지만 난생처음 접해 보는 것들로 정신이 없었다. 환자분들께 약을 드릴 때마다 목소리가 떨렸고 그나마도 잘 나오지 않았다. 내가 말을 못하거나 용기 없는 성격도 아닌데, 환자를 만족시켜 주지 못하는 못난이 약사가 된 듯해 굉장히 속상했다.

그중에서도 복약 지도가 제일 문제였다. 약의 복용법을 설명하는 것은 약사의 의무이면서, 어떤 상황에서는 의료 사고도 막을 수 있는 중요한 행위다. SNS나 뉴스에서 약사들이 복약 지도를 제대로 하지 않는다고 비난받는 것을 보면서 난 꼼꼼하고 자세한 복약 지도를 해 주겠다고 결심했다. 그러나 처방이 같아도 복약 지도는 사람마다 다른 방식을 원하는 것 같았다. 간단하고 신속하게 끝내 주길 바라는 사람도 있고, 심지어 약값만 말해 주길 바라는 사람들도 있었다. 30초 설명도 듣지 못하고 앞에서 전화를 받거나 퉁명스럽게 말을 가로채는 사람, 의사에 대해 불평하는 사람, 처방과 관련 없는 자기 얘기를 10분이 넘게 늘어놓는 사람 등등. 어느 정도 시간이 지나고, 아주 예외적인 환자분들이 아니면 조금씩 적응을 해 나갔다.

그다음 큰 고비는 '매약'(일반의약품과 의약외품 판매)이었다. 환자에게 적절한 질문을 던져 필요한 정보를 얻고 파악해서 그에 맞는 약을 준다는 것은 나 같은 '초짜' 약사에게는 굉장히 복잡하고도 어려운 과정이었다.

사실 매약에서 가장 힘든 것은 무엇보다 환자들이 증상을 말할 때 알맞은 정보만 포착하는 과정이었다. 똑같은 증상도 다르게 표현하는 사람들 앞에서 부위와 그 치료법에 대한 판단을 내리기에 나는 경력도 짧고, 무엇보다 아는 것이 없었다. 그리고 증상을 알아낸다 하더라도, 증상이 너무 과하거나 혹은 애매해서 검사를 필요로 하면 병원으로 보내야 하고, 원하지 않는 경우 환자에게 대책을 세워 제시해야 하는 것이 정말 힘들었다.

높은 연배의 환자들과는 대화가 잘 진행되지 않는 경우가 많았다.

"어르신, 어떻게 아프세요?"

"몰라. 그냥 아파."

자기 증상을 잘 모르고 그냥 아프다며 하염없이 약을 달라고만 하는 분들을 마주하면 진짜 앞이 깜깜했다. 그래서 질문하는 법과 상황을 다루는 법에 대해 약사님께 많이 배웠다.

그래도 용법·용량은 잘 외워지지 않아, 결국 복약 지도 표를 만들어 외웠다. 이 방법은 조금 효과가 있었다. 그리고 내가 확실하게 알고 있지 못하는 경우에는 그 순간을 어물쩍 넘어가는 것보다 환자 앞에서 설명서를 보는 한이 있더라도 정확한 정보를 주어야겠다는 내 나름의 기준도 생겼다. 모르면 모른다고 얘기하고, 단 기다려 주면 알아보겠다는 그런 대답 말이다.

어느 정도 일이 익숙해졌을 때쯤 약사님이 미션을 하나 주셨다. 약국의 의약외품을 재배치하고 POP(제품에 대한 간단한 광고성 설명)를 제작해 보라는 것이었다.

가장 먼저 고민한 것은 '어떻게 배치할까?'였다. 일단 사람들이 제품을 쉽게 찾을 수 있도록 관련 있는 물품끼리 배치하고(치과 계열 물품, 마스크, 수면 관련 물품, 금연 관련 물품 등) 아이들 제품은 손이 닿기 쉽게 아래쪽에 둔다는 등의 계획을 세웠다. 아이들 콧물 흡입기와 여드름 압출기, 교정용 칫솔과 틀니 칫솔 등등 의약외품에는 생각 외로 신기하고 편리한 제품이 많았다.

제품 배치를 구상한 뒤에는 어떤 고리에 걸어 배치할 것인가를 고민했다. 기존의 고리는 들쑥날쑥한 감이 있어 동일한 고리로 통일해 구입했다. 모든 제품의 배치와 고리 교체가 끝난 뒤에는 그 제품을 하나하나 설명할 문구들을 작성했다. 어떻게 하면 사람들이 한눈에 이해할 수 있을까? 또 같은 제품군인데 가격이 다른 이유는 무엇일까? 그리고 근본적으로 이 제품은 어디에 쓰는 것일까?

그렇게 고민에 고민을 거듭해 문안을 작성하고 POP도 다 제작되었을 때, 그리 대단한 일은 아니었지만 왠지 뿌듯했다. 처음에는 배치 자체가 목적이라고 생각하고 시작했지만, 그 과정에서 다양한 의약외품을 하나하나 읽어 보면서 약국에 대해 많은 것을 알게 되었다.

리셋! 리스타트!

3개월간 견습약사를 마치고, 이제는 실제로 월급을 받으며 일할 수 있는 약국을 찾아보았다. 경력은 3개월이며 매약을 배우고 싶다는 것을 어필해 몇 군데 면접을 봤고 한 약국에 취직했다. 3개월간 내 나름대로 꼼꼼하게 배운 것이 자산이 되리라는 생각이었다.

이런 나를 비웃기라도 하듯이, 출근 첫날부터 다시 정신은 '안드로메다'로 사라졌다. '약국마다 분위기가 다르겠지.' 하고 어렴풋이 짐작하기는 했지만, 새로 들어간 곳은 장기 처방이 많고, 무엇보다 이전 약국에서는 많이 접해 보지 못한 내과 처방전이 많았다. ATC(automatic tablet counter, 자동 정제 포장기)도 처음 다루어 보았다. 결국⋯ 리셋! 즉 아무것도 모르는 상태로 돌아가 처음부터 하나씩 배울 수밖에 없었다. 그러나 무엇보다 그 이전의 견습약사 때와 크게 다른 점이 있었다. 환자도 훨씬 많고 대부분이 연세가 지긋한 분들인 이곳에서 이제 나는 월급을 받는 입장이었다. 한 사람 몫을 하고 약국 안의 상황을 다 통제하는 '책임'을 져야 하는 것이다.

처방전에 맞춰 차근차근 조제하면 별 문제가 없을 거라고 생각한 것은 오산이었다. 이제 내용이 잘못된 처방전이 있으면 병원에 전화를 걸어 수정해야 했고, 용량 조절이나 다른 약과의 중복 조제도 체크해야 하는 등 신경 쓸 것이 많았다. 그리고 처방전에 대부분 용법이 제대로 나와 있지 않고 환자마다 원하는 복용법도 조금씩 다르므로 상담을 통해 설계한 후 조제해야 하는 것도 생각보다 힘든 일이었다. 상담에서는 환자의 요구를 들어주되 약사가 대화를 이끌어 가야 하는 상황이었다. 환자한테 말을 거는 것은 더 이상 두렵지 않았지만, 내가 과연 환자에게 만족을 주는 상담을 했는가라는 새로운 두려움이 생겨났다.

"애기 약사가 뭘 알긴 아나?"

두 달쯤 지나 어느 정도 업무가 몸에 익을 때였다. 약국으로 전화 한 통이 걸려 왔다. 단골인 것 같은데, 지금까지 받아 간 수많은 처방 약 중에서 3알로 된 약이 뭔지 궁금해 전화를 거셨다고 했다. 그 환자의 처방 자료를 찾아보니 3알씩 받아 간 처방이 한둘이 아니고 약도 조금씩 다 달랐다. 나는 약 모양과 날짜가 언제였는지 등 이것저것 물었다. 그런데 이분이 대뜸 "아, 그러니까, 약사를 바꾸라니까?"라는 게 아닌가!

"제가 약사인데요."

"아, 그 애기 약사~. 뭘 알긴 아나?"

순간, 머릿속에 수만 가지 생각이 스쳤다.

'내가 상담을 어수룩하게 했나? 나이가 너무 어려서 그런가?'

결국 1년 전에 받아 간 약으로 판명 났다. 한 포지 남은 그 약이 뭔지 궁금했단다. 그렇게 환자의 궁금증은 풀렸지만, 내가 받은 상처는 쉽게 풀리지 않았다. 나는 '환자는 아픈 것 자체로 스트레스를 받고 있는 상태이니 친절하게 하자.'라는 생각이었다. 그 생각에는 변함없었지만, 만약 약사가 환자에게 이렇게 무시를 당하면 약사가 하는 복약 지도나 상담도 효과를 제대로 내기 어렵겠다는 생각이 번쩍 들었다.

그래서 나만의 원리·원칙을 구체적으로 하나씩 세우기 시작했다. 친절하게 하되 필요할 때는 단호하게 말하기, 환자에게 약을 설명할 때는 증상을 먼저 물어보고 환자의 이해에 맞춰 설명해 주기 등. 그리고 환자에게 무시받지 않으려면 겉모습은 어릴지라도 만족스러운 복약 상담을 해 주는 약사가 되어야겠다고 결심했다. 지금 그때를 돌아보면 당

:: 필자는 약국에서 '애기 약사'로 불린다. 화장이라도 해야 나이가 조금이라도 더 들어 보일 텐데, 너무 피곤해서 화장까지 하기는 어렵다.

시 긴장한 내 모습이 환자에게도 전달되어 같이 불안했던 게 아닌가 하는 생각이 든다. 그 뒤로는 내 스스로 안일해졌다라는 생각이 들 때마다 그 순간을 떠올린다.

"애기 약사, 뭘 알긴 아나?"

아직까지도 매번 머리가 쭈뼛 서게 만드는 말이지만, 그만큼 믿음직한 약사가 되어야겠다는 다짐도 더 하게 된다.

이런 게 직업병인가?

처음 약국에 와서 가장 놀랐던 점은 바로 점심시간 관련해서였다. 1시로 정해져 있지만 따로 주어지는 것이 아니고 약국 내에서 먹어야 한

다. 먹다가도 환자가 오면 곧바로 수저를 내려놓고 나가서 상담에 응한
다. 점심시간에는 환자분들이 참~ 많이 오셨다. 상담도 길게 하는 편
이라 다시 들어와서 먹을 때는 차가운 밥이랑 마주하게 된다. 밥을 씹
고 있는 상태에서 상담을 해야 하는 상황만큼은 정말 피하고 싶다. 예
전에 언뜻 약사들 중에 위장 장애가 있는 이들이 많다는 얘기를 들었을
때는 왜 그런지 몰랐지만 이제는 고개가 저절로 끄덕여진다.

또 앉아 있을 수 있는 시간이 생각보다 적다는 것도 놀라웠다. 약사
들이 위장 장애와 함께 많이 겪는 것이 정맥류라는데 이 또한 체감했
다. 물론 일한 지 얼마 안 되어 정맥류가 생길 정도는 아니었지만, 종아
리가 팅팅 부었다. 종아리를 감싸는 정맥류 전용 스타킹을 착용하고 저
녁마다 마사지를 해 주고 익숙해지기도 해서 많이 좋아졌지만, 직업병
이라는 것이 이렇게 얻어지는구나 하는 생각이 들었다. 오랜 경력의 선
배 약사들은 이를 어떻게 견뎌 냈을까?

약사는 완성형이 아니라 진행형

약국에 와서 스스로 책임을 지면서 배우다 보니 힘든 점도 많았지
만 내 스스로 약사라는 자부심을 획득해 가는 값진 경험을 했다. 그전
에는 피상적으로만 알고 있을 뿐 약사가 어떤 역할을 하는지 체감하지
못했다. 내가 환자에게 어떤 모습으로 보일까, 행여 별거 아닌 사람으
로 보일까 괜히 두렵고 겁났다. 약국에서 환자와 직접 부딪치며 스스로
자괴감을 느낀 적도 많지만, 내 상담을 듣고 만족해하는 환자들과, 나
중에 증상의 개선을 보여 다시 동일한 약을 사러 왔다는 분들을 보면

뿌듯했다.

그런 의미에서 무엇보다 약국약사는 심각한 질병까지는 아니더라도 예방법과 간단한 치료에 대해 쉽게 접근하는 위치에 있다는 점에서 매력적이라는 생각이 들었다. 지금은 '학생', '아가씨'로 더 많이 불리지만, 조만간 '약사'라는 호칭이 나올 정도로 도움을 줄 수 있을 때까지 열심히 해 보려 한다.

졸업하기 전에는 내가 한 가지를 선택해 버리면 다른 선택이 아쉬울 것이라는 생각과 두려움이 많았는데, 그런 두려움이 1년 동안 많이 극복되었다. 그리고 언젠가는 나만의 약국, 새로운 약국을 만들고 싶다. 사람들이 즐겁게 올 수 있는 그런 약국. 구체적으로는 스물아홉이 되기 전에 꼼꼼하게 준비해서 약국을 차려 보고 싶다는 목표를 세웠다. 앞으로도 목표는 계속 바뀌겠지만, 때로는 환자에게 올바른 정보와 즐거움을 주는 '약사'로, 때로는 도전하고 새로움을 추구하는 '사람'으로 즐겁고 보람차게 살고 싶다.

초짜 약사라서 더 무궁무진한 나 자신에게, 파이팅!

어느 인턴약사의 병원 순례기

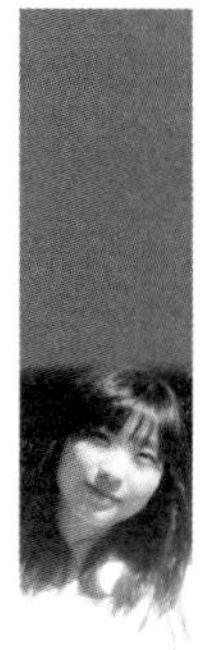

| 윤정혜 |

2011년 대구가톨릭대학교 약학과를 졸업하고 2012년 2월까지 분당서울대학교병원 전공약사 과정을 수료했다. 현재 같은 병원 약제부 특수조제팀에서 근무하고 있다.

"엄마, 아빠, 나 합격했어요! 딸내미 이렇게 잘 키워 주셔서 고마워요."

2011년 1월 27일, 제62회 약사국가고시 합격자 명단이 인터넷 사이트에 올라왔다. 내 이름이 있는 것을 확인하고 부모님께 전화하는 순간, 가슴이 터질 것 같은 기쁨과 함께 눈물이 나기 시작했다. '아, 내가 정말 약사가 되었구나!' 하는 생각에 고등학교 때부터의 일들이 머릿속을 스쳐 갔다.

고2 때까지도 연구원이 꿈이었던 나. 실험하기를 좋아하고 과학에 흥미가 있었기에 대학에서 화학을 전공해 연구소에 취직하는 것이 목표였다. 좀 더 안정적이고 사회성이 큰 직업을 택하기를 원하셨던 아버지는 그런 나를 늘 못마땅해하셨다. 그러던 중 고3이 되어 진로 선택에 고민하고 있던 어느 날 저녁, 아버지께서 조심스럽게 말씀하셨다.

"정혜야, 약사가 되는 건 어떠니? 약사는 안정적인 직업이기도 하고, 네가 원한다면 연구 분야로 취직할 수도 있지 않을까?"

그렇게 나는 약사가 되기로 결심했고, 정말 열심히 공부했다. 전문 컨설턴트 못지않게 자료를 수집해 주신 아버지, 수험생인 나보다 더 마음고생을 하시고 격려해 주신 어머니 덕분에 대구가톨릭대학교 약대에 합격했다. 입학 후 동아리 활동, 여러 가지 과 행사 등에 참여하며 즐거운 대학 생활을 보냈지만, 약사고시를 앞두고부터는 고등학교 때만큼 열심히 공부할 수밖에 없었다. 약사고시 합격률이 80~90퍼센트라는 사실을 듣고 시험이 쉬우리라 예상한 것은 중대한 판단 착오였다. 그 수치는 약대생들이 합격을 위해 그만큼 열심히 공부했기에 가능했을 것이다.

어쨌든, 오늘부터 나는 '진짜' 약사다. 틈틈이 아르바이트를 하면서 모아 둔 돈으로 오늘 저녁에 가족들과 축하의 외식을 해야겠다. 그동안 합격 여부를 알지 못해 차마 먼저 연락하지 못한 동기, 친구, 언니, 오빠 들한테도 연락해야지. 다들 만나서 수다 떨고 놀 생각을 하니 벌써부터 들뜨기 시작한다. 앞으로 펼쳐질 삶에 벌써 설렌다. 꼭 환자들의 몸과 마음을 치료해 주는 멋진 약사가 되어야지.

2011년 3월 2일

오늘은 내가 처음 병원으로 출근하는 날이다.

대구에서 멀리 떨어진 분당에서, 엄마, 아빠와 함께 있는 집이 아닌 기숙사에서 첫 직장 생활을 시작하게 되었다는 사실이 아직도 믿기지 않는다. 태어나서 한 번도 집을 떠나 생활해 본 적이 없던 내가 수도권 병원의 전공약사를 꿈꾸기 시작한 건 무려 4년 전인 대학 1학년 때부터다.

사실 병원에서 약사가 얼마나 많은 업무를 하고 있는지 대부분의 환자들은 알지 못한다. 병원 안에 약제부가 있다는 사실조차 모르는 사람이 많다. 하지만 병원약사는 입원 환자의 모든 약을 조제할 뿐 아니라 항암제도 조제하고 임상 업무도 하며, 복약 지도 및 항응고 상담, 당뇨, 고혈압 등 질환별 환자 교육 등도 하고 있어 병원에서 중요한 비중을 차지하고 있는 직능이다.

나는 이러한 병원 생활에 대한 동경이 반, 집을 떠나 타지에서 독립하고 싶은 마음이 반이었다. 남들보다 좀 더 일찍 진로를 결정한 덕분에 대학 생활을 더욱 마음 편하게 즐기면서 취직 준비를 할 수 있었던 것 같다. 특히 병원약사 중에서도 내가 관심 있던 분야는 전공약사 과정이었는데, 이는 수도권의 몇몇 병원에서만 시행하고 있는 제도였다. 병원에 따라 1년 혹은 2년 과정으로, 인턴과 레지던트 과정이 있으며 병원에서 어떤 일을 하는지, 나에게 어떤 일이 적성에 맞는지를 알 수 있고 체계적으로 병원 약학을 배울 수 있다는 장점이 있다.

열심히 일하고 배워 전문성을 가진 멋진 병원약사가 되는 것이 내 목표다. 아자, 아자, 파이팅!

2011년 3월 ○일

대학을 졸업한 지 1개월이 채 안 된 나. 정말 내가 봐도 답답하다. 졸업한 지 얼마 안 되었으면 학교 다닐 때 공부한 약물학적 지식을 어느 정도 기억하고 있어야 하는 게 아닌가! 지금 내가 아는 약은 겨우 몇 가지뿐. 그마저도 종류별 차이와 기전은 잘 모르니 한심할 수밖에….

얼마 전엔, 뇌신경센터 교수님의 진료를 참관했다. 그런데 교수님이 어느 환자가 자가로 복용 중이던 약을 가져와 어떤 효능을 가진 약인지 내게 물어보시는 것이었다. 분명히 눈에 익숙한 약들이었는데, 정확히 무슨 효능이 있는지는 기억나지 않았다. 나는 얼굴이 빨개져 "죄송합니다. 아직 제가 약을 잘 몰라서…"라고 말씀드릴 수밖에 없었다. 약사로서 이렇게 부끄러운 순간이 또 있을까.

2011년 3월 ○일

"정혜 선생님, 이 약 다시 조제해 주세요."

여기는 외래약국이다. 병원마다 조금씩 차이는 있으나, 우리 병원에서 인턴약사는 1년간 한두 달씩 각 팀을 순환하며 근무하도록 커리큘럼이 짜여 있다. 그중 내 3월 첫 근무지가 외래약국이었다.

외래약국은 환자분들이 오래 기다리지 않도록 빠른 조제를 필요로 하면서도, 직접 환자에게 투약되기 때문에 정확성도 요구되는 곳이다. 거의 쉬지 않고 조제해야 하는 탓에 체력이 가장 많이 요구되는 근무이기도 하다. 정말 첫 1~2주 동안은 기립성 저혈압과 현기증이 왔다. 약이름과 코드와 모양이 익숙하지 않으니 오조제도 수차례. 재검토하시는 선생님이 하루에 10번은 내 이름을 부르시는 것 같다.

'내가 원래 덤벙대는 성격이긴 했지만 이렇게까지 심했었나?'

다행히 4주쯤 된 지금은 그나마 첫 주보다는 오조제가 줄어 '하다 보면 나아지겠지.'라는 희망을 갖게 되었다. 약품 라벨도 좀 더 유심히 보려고 노력 중이다. 언제쯤 재검토까지 척척 해내는 약사가 되려나….

2011년 3월 ○일

처음으로 외래약국 투약구에 섰다.

　병원에서 일하면 약사가 환자와 직접 접촉하는 기회가 많지 않다. 약사가 조제한 약을 병동에서 환자에게 투약하는 일은 간호사가 하기 때문이다. 하지만 외래약국은 직접 투약구에서 환자분들께 투약하고 복약 지도도 해야 한다. 퇴원 환자에게 복약 지도를 한 것 외에는 환자분들을 직접 만나지 못해 답답하던 차였다. 처음 투약구에 서는 날, 설레면서도 긴장되었다.

　'웃으면서 친절하고 차분하게 복약 지도를 해 드려야지.'

　하지만 이런 내 다짐은 투약구에 선 지 고작 1시간여 만에 무용지물이 되고 말았다. '이럴 수가!' 복잡한 대장 내시경 약 복용법을 제대로 이해하지 못해 계속 물어보시는 할아버지와 줄도 제대로 서지 않고 약을 빨리 달라고 외치는 아저씨, 투약구 바로 앞에서 약 개수가 맞는지 확인해 보시겠다며 약을 다시 주섬주섬 꺼내시는 아주머니, 아직 처방전 출력 등 전산에 익숙지 못한 내게 느리다고 화내시는 할머니…. 하마터면 환자분 앞에서 엉엉 울어 버릴 뻔했다. 복약 지도도, 전문 지식도 중요하지만, 환자 입장에서 생각하고 환자가 원하는 바를 충족시켜 주는 것도 못지않게 중요하다는 사실을 뼈저리게 느낀 순간이었다.

2011년 3월 ○일

오늘 투약구에서 본 2가지 풍경.

링거를 꽂고 환자복을 입으신 채 1층 로비에 공연용으로 설치해 놓은 피아노에 조심스럽게 앉아 아름다운 곡을 연주하시던 아저씨. 외래 진료센터 쪽에서 충격을 받으신 표정으로 비틀비틀 걸어와 투약구 앞 대기석에 쓰러지듯 앉아 손으로 얼굴을 감싸고 흐느끼시던 아주머니.

다시 한 번 느끼지만 마음 아픈 곳이다, 병원은. 저분들께 몸도 마음도 치료할 수 있는 마법 같은 약을 드릴 수 있는 약사가 되고 싶다.

2011년 6월 ○일

이번 달 근무지는 약무정보팀이다.

약무정보팀은 병원에 근무하기 전에는 존재조차 몰랐던 부서다. 약에 대한 모든 사무를 하는 곳. 생각해 보면 꼭 필요한 부서인데, 왜 필요성을 의식하지 못했던 걸까. 그래! 조제는 서툴지만 문서 작업은 나름 잘하니까 이 부서에 오면 내 세상이겠지? 그러나 그건 말도 안 되는 내 착각이었다. 모든 업무가 약에 대한 지식을 어느 정도 갖추고 있어야 가능했고, 특히 원내·외 타 직종 사람들과 제약회사 사람들에게 문의를 받았을 때 빠르게 정보를 검색해 답변을 제공해야 하는 부서였던 것이다. 의사소통 시 전문성 있는 언어 선택과 태도는 필수였다. 다른 약사뿐 아니라 타 직종 사람들에게도 신뢰감이 느껴지는 약사가 되려면, 정확하고 객관적으로 말하는 것이 중요하다는 것을 다시 한 번 되새기고 있는 요즘이다.

2011년 7월 ○일

드디어 약제부에서 제일 큰 입원조제실 입성! 입원 환자의 모든 약을 조제하고 재검토하는 부서이니만큼, 배울 것도 많은 부서일 것이라는 기대와 설렘을 안고 근무를 시작한 지 벌써 2주가량이 되었다.

정신은 없는데 할 일은 많고…. 처방 검토, 조제, 재검토는 물론 ATC 기기를 다룰 줄 알아야 하고, 과 내 검사약 접수, 마약 잔량 반납 등 업무도 엄청나게 다양하며, 투약구에 약을 받으러 오는 사원 분들도 응대할 수 있어야 하고, 조제된 약의 현재 위치도 척척 찾아내는 탐정

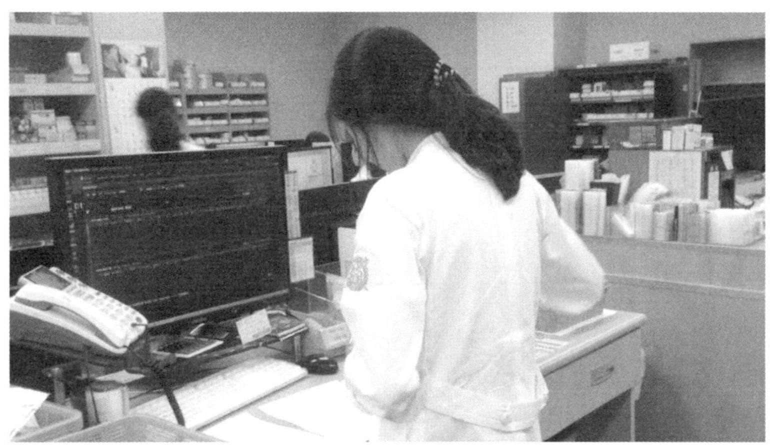

:: 입원조제실에서 아침에 병동 환자들에게 투약할 약을 재검토하는 모습. ⓒ분당서울대학교병원

같은 능력도 필요하다. 정말 멀티 플레이어를 요구하는 곳이다.

일도 일이지만, 내가 조제하고 있는 약이 어떤 질환에 어떻게 쓰이는지 알지 못한다는 것도 스트레스 중 하나다. 약에 대해 알아야 처방이 제대로 되었는지 검토하고 잘못된 처방을 바로잡을 수 있을 텐데…. 열심히 공부하자.

2011년 8월 ○일

우리 병원의 2011년 8기 인턴약사는 모두 8명인데, 그중 나를 포함한 4명은 같은 기숙사에 살고 있다. 첫 동기들 모임에서도 알아챈 사실이지만, 우리 동기들은 성격도 누구 하나 모나거나 튀지 않고, 다 같이 잘 지내서 병원 선생님들께도 칭찬받고 있다. 다들 같은 새내기 약사라 하는 실수도 비슷하고, 그래서 서로 더욱 잘 이해할 수 있는 것 같다.

월급이 정규약사보다 많지는 않지만, 그래도 매달 월급날이 되면 신 나는 마음에 우리끼리 회식을 한다. 이번 달에는 맛있으면서도 비싸지 않은 한식집에 갔다. "나는 ○○○ 실수를 했어." "나도 거기서 근무할 때 그랬는데." "아무개 프리셉터(지도약사) 선생님은 ○○를 중요시하더라." 이렇게 수다를 떨다 보면 정말 시간 가는 줄 몰라 어느새 깜깜한 밤이 되어 있다.

힘들 때, 특히 나처럼 지방에서 올라와 가족과 친구가 주변에 많지 않을 때, 함께 위로해 주고 달래 주는 동기들은 가족만큼 소중하고 힘이 되는 존재들이다. 다들 정말 고마워요~.

2011년 9월 ○일

약무정보팀과 일반조제팀을 돌아 드디어 도착한 마지막 팀, 특수조제팀. 주로 항암제와 TPN(total parenteral nutrition, 정맥영양수액)을 조제하고 임상 업무를 하는 곳이다.

주사조제실을 앞서 거쳐 간 동기 언니들이 주사기를 조작하는 연습을 하는 것을 보았기에 '엄청 어려워 보이는데 저걸 내가 어떻게 하지? 잘할 수 있을까?' 걱정을 많이 했었다. 그런데 막상 해 보니 크게 걱정할 정도는 아니라 다행이다.

이곳은 일반조제팀이나 약무정보팀과는 성격이 완전히 다른 곳이라 처음에 적응하는 데 시간이 걸렸다. 접수를 받고 재검토를 하고, 조제복을 입고 위생모와 마스크를 착용한 후 무균조제실에 들어가 조제하는 것은 낯설기도 하고 신기하기도 했다. 환자들의 감염 우려가 있어 무균 조제를 매우 중요시하는 곳인데, 이를 의식하지 못해 크고 작은 실수도 많이 했다. 예를 들면, 반드시 알코올로 닦아 소독하고 조제대에 넣어야 하는 물품들을 깜박하고 그냥 넣어 버린다든가, 위생모를 쓰지 않고 조제하다가 알아차리고는 깜짝 놀란다든가 등등. 다행히 이런 실수들은 시간이 지나 익숙해지면서 줄어들었다.

무엇보다 특수조제팀은 정확도와 꼼꼼함이 요구되는 곳이다. 일반적인 경구제는 재검토 시 모양, 색깔 등으로 정확하게 구분이 가능하지만, 항암제나 TPN은 수액에 약액을 섞은 뒤 티가 나지 않는 것이 대부분이라 조제자 본인만이 정확하게 확인할 수 있기 때문이다. 또 항암제는 잘못 투약하면 매우 심각한 결과가 초래될 수 있기 때문에 정확성이 더욱 요구된다. 좀 더 정신을 바짝 차려야겠다.

2011년 9월 ○일

항암제를 조제하다가 주삿바늘에 손을 약간 찔렸다. 정신이 아찔해졌다. 항암제의 위험성은 충분히 설명을 들어 익히 알고 있고 나름 조심하고 있었다. 그런데 정말 순간의 실수로 항암제를 수액에 섞다가 손을 찔린 것이다. 곧바로 응급 처치 키트를 사용해 세척하고 지혈했지만, 한 번 놀란 마음은 한동안 진정되지 않았다. 주사조제실에서 오래 근무하신 선생님이 자신도 각종 항암제에 찔려 본 적이 있었지만 괜찮았다고, 나도 괜찮을 테니 걱정하지 말라고 달래 주셨다. 선생님의 따뜻한 마음에 더욱 감동받고 안심이 되었다. 이번 일을 계기로, 내가 하는 일이 주의를 필요로 한다는 사실을 다시금 새기게 되었고, 더욱 조심해서 조제해야겠다는 생각이 번쩍 들었다.

2011년 10월 ○일

특수조제실에 온 지 2주 째. '병원약사의 꽃(?)'이라 할 수 있는 임상 약제 업무를 배우는 중이다. TPN 자문, TDM(therapeutic drug monitoring, 치료적 약물 농도 검사) 자문, ACS(anti-coagulation

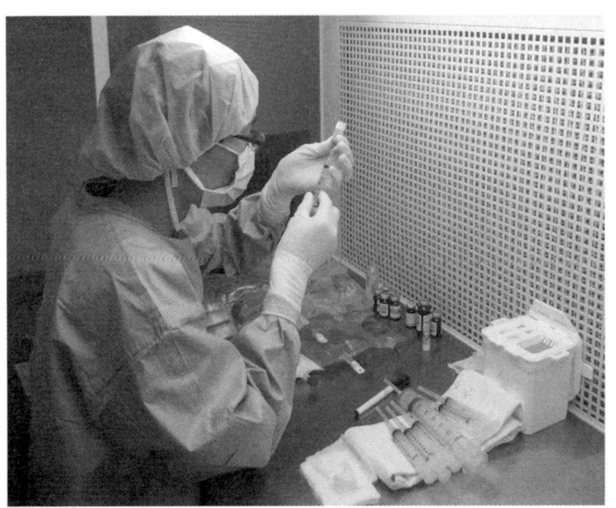

:: 특수조제실에서 무균 조제를 하고 있는 모습. ⓒ분당서울대학교병원

services, 항응고 약물 상담) 등 병원에서, 특히 어느 정도 규모 있는 병원에서 할 수 있는 이러한 업무들에 흥미를 갖고 배우기 시작했지만, 나는 TDM 업무에서 고전을 겪고 있다. 계산을 통해 약물의 혈중 농도를 예측해 독성이 나타나는 것을 막고 효과가 유지될 수 있도록 자문을 해 주어야 하는데, 수학에 유독 자신이 없는 나는 계산하는 것에 지레 겁을 먹고 있는 것이다. 또 환자마다 신 기능, 유전학적 차이 등 편차가 있어 완벽하게 예측하는 것은 무리이기 때문에, 아무리 용량·용법을 계산해 투약해도 원하는 혈중 농도가 나오지 않는 경우도 있다. 그래서인지 정확하게 혈중 농도를 예측해 내는 프리셉터 선생님들이 그렇게 대단해 보일 수가 없다. 아직은 약제의 특성에 대한 이론 교육도 제대로 숙지하지 못한 나지만, 언젠가는 선생님들처럼 혈중 약물 농도를 척척 예측해 내 환자들에게 적절한 용량·용법을 추천해 줄 수 있을 거라 생각하며 오늘도 열심히 항생제를 공부하고 있다.

2012년 5월 ○일

2012년 2월 인턴약사 과정을 수료하고 정규약사로 지원해 근무한 지 어느덧 3개월 차. 나는 특수조제팀으로 발령받아 항암제 조제 및 임상 업무와 약물 부작용 보고 회신을 담당하고 있다.

근무를 시작하고 첫 2개월 정도는 정말 정신없고 힘든 나날의 연속이었다. 나름대로 지난 한 해 동안 여러 부서를 돌며 업무를 많이 익혔다고 생각했는데, 막상 정규약사가 되고 보니 정말 빙산의 일각 정도만 알고 있는 내 자신을 발견했다. 2개월이 지났는데 아직도 할 줄 아는 업무보다는 배워야 할 업무가 더 많다.

힘들고 어렵긴 하지만, 그래도 하고 싶었던 TPN 자문 업무도 배우며 할 수 있어 재미있다. 동시에 환자들에게 더욱 책임감을 가져야 한다는 생각에 어깨가 무겁기도 하다. 우리 병원 약제부의 어엿한 구성원이 된 느낌이라고나 할까. 무엇보다 아직 모르는 게 더 많고 사고만 치는 아기 약사(?)들을 챙겨 주시는 선생님들이 있어 다행이다.

얼마 전에는 드디어 인턴약사 동기들이 모두 모여 전공 과정 수련 후 첫 회식을 했다. 우리 중 2명은 전공약사 2년차 과정인 레지던트 과정을 밟고 있고, 나머지 6명은 1~2명씩 각각 다른 팀으로 발령받아 빛나는 활약(?)을 하고 있다. 팀이 서로 다르다 보니 함께 모였을 때 화제도 더욱 다양해졌다. 요즘 약무정보팀에서는 매일 바쁘지만 짬을 내 티타임을 가지고 스트레칭을 한다는 이야기, 입원조제팀에서도 오후에 낮 업무가 끝난 후 간단하게 회의를 하며 좀 더 효율적이고 정확한 시스템 운영을 위해 노력하고 있다는 이야기, 특수조제팀에서는 2013년 암센터, 뇌신경센터 개원을 앞두고 여러 시스템을 구상하고 있다는 이야기 등등. 무엇보다 함께 할 수 있는 동기들이 있어 행복하고 신 난다.

앞으로도 갈 길이 멀고 쉽지는 않겠지만, 병원약사로서의 자부심과 책임감을 갖고 환자들의 건강과 나의 보람을 위해 열심히 노력할 것이다. 이제 겨우 첫발을 내딛었을 뿐이니까. 파이팅!!!

주요 병원에서는 해마다 9~10월경 다음 해 2월 졸업 예정자를 포함한 약사 면허 소지자를 대상으로 전공약사를 채용한다. 약물학 같은 전공 이론 시험을 보는 병원도 있으나 대부분의 병원은 서류, 면접 평가로 합격 여부를 결정하게 된다. 실제 면접 때 전문적 지식도 중요하지만 병원 생활도 공동체, 사회생활이니만큼 사회성도 중요하게 평가하는 편이다.

전공약사는 병원에 따라 인턴, 레지던트 과정을 포함해 1년 만에 수료가 가능한 곳이 있고, 인턴 1년, 레지던트 1년, 총 2년 과정 후 수료가 가능한 곳이 있다. 2년 과정인 경우, 인턴 과정 수료 후 레지던트 과정에 들어갈지의 여부를 선택할 수 있다. 레지던트 과정은 인턴 과정을 수료한 약사에 한해서만 지원이 가능하다.

전공약사는 병원 정규약사와는 별개다. 즉 전공약사 과정 수료 유무와 정규약사 지원은 관계없다. 다만, 전공약사 과정을 수료하고 그다음 해 해당 병원에 정규약사로 지원할 경우 경력이 어느 정도 인정되는 것이 대부분이다.

병원에서 근무하고 싶은데 자신의 적성과 성격에 맞을지 확신이 없다면, 약대생을 대상으로 하는 병원 약학 실습이 있으니 참여해 보는 게 좋다. 대부분의 병원에서 여름, 겨울 방학 기간 중 1~2주 정도 실습할 수 있는 제도를 운영한다.

3장

다양한 약사의 세계

지금은 내 인생의 클라이맥스

| 김태욱 |

1949년 인천 출생. 서울대 약학대학을 졸업하고 제약회사에서 근무하다가 1977년 약국을 개설했다. 현재는 인천 남구 한나루로에서 다사랑약국을 운영하고 있다. 인천시약사회 약학위원장과 인천시 남구약사회 감사를 지냈고 현재 대한약사회 대의원·법제위원, 인천 남구청 자문위원장을 맡고 있다. 지역 의약품 강사로도 활동하고 있으며 '약국과 마트 사이' 등 많은 칼럼을 쓰고 있다.

"약사님, 비아그라를 먹으면 성 기능이 좋아진다는데 나같이 고혈압에 부정맥이 있는 사람이 먹어도 되나요?"

"비아그라는 원래 심장약으로 개발돼 심장 박동을 증가시키는 효과가 있거든요. 그래서 부정맥 환자에게는 과도한 부담을 줄 수 있고 일시적으로 혈압을 높이는 경우도 있어 사용하면 안 됩니다."

"그렇군요. 운동을 하지 말라는데 전혀 하지 않는 것이 좋은가요?"

"과격한 운동을 하지 말라는 것이지, 조깅 같은 가벼운 운동은 고혈압이나 부정맥에 도움이 되지요."

우리 약국의 단골 고객 중에 70대의 한 남자 환자가 있다. 좀 떨어져 있는 의원에서 처방을 받고는 반드시 우리 약국으로 온다. 대개 아침 9시쯤 오는데, 내가 출근 전이면 약국 앞에서 기다렸다가 약을 받아

가고, 약이 준비되지 않았을 때는 처방전을 두고 갔다가 다음 날 가지고 간다. 약국 근처도 아니고 승용차로 30분이나 걸리는 지역에 사는데도 그렇다.

약국에 오는 환자 중 가장 반가운 사람은 이렇게 내 말을 듣고 싶어 하고 귀담아듣는 사람이다. 올 때마다 약에 대한 것뿐 아니라 운동이나 음식 섭취에 대한 것도 한 가지씩은 꼭 질문한다. 바쁘지 않으면 내 지식이 허락하는 범위 내에서 친절하게 자세히 설명해 준다. 그러면 "2만 원짜리 약 타 가면서 배워 가는 건 200만 원짜리네요."라며 아주 고마워한다.

운동과 생활, 섭생에 대한 것은 사실 의사가 전문이라 할 수 있는데, 그들은 진찰하고 진단·치료·처방하는 데만도 시간이 부족하다. 물론 약사들의 하루도 쉴 새 없이 돌아가기는 마찬가지지만 조금만 관심을 기울이고 시간을 할애하면 별것 아닌 것으로도 환자들에겐 큰 도움이 될 수 있다.

주민에게 먼저 다가가는 약사가 되고 싶어

80대 노인 환자가 오셨다. 무릎과 허리가 아프시단다. 우리 약국은 정형외과 처방이 거의 다여서 환자는 대부분이 50대 이후다.

"이 조제약에 4가지 약이 들어 있는데, 그중 하나가 '안트라퀴논'이라고 염색이 되는 약이에요. 소변이 노랗게 나와도 놀라지 마세요."

"그런 약도 있군요."

"내외분만 사세요?"

“요즘 다 그렇지요, 뭐.”

“자녀분은 자주 오고요?”

“자주는 뭘. 1년에 두세 번 올까 말까지요.”

“두 분만 사시는데 그러면 안 되지요. 요 뒤에 경찰서 있잖아요? 거기다 신고해야겠네요.”

너무 좋아하면서 깔깔대고 웃으신다.

“적당히 가벼운 운동하시고요. 매일 동네 한 바퀴씩 도시고요. 지나가다가 약국에 들러 아픈 얘기도 하시고 궁금한 것도 물어보세요. 자식들도 만날 때마다 아픈 얘기만 하시면 듣기 싫어하잖아요. 약사는 아픈 얘기 듣는 게 일이니까 와서 하세요. 그런 얘기 듣기 싫으면 약사 그만 둬야지요, 뭐.”

“알았어요. 약사님, 고마워요.”

동네 주민들과 친해지려 노력하고 농담도 자주 한다. 아무리 바빠도 복용 방법 외에 한마디씩은 건넨다. 환자들에겐 그 한마디가 매우 중요하다. 약이든 건강이든 생활이든 이 한마디를 통해 그들이 궁금해 하던 것들이 쏟아져 나온다. 질병을 치료하고 재발을 방지하기 위해 할 수 있는 방법이나 생활 습관을 자세히 설명해 준다. 이는 일반의약품과 의약외품 등을 취급하며 주민들과 늘 가까이 있는 동네약국 약사만이 누릴 수 있는 특권이자 매력이다.

약사들이 생각하는 것보다 주민들은 훨씬 더 약사를 믿고 의지한다. 약사는 이러한 신뢰를 바탕으로 약국 외적으로도 지역 사회의 보건 리더로서 충분히 활동할 수 있다.

:: 약국을 찾은 환자에게 복약 지도를 하는 필자. 필자의 약국은 정형외과 처방을 들고 오는 경우가 대부분이라 환자의 연령대가 높다.

조제를 실수 없이 완벽하게 하기는 힘들어

약국의 업무는 조제와 매약으로 구분된다. 조제는 의사의 처방전에 따라 약을 배합하는 것이고, 매약은 처방전이 필요 없는 일반의약품을 판매하는 것이다.

조제에서 가장 중요한 부분은 배합이 아니라 처방 검토와 복약 지도다. 사실 배합은 기계적이라서 이미 조제량이 많은 대형약국에서는 이를 기계화했다. 심지어 버튼 하나만 누르면 조제가 완성되는 완전 자동화 시스템을 사용하는 곳도 있다. 물론 우리 약국 같은 소형약국에서는 아직도 일일이 약포지 하나에 한 알씩 담는 재래식 조제 방식을 사용한다.

그렇다고 배합에서 문제가 발생하지 않는 건 아니다. 우리나라는 환자들이 급하다 보니 약사도 덩달아 급해진다. 약을 약 주걱에 넣는 순간 옆 주걱으로 튀어 한쪽에는 약이 둘이고 다른 쪽엔 약이 안 들어가는 경우도 있고, 약포지에서 약 주걱을 빼는 순간 조제대로 떨어지는 경우, 약포지가 포장기에서 잘 안 눌려져 바닥으로 떨어지는 경우도 있다. 아무리 조심해도 차분히 점검할 시간이 부족하다 보니 실수를 아주 없애기는 어려운 것 같다.

본인 확인도 중요하다. 드물기는 하지만 의원에서 남의 처방전을 들고 오는 경우도 있고, 매번 이름을 불러 본인인지 확인하는데도 전화를 받거나 다른 생각을 하다가 남의 조제약을 들고 가는 경우도 있다. 동명이인이 동시에 들어오는 경우도 보았다.

처방이 잘못된 경우도 볼 수 있다. 의사가 처방을 직접 해야 하는데 바쁘다는 이유로 일반 직원을 통해 처방전을 발행하다가 실수가 생기기도 한다. 훼스탈이나 둘코락스 같은 장용정, 빈혈에 쓰는 훼로바유, 천식에 사용하는 아스콘틴 같은 서방정은 부수면 안 되는 정제다. 그런데 이를 반으로 나누거나 가루로 만들도록 처방하면 어떻게 될까? 약의 효과가 없어지는 것은 기본이고, 둘코락스 같은 변비약의 경우는 위에서 녹으니 장뿐 아니라 위도 흔들어 위경련과 함께 구토를 일으키게 된다. 서방정의 경우는 약이 일시에 녹아 혈중 농도가 일시에 높아지게 되고 짧은 시간에 배출돼 지속적인 효과를 기대할 수 없게 된다.

의사들은 약물의 상호 작용이나 제형에 대한 지식이 약하므로 이런 처방을 내리곤 한다. 이를 알려 주거나 확인하는 과정에서 처방을 검토한 약사와 처방한 의사 사이에 충돌이 생길 수도 있어 조심해야 한다.

환자 맞춤형 복약 지도가 필요해

복약 지도에서 개별 의약품의 효능을 알기 쉽게 설명해 주는 건 기본이다. 조제약의 경우 위장해 예방과 복용 편의를 위해 식사 30분 후에 복용하라고 지시하는 경우가 일반적이다. 그러나 대부분의 고혈압약처럼 위장해 등이 적을 때는 공복 시 복용이 원칙이고, 위장약처럼 식전에 복용하거나 제산제처럼 식간에 복용해야 하는 약, 흡착성 지사제처럼 다른 약과 2시간 정도의 간격을 두고 복용해야 하는 약도 있다. 의사가 지정한 경우가 아니면, 아침에 복용하는지 저녁에 복용하는지, 또는 식전인지 식후인지를 약사가 결정해 알려 주어야 한다. 이 경우 효과 외에도 환자의 생활 여건을 고려해 정해야 한다.

40대의 한 환자가 고혈압약, 당뇨약, 고지혈증약을 한꺼번에 처방받아 조제해 주었다. 이런 약은 1일 1회 복용하는데 보통은 아침 식전에 복용한다.

"아침 식사 하나요?"

"잘 안 하는데요."

"저녁엔 술도 가끔 하지요?"

"자주 하지요."

이런 경우 고혈압약은 아침에 일어나자마자 복용하는 것이 원칙이고, 당뇨약은 아침 식전에, 고지혈증약은 저녁에 먹는 것이 원칙인데, 이렇게 따로 먹으면 실제로는 환자가 복용을 잊어버리는 경우가 많다. 그래서 한꺼번에 먹도록 하는 것이 낫다. 이 경우 아침에 먹게 하면 혈당이 너무 떨어져 안 되고, 저녁 식사 전에 복용하게 하면 술을 마실 때는 약을 복용할 수 없기도 하고 복용을 잊는 경우도 허다하다. 이 사람

:: 인천 남구청이 주최하는 건강 강좌에서 의약품 강의를 하는 필자.

에게는 당뇨약 복용 시간이 가장 중요하다. 아침을 안 먹으니 점심 식사 30분 전에 복용하도록 지시한다.

우리나라의 경우 약사가 지시한 대로 약을 복용하는 사람이 30퍼센트밖에 안 된다는 점을 염두에 두어야 한다. 환자가 기억하기 쉬운 시간이나 방식을 택해야 잊지 않고 복용할 수 있다.

일반 소염진통제와 COX-2 저해제(유해 반응을 현저히 감소시킨 관절염 치료제)가 효과와 부작용 면에서 어떤 차이가 나는지 설명할 때 나는 다음과 같은 비유를 곧잘 든다.

"시위대가 인천에서 고속도로를 이용해 서울로 진출하려고 해요. 이를 막기 위해 경인고속도로와 제2경인고속도로를 모두 차단하는 경우와 제2경인고속도로만 차단하는 경우는 효과나 부작용 면에서 차이가 있겠죠? 다 막으면 효과는 좋겠지만 다른 차량 통행에도 지장을 주니까 부작용도 심하고 하나만 막으면 부작용은 적겠지만 효과도 약하고. 그렇겠지요?"

"고혈압 약을 왜 한꺼번에 4종류나 먹어야 하나요?"

고혈압약으로 ARB, Ca-blocker, beta-blocker, 이뇨제의 4종이 동시에 처방되는 경우가 있는데, 이렇게 물어 오는 환자들에게도 쉬운 비유를 들어 설명해 준다.

"비포장도로의 교통 흐름을 원활하게 하는 방법을 한번 생각해 보지요. 일단 도로를 포장하는 방법이 있겠죠. 도로를 확장하는 방법도 있고요. 또 교통 흐름을 막는 건널목을 줄이거나 신호등을 조정하는 방법도 있고요. 이 도로로 진입하는 차량을 다른 곳으로 빠지게 해 교통량을 줄이는 방법도 있겠지요."

이렇게 이해하기 쉽게 설명해 주면 머리에 쏙 들어온다며 매우 고마워한다. 이처럼 약의 효능이나 복용 방법, 메커니즘, 부작용, 배합 금기, 주의 사항 등 의약품에 대한 설명을 환자들이 알기 쉽게 전달하는 것은 매우 중요하다. 약의 효과와 직결되기 때문이다.

개업, 이전, 의약분업… 파란만장한 40년

나는 개국약사 이미지가 좋아 고등학교 1학년 때부터 약사가 되는 것을 꿈꿨다. 대학에 들어갈 즈음 제약학과가 생겼고 전망을 고려해 제약학과에 입학했다. 졸업 후 제약회사에 들어가 6년간 근무했으나 결혼하자마자 퇴직하고 빚을 얻어 서울 강북구 미아동에 약국을 열었다. 지금은 상상도 할 수 없지만 그때는 보증금에 적당한 인테리어만 갖추면 얼마 안 되는 도매 품목을 제외하고는 제약회사에서 대부분의 약품을 처음부터 신용으로 제공해 주었다. 운영은 처음부터 그런대로 잘돼 이후 집도 사고 아이 둘을 낳아 기르다가 서울 구로구 오류동을 거쳐

고향인 인천으로 왔다.

인천에서는 서구 신현동 아파트 단지 내에 잠시 있다가 부평구 산곡동으로 옮겨 와 백화점 구내약국을 13년간 운영했다. 근무약사 1~2명에 일반 직원 3~4명 등 합해서 6~7명이 근무하는 이른바 대형약국이었다.

그런데 약국이 일반 매장에 오픈돼 있어서 접근성은 좋았지만 매우 시끄럽고 스트레스가 이만저만이 아니었다. 일요일은 항상 근무하고 월요일만 쉬는데 그것도 세일을 비롯한 온갖 이유로 빼먹기 일쑤였다. 나는 물론 약국 직원들도 쉬지 못하고 하루 종일 쉴 새 없이 돌아갔다. 심지어 손님이 약국을 향해서 오면 지겹다는 생각이 들 정도였다. 과로로 3개월간 목소리가 안 나와 입원한 적도 있다. 약국 근무를 겨우 끝내고 집에 가서는 끙끙 앓기를 6개월간 계속하기도 했다. 그러나 이 시기는 경제적으로나 경영 면에서 내 약국 인생의 최전성기라 할 수 있었다.

1999년 백화점에서는 슈퍼마켓이 있는 1층에서, 통행이 가장 적어 매출에 큰 차이가 날 수 밖에 없는 지하층의 가전제품 매장으로 옮길 것을 요구했다. 이런 일은 백화점에서는 흔히 있는 일이다. 게다가 그 이듬해에는 의약분업이 예정되어 있는 상황. 백화점 구내에는 처방전을 발행할 의료 기관이 전무했다. 일반약 판매만으로 약국을 운영해야 할 텐데 접근성도 좋지 못한 지하층으로 자리를 옮기면 도저히 승산이 없었다.

결국 2000년 남동구 구월동 50평짜리 대형약국으로 자리를 옮겼다. 모든 약사가 그러했듯이 완전 의약분업이 시작되면서 격무에 시달리게 되었다. 전엔 들어 본 적도 없는 수많은 치료제에 대해 석 달간 약사회에 매일 밤 모여 12시가 넘도록 공부해야 했고, 새로운 컴퓨터 프로그램을 설치하고 익히는 일도 여간 어려운 일이 아니었다. 환자 대기석을 늘리느라 인테리어도 바꾸고 근처 의원 여섯 군데에서 처방약 목록을 받아 수천 종이나 되는 약을 주문해 진열하고 이름과 낯을 익히는 작업으로 막바지에는 며칠 밤을 새우다시피 하기도 했다.

이곳은 접근성이 좋은 편은 아니었으나 면적이 넓고 근처에 소아과와 내과, 정형외과가 있어 그런대로 경영은 수월할 것 같았다. 거창하게 개업식도 갖고 시작한 약국은 매약도 상당한 수준이고 처방이 하루에 180건 정도나 나와 약사 2~3인, 처방전을 입력하는 전산원 3~4명 등 6~7명이서 하루 종일 정신없이 일 처리를 하며 지냈다.

3년이 지나 차차 업무에도 익숙해져 편안해지는가 싶었더니 60미터 떨어져 있는 내과, 정형외과 바로 옆에 새 약국이 들어서면서 경영 상태가 급격히 나빠졌다. 인원을 반으로 줄였다. 그래도 매약 판매가 많아 견딜 만했다. 하지만 가까이 있는 주공아파트 재개발이 시작되면서 소아과마저 폐업하고 나니 그야말로 낙동강 오리알 신세가 되었다.

이전을 결심하고 남구 주안동 신기시장 근처 신축 건물에 점포를 구입해 문을 열었다. 그러나 내 점포를 갖게 됐다는 기쁨도 잠시, 같은 건물에 들어온 내과 의원이 경영 실패로 1년 만에 떠나가는 상황에 부닥쳤다. 평생 최초로 5년이라는 긴 기간 동안 쓴맛을 보고 인생의 나락에까지 떨어질 뻔한 시간들이었다. 그러다 2009년 지금의 위치로 와 재기하게 되었다. 이 기간은 내 인생에서 가장 참혹했던 시기로 길이길이 기억될 것이다. 두 번 다 의원 이전이 결정적 이유였다. 지금은 임대 점포에서 아내와 단 둘이서 근무하고 있다.

:: 약사 동호회에 가입해 마라톤 대회에 출전한 필자.

개국약사에게만 주어진 축복

나는 3년 전부터 근무 중 짬짬이 글을 쓰거나 좋아하는 음악을 들으며 즐겁게 지내고 있다. 밤 8시 이후에는 매일 1~2시간씩 달리기를 한다. 약사 동호회에 가입해 마라톤 대회에도 출전하고, 매월 고교 동기생들과 서울 근교로 등산을 가기도 한다. 평일 저녁 8시면 조제가 끝나니 친구도 만나고 모임에도 나간다.

약사 중에서도 나는 약국 업무 외에 약사회 회무, 동창회 일 등 외부 활동이 아주 많은 축에 속한다. 구청의 '지역 사랑 전문직 모임' 회장과 구정 자문위원장도 맡아 지역 사회 일에도 참여하고 있다. 2013년부터는 구청에서 주최하는 건강 강좌를 기획해 의약품 강의도 시작했다.

약국을 운영하며 근무 시간이 길어 개인 생활이 거의 없고 변화도 없어 다른 직종에 있는 친구들이 부러운 경우가 많았다. 그러나 이젠 상황이 바뀌었다. 다른 친구들은 대부분 은퇴한 반면, 내 경우는 아직도 약국 내외에서 활발하게 활동하니 많은 친구들의 부러움을 사고 있다.

"글도 많이 쓰고 라디오에 팝송도 신청하고, 설악산 대청봉과 공룡능선을 무박 2일로 산행하기도 하고, 동창회, 약사회, 구청 일, 안 하는 게 없군. 이 나이에 마라톤을 풀코스로 완주하고. 너무 역주행하는 거 아냐?"

"그런가? 지금이 내 인생의 클라이맥스인가 보네."

"60대 그랜드슬램 중에서 이제 지리산 종주 하나만 남았네."

"그럼 그것도 한번 해 볼까?"

70세가 넘으면 근무 시간을 절반으로 줄이고 나머지 시간에 여행을 하거나 전에 배우다 중단한 기타 연주, 테니스 등의 취미 생활을 즐기며 살다가, 80세에 이르면 완전히 은퇴할까 생각 중이다. 그러기 위해서는 건강이 뒷받침돼야 한다. 그래서 자동차도 처분하고 밤마다 열심히 달리고 있다.

인생 100세 시대를 맞아 늦은 나이까지 지역 주민들에게 약과 건강에 도움을 줄 수 있고 자력으로 생활을 영위해 나갈 수 있다는 점은 우리 개국약사에게만 주어진 축복이 아닐 수 없다.

나는 나를 넘어선다

| 조정윤 |

1975년 서울 출생. 성균관대 약학과를 졸업하고 한국화이자제약에서 영업, 글락소 스미스클라인에서 마케팅, 대외협력부 팀장을 거쳐 현재 레오 파마(LEO Pharma)에서 마케팅 총괄 이사로 근무하고 있다.

고등학교 시절 나는 수학이 좋았다. 문제를 분석하고 풀어 가며 답을 찾아내는 과정은 학문의 즐거움을 만끽하기에 충분했다. 수학을 공부하는 것은 노력한 만큼 결과가 확실했고 나를 차별화할 수 있었다. 시험 시간에도 어려운 문제들이 많아 시간 관리를 잘하지 못하면 전체 문제를 풀지 못하고 끝날 수도 있다는 위험성과 긴장감을 나는 오히려 즐겼다.

흔히 '잘할 수 있는 것'과 '하고 싶은 것'은 다르다고 한다. 하지만 나는 끝없는 노력과 자신감으로 열정적으로 도전하면 자신의 숨겨진 잠재 능력이 발휘되어 '하고 싶은 것'이 진정 '잘할 수 있는 것'이 된다는 신념으로 살아가고 있다. 만약 고교 시절, 수학에서 어려운 문제가 나올 때마다 문제 풀이집을 보고 베끼며 대강 풀었다면 수학의 진정한 즐거움을 느끼지 못했을 것이고 실력 향상도 요원했을 것이며, 결국 약대에 진학할 수 없어 장래 희망을 이루지 못했을 것이다.

선택과 도전은 나 스스로 한다

약대 재학 시절, 나는 의식 있는 대학생이 되고자 했다. 전공 공부양이 제법 많아도 대학 생활은 자신이 어떻게 하느냐에 따라 얼마든지 다양한 경험을 하고 소중한 인생의 가치관을 형성할 수 있는, 인생에서 가장 의미 있는 청춘 시절이다.

나는 외국계 제약회사를 목표로 하며 취업 준비에만 매달리는 대학 생활을 보내지 않았다. 입사 면접에서도 나는 의도적으로 내 모습을 꾸밀 필요가 없었다. 대학 4년간 내가 스스로 선택한 가치들을 소중히 여기고 열심히 살며 경험했던 변화에 대한 도전, 자기 발전에 대한 욕심, 맡은 바에 대한 책임감, 헌신성, 조직 내 리더십을 발휘할 잠재력을 면접 과정에서 떳떳이 보여 줄 수 있었다고 생각한다. 그 결과, 15명을 뽑는 데 1500명이 지원한 한국화이자제약 입사 경쟁에서, 그것도 여자 영업 사원은 시범적으로 3명만 뽑는 입사에서 당당히 합격할 수 있었다.

나는 꼭 합격해야 한다는 간절함보다, 나를 인재로 볼 줄 아는 회사라면 붙을 것이고, 그렇지 않으면 떨어질 것이라는 여유와 당당함이 있었다. 100대 1의 경쟁률을 뚫고 막상 합격해서야 알았다. 내가 면접을 본 회사가 전 세계 최고 제약회사라는 것을.

약사라는 타이틀을 벗고 영업 사원으로

신입 사원 교육을 받으며 영업의 어려움에 대해 귀가 따갑게 듣긴 했지만 '그래도 약사니까 우대해 주지 않을까?' 하고 생각했다. 그러나 현실은 크게 달랐다. 약사라 해서 별다를 게 없었다. 이제 나는 4년제 대학을 졸업한 제약회사 영업 사원의 하나일 따름이었다.

처음 며칠 동안 전임자로부터 인수인계를 받는 과정을 마치고 나자 첫 임무가 주어졌다. 어느 한 지역을 맡아 그 안에 있는 100병상 미만의 모든 병·의원을 대상으로 회사의 전 제품을 팔아야 하는 임무였다. 일을 시작한 지 얼마 안 되어 교대역 근처에서 눈에 얼어붙은 고갯길을 걷다 넘어지다를 반복하던 일, 만원 버스가 급정거하는 바람에 넘어져 가방 안 샘플이 우르르 쏟아진 일, 홀로 식당에 앉아 점심을 시켜 먹으며 쑥스러워하던 일 등은 지금도 생생하다.

'내가 지금 여기에서 무엇을 하고 있는 것일까?' 하는 자괴감이 드는 동시에 수백 명의 기라성 같은 선배들 속에 내가 어떻게 잘 해낼 수 있을지 막막해져 왔다. 하지만 낭떠러지에 서 있는 것 같았던 처음 며칠을 견뎌 내자, 다시 새로운 내가 되기로 마음을 다잡고 이를 악물었다.

나는 영업 사원에게는 필수인 운전면허를 따기 위해 학원부터 등록했다. 새벽에는 그 운전 연습을 하고, 아침 일찍부터 저녁 늦게까지는 마을버스와 전철을 타거나 걸어 다니며 맡은 지역을 샅샅이 뒤지고 다녔다. 신규 거래선을 늘리는 동시에 중요한 거래선은 고객부터 파악하기 시작했고, 밤이고 주말이고, 심지어 병원 대기실에서도 남는 시간을 이용해 제품 관련 브로슈어 등을 꾸준히 읽었다. 논문 외에도 직접 인터넷을 검색해 가며 더 많이 읽고 공부해 제품에 대한 전문성을 더욱

:: GSK Australia에서 단기 파견 근무할 때의 모습.(오른쪽에서 세 번째가 필자)

키워 갔다. 지역 개원의 협의회, 제품 설명회 등 제품을 알릴 수 있는 기회가 있으면 절대 놓치지 않았으며, 임원진과의 관계를 향상하는 데도 주력했다. 점심시간을 소모하는 게 아까워 햄버거로 간단히 때우고 그 시간을 운전하고 이동하며 보냈다.

비아그라 판매왕이 되다

결국 기다리던 기회들이 하나씩 현실화되었다. 내가 맡은 지역의 의사들은 나를 반기고 좋아하기 시작하더니 점차 내 고객이 되어 갔다. 새롭게 발굴하는 의원들이 늘어났고 이전에 처방하지 않았던 중요한 거래선도 꾸준한 방문과 디테일*을 통해 확산되어 가면서 매출이 급상

* 의사나 약사를 대상으로 자사 의약품의 효능 및 약리 작용, 부작용 등 전문적인 정보를 전달해, 환자에게 자사 의약품을 처방하고 조제하도록 유도하는 제약회사의 활동.

승하기 시작했다.

영업 사원으로 일한 지 약 6개월쯤 되어 갈 때 신제품인 '비아그라'가 국내에 출시되었다. 내게는 행운이었다. 당시는 발기 부전이라는 질환에 대한 사회적 인식이 제대로 형성되어 있지 않아, 의사들조차 환자 앞에서 입 밖에 내기 어려워하던 시절이었다. 그만큼 비아그라를 꾸준히 처방하게 하는 것은 생각보다 쉽지 않았다.

나는 그간의 땀과 노력으로 쌓은 신뢰를 토대로 열심히 제품 디테일을 했고, 맡은 지역에 DM을 발송하며 제품 발매 소식을 남보다 빠르게 알려 다른 영업 사원들보다 앞서 나갔다. 제품 설명회 등도 여러 차례 준비해 더 많은 의사들에게 제품 출시 사실을 알리고 특장점을 소개했다. 그 결과, 입사 첫해에 전 영업부 내 비아그라 판매왕과 영업 실적 1위라는 영예를 거머쥐었다.

변화와 도전을 두려워하지 마라

영업은 재미있었다. 또 노력한 만큼, 아니 노력한 이상으로 어린 내게 큰 보상을 주었다. 하지만 입사 첫해 회사 전체 영업왕이 되자 내 목표가 사라진 기분이 들었다. 내 자신이 별로 발전하지 못하고 있다는 느낌, 열심히 살고 있지 않다는 느낌이 들기 시작했다.

애초에 외국계 제약회사에 입사할 당시 내 꿈은 마케팅 PM(product manager)이 되는 것이었다. 때마침 글락소 스미스클라인이라는 유럽계 제약회사에서 PM을 뽑는다는 구인 광고를 우연히 보게 되어 지원했고, 3년 만에 내 꿈을 실현했다. 그 당시 면접 팀장은 "최고였던 사람은 어디에서 무엇을 하든 최고가 될 자질이 있다."라는 생각으로 나를 뽑았다고 한다.

그런데 PM으로서 업무를 시작한 기쁨은 순식간에 사라졌다. 마케팅 업무란 해야 할 것이 너무 많았고, 익숙해지는 것도 쉽지 않았다. 제품 출시 계획, 문헌 개발, 심포지엄 준비, 신입 사원 교육 준비 등 여러 가지를 한꺼번에 준비해야 했다. 당시 나는 아는 것도 별로 없는 데다 업무도 손에 익지 않아 스스로가 답답했다. 절대 누가 가르쳐 주는 일 없이, 스스로 알아서 배우고 개발하며 회사가 원하는 일정 수준까지 따라가는 게 요구되었다. 나는 그 차이를 빨리 따라잡기 위해 야근, 주말 근무, 새벽 근무를 마다하지 않고 무조건 일에 매달렸다. 맡은 업무를 잘 모르고 익숙하지 않은 내 자신이 너무 싫었기 때문이다.

결국 처음 몇 달간 그렇게 열심히 한 덕분에 당시 내가 맡았던 신제품은 지금도 블록버스터로 각광받고 있다. 이후 여러 신제품 출시를 경험하는 기회도 얻어 PM으로서 다양하고 훌륭한 역량을 계발할 수 있게 되었다. 신제품 출시는 마치 여성이 아이를 낳는 것처럼, 많은 공과 도전, 노력, 기쁨이 주어진다. 당시 내가 낳은 신제품들은 비록 지금은 맡고 있지 않아도 내 아들·딸같이 자랑스럽다.

글락소 스미스클라인에서 근무했던 약 8년은 매우 소중하다. 다양한 경험과 교육, 치열한 경쟁을 통해 지금의 내가 있게 해 주었다. 또 그 시절에 나는 결혼도 하고 딸과 아들을 낳고 키웠다. 워킹맘으로서 슈퍼우먼이 되게 해 준 셈이다. 일과 가정을 병행하는 것은 쉽지 않았다. 특히 내가 일에 정신 못 차릴 정도로 푹 빠지는 스타일이라 더욱 그랬다.

아이들이 자라면서, 일과 가정, 나를 균형 있게 가꾸고 관리하는 것이 중요함을 더욱 깨닫게 되었다. 그런 내게 안정적인 환경을 제공해

:: 해외 학회 참석차 방문한 체코 프라하에서의 필자.

준 글락소 스미스클라인은 참 고마운 곳이었다.

하지만 서른 중반이 지나고 직급이 팀장으로 올라가면서, 사회생활에 대한 또 다른 고민을 하게 되었다. 언제까지 내가 회사 생활을 잘할 수 있을까? 이 안정에 익숙해져 변화와 도전을 등한시하는 건 아닐까? 몇 번의 다른 회사 스카우트 제의를 거절하면서 변화보다 안정을, 도전보다 익숙함을 누리고 있는 나를 발견하게 되었다.

수많은 약사 선후배 동기들이 그간 제약회사에 들어갔고 중도에 그만두었다. 나 역시 힘들 때면 가끔씩 그만두고 싶을 때가 많다. 다른 과 졸업생보다 왜 약사들이 많이 그만두는가? 회사에서 적응을 못 해서? 아니다. 약사들은 우수한 머리와 전문성으로 회사 내 어느 분야에 있든 다른 과 졸업생보다 유리하다. 마케팅 역시, 제품의 핵심 메시지를 개발하고 차별화하는 데 있어, 그리고 과학적 사고로 주요 이해 당사자들과 커뮤니케이션하는 데 있어 유리하다.

그러나 약사들은 다른 일반인들과 달리 약사 자격증이 있는 것이 독이 될 때가 있다. 언제든지 그만두고 약국에 갈 수 있다는 생각 때문이다. 약국약사를 하고 싶어서도 있지만, 조직 사회에서 적응하고 스트레스를 받는 게 싫어 제2의 인생의 장으로 약국을 선택하는 것이다. 예비약사들이여, 부디 바란다. 제약회사에 입사할 때 몇 년 취미 생활로 다닐 생각이라면 애초에 발을 들여놓지 마라. 치열하게 경쟁에 뛰어들어 끝까지 버텨 어느 분야에서든 최고가 되어라.

저글링은 잡는 것이 아니라 던지는 것

나는 2011년 4월 덴마크 제약회사 레오파마가 처음 국내에 진출할 때부터 마케팅 이사로 일하고 있다. 레오파마는 후시딘의 원개발사인데 국내엔 잘 알려져 있지 않다. 그간 일했던 회사들보다 규모도 작고, 한국에서 사업을 시작한 지 얼마 되지 않아 할 일도 참 많다. 거기에 해외 출장까지 잦아 남편과 아이들에게 항상 미안하다.

영화 〈하이힐을 신고 달리는 여자(I Don't Know How She Does It)〉(2011)는 두 아이를 키우며 일도 열심인 한 워킹맘의 일상을 다뤘는데, 주인공의 내레이션 중에 "저글링(juggling)은 잡는 것이 아니라 던지는 것"이라는 말이 있다. 손안에 있는 여러 공을 어찌할지 모르고 잡고만 있을 게 아니라, 동시에 던져 최선을 다해 뛰면 자신이 이루고자 하는 것들을 다 해낼 수 있다는 것이다. 자신의 일을 그토록 좋아하며 회사에서는 능력을 인정받는 펀드 매니저로, 집 안에서는 아이들을 끔찍이 사랑해 아이들과의 약속은 꼭 지키고 유치원 과제물도 잘 챙겨 기쁘게 해 주려는 엄마로, 동시에 여러 일을 잘해야 하는 워킹맘인 여주인공의 모습은 마치 나를 보는 것 같았다.

하루의 시작인 아침 8시경 회사 사무실에 도착하면 밤새 온 업무 이메일을 체크하며 하루 일과를 계획한다. 부서 회의, 매니지먼트 회의, 에이전시와 미팅, 영업부와 미팅, 본사와 전화 회의 등에 외부 중요한 고객과의 방문 약속 등 스케줄을 균형 있고 겹치지 않게 잘 관리해야 한다. 주말이나 저녁에 학회나 심포지엄 등이 있을 때는 시간을 더 할애해 관련 행사에 참석한다. 마케팅 계획이나 중요한 업무는 미리 데드라인을 잘 세워 차근차근 준비한다. 또 가장 집중이 잘되는 밤이나 새벽에 잠을 적게 자기도 한다. 저녁에 집에 돌아가면 엄마로 돌아가서 이제 초등학생인 딸, 아들과 함께 각자의 숙제와 준비물을 한 시간 내에 부지런히 챙기고 아이들을 재운다.

초등학교 3학년인 어진이가 묻는다.

"엄마, 엄마는 왜 회사를 다녀? 다른 엄마들은 다 집에서 아이들이랑 많은 시간을 보내는데. 엄마도 회사 가지 말고 우리랑 매일 같이 있으면 안 돼?"

아직 어린 어진이는 엄마가 자신과 같이 보내는 시간을 가장 좋아한다는 사실, 엄마가 왜 회사를 다니는지, 왜 주말이나 밤에도 일 속에 파묻혀 사는지 등을 이해하지 못할 것이다. 하지만 먼 훗날 아이가 더 커서 올바른 판단을 할 수 있는 나이가 되었을 때 "엄마처럼 멋있는 삶을 살고 싶다."라는 말을 들을 수 있도록, 딸아이의 롤 모델이 되는 그런 엄마가 되고 싶다.

가끔씩 지칠 때는 뒤를 돌아보기도 한다. 편안하고 안정된 삶이 아닌 변화와 도전을 꿈꾸며, 잦은 해외 출장과 중요 회의 등으로 여전히 바쁘고 긴장하며, 매일 블랙베리의 스케줄 관리를 업데이트하며 하루하루를 살아가는 나의 30대 후반이다.

:: 신제품 출시 기자 간담회에서 사회를 맡은 필자.

제약회사를 꿈꾸는 예비약사들을 위한 당부

최근 약대가 6년제로 개편된 후 약대생을 몇 명 만나 보니 예전 내 학창 시절과는 매우 다르다는 걸 느꼈다. 과거 학력고사나 수능 시험을 보고 약대에 들어온 우리 때와 달리, 요즘은 2010년부터 PEET(약학대학입문자격시험)란 시험을 거치면서 필요로 하는 토익 점수, 약대 입학 전에 몸담았던 전공의 학점, 화학 등의 전공 기초 과목 실력 쌓기 등에 20대 초반을 보낸다. 그렇게 어렵게 들어온 약대 1학년부터는 다시 졸업 후 취업을 목표로 매진한다. 한마디로 대학 생활을 '스펙'을 쌓는 수단으로만 여기는 것 같아 안타까웠다.

내가 만난 약대생 중 상당수가 약국이 아닌 외국계 제약회사를 가고 싶다고 했다. 하지만 외국계 제약회사에 15년간 몸담았고 지금 한 회사의 임원으로 신입 사원을 선발하는 입장에서 보건대, 스펙은 기본 참고 자료 중 하나로 고려할 수는 있지만 전부가 될 수 없다. 특히 회사에서 신입 사원을 뽑을 때는 전문성 있는 업무 경험에 대한 기대치가 높지 않으며, 그 사람의 잠재 역량과 됨됨이, 사회성을 함께 보게 된다. 회사 또는 부서 내 분위기에 잘 적응하고 어울리게 하기 위해 조직 직급 체계에 맞는 평균적인 연령대도 어느 정도 고려하는 편이므로, 신입 사원으로 제약회사 입사를 고려한다면 가급적 젊었을 때 지원할 수 있도록 준비하는 게 바람직하다.

내가 대학을 졸업할 무렵에는 상당수 동기들이 대학원 진학을 준비하거나 약사고시에 전념하느라 취업 준비에 그리 적극적이지 않았다. 더욱이 IMF 직후여서 국내 상황도 그리 좋지 않았다. 하지만 제약회사에 입사하기를 희망한다면 하반기에 주로 있는 공채 시기 등을 고려할 때 졸업 전부터 기회를 찾아보는 게 더 좋다.

기회는 망설이는 자보다 기다리는 자에게, 기다리는 자보다 스스로 찾는 자에게 더 가까이 온다. 나는 4학년 여름 방학 무렵부터 각계각층에 진출한 선배들을 만나 진로에 대한 조언을 구했다. 지금은 인터넷 구인·구직 사이트 등을 통해 이러한 정보에 접근하기가 훨씬 쉽지만 당시에는 구인 광고가 몇몇 매체에 제한적으로 실릴 때였다. 그럼에도 취업에 관심이 있었던 과 동기 몇 명과 같이 꾸준히 찾아본 결과 좋은 기회를 놓치지 않고 잡을 수 있었다.

앞으로도 제약회사의 영업, 마케팅 업무를 꿈꾸는 후배들이 많을 것이다. 먼저 그 길을 조금 걸었고 지금도 걷고 있는 선배로서 두 팔 활짝 열고 환영한다. 제발 많이 와서 도전하라. 그리고 오래 버텨라. 내 자신이 그 업무에 적성이 맞느냐고 묻지 말고 좌절하지 말라. 내가 그 업무에 맞게 잘할 수 있게 그 길을 찾아 끊임없이 노력하고 변화하면 된다. 내가 나를 바꾸지 않은 채 다른 사람이 변하기만을 기다리고 환경이 바뀌기를 기다린다면, 나는 그 자리에 맞지 않는 것이므로 당장 떠나야 한다. 우리 사회, 어느 곳에서 근무를 하더라도 회사가 원하는 사람은 변화하고 발전할 수 있으며 항상 노력하는 사람이다.

이제 경쟁은 글로벌이다. 아시아에서, 글로벌에서 한국의 위상은 매우 높아졌다. 세계 10대 경제 강국이자 제약 강국이다. 글로벌 제약 업계에서 한국 사람의 저력을 크게 주목하고 있다. 선배들이, 우리가, 그리고 후배들이 어떻게 하느냐에 따라 5년 후, 10년 후는 훨씬 더 위대해질 수 있다. 제약 시장의 절반을 차지하는 미국이나 유럽을, 인구가 많은 중국을, 경제 강국 일본을 뛰어넘어, 한국이 아시아 허브이자 전 세계 글로벌 제약업계의 주역이 될 날이 멀지 않았다. 약대 진학을 꿈꾸는 예비약사 여러분이 그 주인공이 되길 진심으로 바란다. 나는 나를 넘어선다.

내 인생의 반전을 이룬 일터

| 최혁재 |

경희대학교 약학과를 졸업하고 동 대학원에서 박사 학위를 취득했으며 현재 경희의료원 약제본부 팀장으로 일하고 있다. 경희대학교 약학대학 객원교수로 후배들을 가르치고 있으며, 약물의 유해 작용을 연구·조사하는 대한약물역학위해관리학회 총무 및 홍보이사, 서울마약퇴치운동본부 이사로 활동하면서 대중에게 약물 오·남용의 위험성을 교육하고 있다. 주말이면 경희대학교와 한양대학교의 사회교육원 교수로서 현대인과 성인병 등에 관한 과목을 지도하고 있다.

2005년 11월 19일 오전 9시 서울 강남구 삼성동 코엑스 302호. 아침부터 부지런히 서둘렀지만 시작 시간인 10시 30분까지는 다소 빠듯하게 느껴진다. 입구에 설치한 테이블에는 홍보 만화, 복약 지도집, CI(corporate identity)로 장식한 파일 등 각종 홍보물이 놓여 있다. 그 옆에 음료수 몇 가지와 문구류까지 준비되어 있다. 실내 음향도 다시 점검해 봐야 한다. 홍보 만화에 자신들의 목소리를 재밌게 더빙한 모 대형병원의 작품이 프레젠테이션을 기다리고 있기 때문이다.

내가 홍보위원회 간사로 있는 병원약사회에서 처음 개최하는 학생 포럼. 행사 준비로 며칠 동안 숨 가쁘게 달려 온 준비 위원들은 하나같이 상기된 얼굴이었다. 과연 성공할 수 있을까? 100명까지 수용할 수 있는 302호 실내가 너무도 광활해 보였다. 얼마나 채울 수 있을지….

병원약사는 경쟁률이 높다?

병원약사회에서 이 행사를 기획한 것은 만성적인 병원약사 인력난 때문이었다. 당장에 급여가 훨씬 더 많고 주말 당직 같은 것도 없으면서 경험을 쌓은 뒤엔 언제든 개업을 할 수 있는 약국이 손짓하고 있으니, 병원에서 약사들을 아무리 공들여 키워 놔도 중도에 사직하는 사례가 너무도 빈번했다. 결국 병원약사회에서는 고민 끝에 약대생에게 적극적으로 다가갈 수 있는 자리를 마련하기로 했다. 병원약사는 구체적으로 어떤 일을 하는지, 24시간 교대로 근무하는 일정은 어떻게 돌아가는지, 인턴십 제도인 전공약사 제도를 운영하는 병원에서는 어떤 프로그램을 가지고 있는지 등을 약대생에게 직접 설명하고 선택을 받겠다는 전향적인 시도였다.

오전 10시가 지날 즈음 학생들이 한두 명씩 나타나기 시작했다. '썰렁하지는 않겠구나' 하는 안도감이 먼저 들었다. 그런데 이게 웬일인가! 포럼장으로 들어오는 학생 수가 점점 많아지는가 싶더니 결국 등록 창구 앞으로 학생들이 길게 줄을 서는 상황이 되었다. 예정된 시간이 채 되기도 전에 준비된 좌석 수가 모자라 보조 의자까지 내와야 했다. 최종 참가 인원은 147명. 예상의 2배 가까운 학생들이 자리를 빛내 주었다. 점심 값도 적잖이 지출되었지만 마음만은 뿌듯했다.

이날의 가장 큰 소득은 커뮤니케이션이 중요하다는 점을 절실히 깨달은 것이다. 약대 졸업 예정자 중에도 병원약사의 길을 생각하는 사람은 많은데 자신이 가고 싶은 병원이 채용 계획은 있는지, 경쟁률은 얼마나 되는지 정보가 전혀 없었던 것이다. 그러다 보니 지레짐작으로 병원약사는 경쟁률이 높겠거니 생각해 지원조차 하지 않는 이들이 많았다. 결국 병원에서는 채용 공고를 내도 미달되기 일쑤였다.

이날의 행사가 계기가 되었는지 병원약사 지원율이 다소 높아진 것 같은 경향이 보이기는 하다. 그러나 아직도 정원을 채우기 어려운 병원이 대다수다. 게다가 2013년과 2014년은 약대 6년제 실시 때문에 졸업생이 나오지 않는 해여서, 특히 지방병원이 인력난에 허우적거리고 있다. 개국가에서도 약사 인력난은 동일하기 때문에 약국의 급여가 올라가면 병원 근무약사의 이탈이 속출하는 현상이 곧바로 벌어진다. 내가 근무하는 경희의료원도 사직자 충원에 급급할 뿐이다.

병원약사가 하는 일

병원약사가 하는 일 중에서 가장 기본이 되는 것은 역시 정확한 조제와 복약 지도라고 할 수 있다. 의약품마다 성상이 다르고 복용 방법이 다르며, 같이 조제되면 안 되는 제품도 많다. 수많은 제약회사에서 의약품이 생산되다 보니 투약 오류도 빈번히 생긴다. 이처럼 조제와 투약은 기본적이면서도 힘든 업무다. 그 외에도 대형병원과 종합병원을 중심으로 이뤄지는 혈중 약물 농도 모니터링, 항암제 및 고영양수액제 조제, 약물 부작용 모니터링 등 병원약사의 업무 영역은 일반인이 생각하는 것보다 꽤 넓다.

내가 1996년 경희의료원에 들어왔을 때 우선적으로 맡은 일은 원내 제제 업무였다. 사람들이 '약사'라고 하면 일단 약품을 조제하는 일을 떠올리는 것처럼 병원약국도 조제 중심으로 돌아간다. 따라서 내가 맡았던 원내 제제 업무는 병원약사의 주요 업무는 아니었다.

:: 경희의료원 신입 시절 연구실에서 근무하는 필자의 모습.

원내 제제라는 것은 의사의 처방에 의해 의약품과 재료를 적절히 배합해 병원에서 직접 만드는 제제로, 시설과 품질 관리 시스템을 갖추면 식약처와 보건소를 거쳐 미리 만들어 놓을 수 있도록 허가가 나오는 것이다. 물론 시설과 관리약사 등을 갖추려면 병원의 규모가 커야 가능하다. 이전에는 주사제를 직접 만들어 수익도 꽤 쏠쏠했지만 의약분업이 실시되고 난 뒤로는 사정이 많이 달라져서, 제약회사에서 만드는 기성 제품 중에 동일 제품이 없어야 허가가 나온다. 그러다 보니 병원들의 제제 업무가 많이 축소되었고 점차 기성 제품을 사서 쓰는 방향으로 바뀌고 있었다.

병원약국의 업무는 의약분업 이후 많은 부침을 겪었다. 이전에는 조제 업무가 중심이었다면 이제는 진료의 질을 높이는 임상 약제 업무로 전환되는 중이다. 규모가 큰 병원에서는 약사가 약국 내에서만 일하는 게 아니라 병동에서도 일하며 중환자들을 주로 상대한다. 진료 교수, 주치의와 함께 입원 환자 회진에 참여하면서 약물 투여가 잘되고 있는지, 효과가 제대로 나고 있는지, 부작용은 없는지 등을 직접 확인하고 복약 지도도 하면서 약물 요법에 대해 의논하는 '팀 의료'의 일원인 셈이다. 암 병동에서 주로 사용하는 항암제는 워낙 약효도 강하고 부작용도 많다. 그래서 평균적인 매뉴얼대로 환자에게 투여하기보다 환자의 반응을 잘 체크하며 투약을 면밀히 조절하는 것이 치료의 성패를 좌우할 때가 많은데, 이때 암 병동 약사의 의견이 상당히 중요하다.

한약물연구소, 쉽게 먹을 수 있는 한약을 고민하다

경희의료원에는 잘 알려져 있다시피 대형 한방병원이 있다. 원내 제제 업무와 더불어 내가 맡게 된 또 하나의 주 업무가 바로 한약물 연구였다. 원내 제제 업무가 순전히 병원약사로서의 일이었다면 한약물 연구는 연구소의 일원으로서 맡게 된 업무다.

한약물 연구는 원래 계획에도 없던 일이다. 2006년 이후로 한의계는 전반적인 불황의 늪에 빠지기 시작했고, 브랜드 가치 1위를 달리던 경희의료원 한방병원도 변신을 꾀하지 않을 수 없었다. 그 결과가 한약물연구소 설립이었다.

나를 포함해 기존 동서의학연구소 약물연구부 인원을 중심으로 설립된 한약물연구소는 한약의 현대화, 과학화를 목표로 6년여를 쉼 없이 달려 왔다. 먹기도 불편하고 휴대하기도 어려우며 효과도 불명확하고 안전성도 모호하다는 한약의 약점들을 해소하는 동시에 소비자 트렌드까지 맞추기 위한 노력이었다. 매주 열리는 회의에서 결과를 내기 위해 얼마나 마음을 졸여 가며 연구에 몰두했는지 모른다. 그 결과 먹기 어려운 탕약에 변화를 주어 먹기 쉬운 과립제, 캡슐제, 사탕처럼 입

안에서 녹여 먹는 트로키제, 젤리, 외용제 등으로 만들 수 있었다.

대형 한방병원이 있다는 점은 경희의료원에 여러모로 도움이 된다. 한방 제제를 만들 수 있는 시설을 갖추고 있으므로 경희의료원은 의약분업 이후로도 여전히 원내 제제 업무가 중요한 사업이 되고 있다. 2013년 현재까지도 30여 년간 거의 준제약 회사 수준으로 300여 가지가 넘는 한약 제제를 생산하는 시설을 운영하고 있으니 말이다. 한약물연구소는 이제 연간 30억에 가까운 매출을 올리는 연구소로 자리 잡았다.

이 약이 소중한 삶을 살려 내었으면

2002년, 내가 일하는 연구소 건물 안에 고영양수액 주사제를 조제하는 무균조제실이 만들어졌다. 고영양수액 주사제는 자기 입으로 음식을 섭취할 수 없는 환자를 위해 적절히 처방되고 무균으로 조제한 고영양수액을 정맥에 주사할 수 있게 만든 것이다. 한의학에서도 약의(藥醫)보다는 심의(心醫), 심의보다는 식의(食醫)가 먼저라고 했다. 사람은 영양 공급이 원활해야만 병도 잘 안 걸리고, 걸렸던 병도 잘 낫는 법이다. 그런데 음식물을 입으로 씹어 먹기 힘든 중환자나 신생아에게는 빠른 회복을 위해 이처럼 약사가 직접 갖가지 영양소를 알맞게 조제해 병동에서 투여하는 것이다.

나는 조제된 약이 무균 상태를 유지하는지 확인하는 업무를 맡았다. 1주일마다 샘플이 올라오면 무균 시험을 해서 세균이 자라나는지 확인하는 일인데, 물론 아직까지 균이 발견된 적은 없다.

그런데 어른도 어른이지만 신생아 중환자실에 입원한 아기들도 이

고영양수액 주사제를 맞는다는 것을 알게 되면서부터 관심이 가기 시작했다. 아직 이름도 없어 어머니 이름을 따서 '○○의 아기'라고 차트가 만들어지는 아기들.

언젠가 의료 기관 서비스 평가를 대비한 모의 평가를 하느라 신생아 중환자실을 방문한 적이 있었다. 평균적인 신생아의 체중이 3~3.5킬로그램이라면, 신생아 중환자실에 입원해 있는 조산아들은 2킬로그램이 안 되는 경우가 많다. 심지어 어떤 아기는 700그램에 불과하다. 어른 주먹보다 약간 큰 아기. 준비가 전혀 안 된 채로 세상에 던져진 아기들은 아직 면역력이 모자라기 때문에 무균 인큐베이터 안에서 살아야 한다. 고영양수액 주사제에 의지해 살아가면서 자기 나름대로 애를 쓰며 호흡하고 울기도 하다가 잠든 아기들. 모의 평가는 뒤로한 채 어느새 눈가가 뜨겁기만 했다. 이 아기들과 이들의 부모에게 삶이란 것은 얼마나 소중하고 감사한 것인가?

이들이 끝까지 잘 견뎌 언제 그랬냐는 듯 건강한 모습으로 살아 주길 기대하지만, 이들 중 일부는 끝내 건강한 모습으로 나오지 못한다. 매주 샘플이 올라올 때마다 확인해 보는데, 너무 빨리 투여가 중단된 것을 알면 마음이 한없이 가라앉는다. 의학이 많이 발전했다지만, 아직도 병원 한쪽에서는 이처럼 태어나면서부터 삶과 죽음의 경계를 넘나들며 생존을 위해 싸우는 생명이 있고 그 생명을 위해 기도하는 손길이 있다.

잘 알려지지 않은 병원약사의 고충

병원약사는 주어진 시간 동안 실내에서 편하게 일하다 퇴근하므로 그다지 힘들지 않을 거라는 시선이 있다. 하지만 주5일제가 정착된 지 10여 년이 돼 가는 지금도 병원약사들에게는 주 5일 근무가 다른 세상 이야기다. 병원에 오는 환자는 주말과 평일을 가리지 않을뿐더러 야간 에도 병동에서, 응급실에서 처방이 끊임없이 날아온다. 그러다 보니 당 직이 종류도 많고 빨리도 돌아온다. 토요일 격주 근무는 기본이고, 한 달에 한 번 이상은 일요 당직도 있다. 상당수 병원은 야간 당직도 전담 약사를 뽑지 않고 주간에 근무하는 약사들이 돌아가며 몇 개월씩 근무 하기도 한다.

전체 병원약사의 95퍼센트가 여성인 것도 현실적인 문제다. 남자 약사가 한 명도 없는 병원이 많아 여자 약사가 야간 당직을 맡는 곳이 흔한데, 기혼 여약사들은 아이를 가질 준비를 하거나 아이를 갖게 되면 야간 당직을 맡기 어렵다. 당장 아이를 낳을 계획이 없더라도 수개월씩 이틀에 한 번 밤을 새고 들어오는 아내와 즐거운 마음으로 결혼 생활을 할 수 있는 남편들이 얼마나 되겠는가? 그래서 야간 당직은 미혼 약사 들이 돌아가면서 맡는 병원도 있다. 문제는 결혼은 입사순이 아니라는 것. 먼저 결혼한 후배 약사의 야간 당직까지 대신 서야 하는 스트레스 로 힘들어하는 미혼 선배들이 많다. 잦은 당직으로 2세 키우는 일이 어 려워지자 전업 주부로 살아가는 약사도 많다.

병원 시설의 현대화도 병원약사의 근무 환경에 큰 영향을 준다. 최 근 국내 대형병원은 대부분 전자 의무 기록(EMR, electronic medical record)을 사용하고 있다. 이에 따라 약품 정보 제공이나 기타 병원약 국의 업무도 덩달아 전산화되면서 업무가 한층 가중되었고, 정규 근무 시간이 끝난 뒤에 병원에 남아 교육을 받는 경우도 많이 생긴다. 이러 다 보니 대형병원일수록 이직이 잦아, 이직률이 연평균 20~30퍼센트

:: 필재(왼쪽에서 두 번째)가 홍보위원장을 맡았던 병원약사회에서는 지금도 매월 첫째 주 토요일마다 서울시 의사회와 함께 의료 봉사에 나선다.

나 된다. 이로 인해 몇몇 약사가 신입약사 교육을 전담해야 하는 상황이 또 발생한다. 이처럼 대형병원에 근무하는 약사들의 삶은 대중이 아는 것과는 상당한 격차가 있다.

몇 해 전 경희의료원에서 상당한 비용을 들여 컨설팅 회사에 직무 분석을 의뢰한 적이 있다. 직종마다, 개인마다 주어진 시간 동안 얼마나 효율적으로 일하는지 측정해, 거기에 맞춰 효과적인 조정을 하려는 게 목적이었는데, 웃지 못할 결과가 하나 있었다. 다른 직종들은 모두 한 번 입사하면 대부분 장기간 근속하므로 임금이 점점 올라서 수익성이 떨어지는데, 오직 약제부만 반대의 결과가 나왔다. 평균 근속 연수가 너무 짧아 평균 임금이 상대적으로 적어 아주 효율적인 조직으로 나타난 것이다. 이것이 우리나라 전체 병원약사의 현실을 대변해 주는 것이라고 본다. 돈보다는 전문성을 추구하겠다는 일념으로 병원에 입사하지만, 초기의 격무와 당직, 낮은 임금을 이기지 못하고 쉽게 자리를 옮기는 세태가 아쉽기만 하다. 요즘은 경쟁적으로 임금을 올리는 바람에 전체적으로 약사의 연봉이 많이 상승했지만, 여전히 사직하는 후배들이 나온다. 아무리 새로운 사람들이 자리를 채우더라도 여러 해 동안 동고동락했던 후배들이 떠나가는 모습을 보면 아쉬움이 크다.

병원약사의 길, 내 인생 최고의 반전이 되다

나는 17년 넘게 자리를 지켰다. 이런 나도 처음부터 병원약사가 되겠다고 생각한 것은 아니었다.

대학원 졸업을 앞두고 병역 특례로 제약회사 연구소를 갈 것인지, 아니면 입대할 것인지 선택의 여지가 있었는데, 당시 내게는 졸업 1년 전부터 이미 세워 둔 계획이 있었다. 타고난 난시로 방위병 소집 대상이었던 나는 졸업 후 바로 군 복무를 마치고 대검찰청 마약감식반에 지원하는 것으로 진로를 굳게 정하고 있었다. 검찰청 입사 시험에 중요하다는 영어도 아침마다 학원을 들락거리며 준비했고, 군 복무 중에도 틈틈이 공부를 게을리하지 않았다.

단 1명을 뽑는 시험에서 최종 후보 2명에 들어 가슴이 더욱 설레었던 나는 보기 좋게 낙방했다. 갑자기 진로가 불투명해진 것이다. 그 황망함이란 이루 말할 수 없었다. 그러다 박사 과정 지도 교수님의 도움으로 학업과 연구를 계속할 수 있는 현재의 경희의료원 연구소로 진로를 틀게 되었다. 물론 처음에는 아쉬움과 실망이 컸다. 그러나 인간사 새옹지마라고 했던가? 기대라고는 전혀 하지 않았음에도 이 일터가 현재까지 '내 인생의 반전'이 되어 주었다.

오래도록 근무한 사람이라고 슬럼프가 없었을까?

내 삶이 평범한 월급쟁이로만 끝나지 않을까 하는 불안은 언제나 상존하고 있고, 가족들에게 경제적 풍요로움을 주지 못한다는 생각은 잊을 만하면 주위를 서성거렸다. 그러나 마흔이 넘어가면서 벌써 직장 생활에서 위기를 느끼는 타 직종의 중·고등학교 동기들과 달리 아직도 젊은 세대로 인정받으며 미래를 그려 갈 수 있다는 내 현실이 늘 그늘에서 벗어나게 하곤 한다. 힘든 시기가 와도 이겨 내고 언덕을 넘는 의지를 가져야만 결국 더 높은 곳에 올라가기 마련이다. 이제 정년까지 채 20년이 남지 않았지만, 늘 새로운 것에 도전하려고 한다.

병원약사는 어디까지나 봉급생활자이지만, 병원이라는 직장 내에서는 특수직에 속한다. 대우가 아주 좋은 임원급으로 기획실 등에 특채되어 가지 않는 한, 병원약국이라는 틀 안에서 근무하며 자신의 직능을 보장받는 것이다. 그 가운데 꿈을 가지고 더 큰 미래를 그리는 사람들은 자신의 삶에 투자한다. 그 하나가 바로 대학원 진학을 통한 학위 취득이다. 이 학위는 대형병원 근무약사일수록 미래를 탄탄하게 해 주는 기반이 되는 동시에, 출강 경험을 통해 겸임 교수를 맡게 되면 자기와 조직 발전에 더 큰 동기를 부여해 주기도 한다.

하지만 병원약사는 고임금을 받는 전문직과는 거리가 있다. 평균 임금보다야 많겠지만, 직장이라는 틀 안에서 사회인으로서의 삶을 살아가고자 하는 약사들에게는 분명한 장점, 예를 들어 전문적인 업무를 수행하며 보람을 느끼고 교육과 학술 활동을 통해 자기 계발을 성취하는 등의 기회들이 그 나머지를 채워 준다.

이제 약대 6년제가 정착되면 또 어떤 그림이 그려질지 모른다. 이것은 다른 사람이 그려 주기보다는 병원약사 스스로가 그리고 개척해야 하는 길일 것이다. 앞날을 보고 투자할 줄 아는 안목과 사고를 지닌 약사들에게 병원약사의 길을 감히 권해 보고 싶다.

전문성을 추구하는 병원약사를 위한 길

병원약사는 공부할 기회도 많다. 신규약사 연수 교육부터 1년짜리 온라인 임상약학 강좌, 춘·추계 학술 세미나, 학술 대회, 중견 리더 연수 교육, 관리자 연수 교육 등이 있다. 그리고 임상약학 강좌 이수 후에 받는 기초 연수 교육과 심화 연수 교육, 실무 연수 교육 등 단계별로 전문가가 되기 위한 훈련 과정이 많다. 그 외 관심 분야별로 1개월마다 교육받는 특수 연구회 강좌만 해도 10여 개나 된다. 2010년부터는 세부 전공별로 전문약사 인증 제도를 실시하고 있다. 내분비나 호흡기, 항암제 등 주 전공별로 전문약사가 되기 위해 실무 경력 인증과 필기시험 등 오랜 시간이 소요되는 전문가의 길이 있다. 그것도 모자라서 매년 미국 병원약사회에서 실시하는 전문약사 인증 시험에 응시해 20여 명의 합격자를 배출한다. 교육 과정 이수뿐 아니라 임상약학 전문가가 되기 위해 야간 대학원을 다니며 박사 학위까지 취득하는 약사도 매년 적지 않게 배출된다. 아직 이들에게는 구체적인 경제적 보상이 하나도 없지만, 2013년부터 약대 6년제의 실무 실습 교육이 각 병원에서 이루어지면 이들의 노력과 땀에 대한 보상이 조금씩 이루어질 것으로 보고 있다.

끊임없이 성장하는 약국이 되리라

| 최정림 |

1999년 이화여대 약학과를 졸업하고 전자 상거래 업체 팜스넷(주)에 근무하다 2003년 파주에 정은약국을 개국해 현재까지 이르고 있다. 경기마약퇴치운동본부 마그미약사이며 파주시약사회 사회참여위원회 이사로도 활동하고 있다.

"약국은 언제든 차리면 되잖아요? 제약회사도 다녀 보고 병원에서도 근무해 보고, 그렇게 여러 경험을 해 본 뒤에 마지막으로 하면 되는 거 아닌가요?"

예비 약사들은 흔히 이런 생각을 한다. '개국'은 약사가 이것저것 해 보다가 안 되면 안전하게 시도해 볼 수 있는 최후의 보루쯤으로 생각하는 것이다.

하지만 나는 대학 시절부터 개국약사를 꿈꾸고 있었다. 약사가 진출할 수 있는 분야는 정말 다양하지만, 나는 사람들이 생각하는 약사의 이미지, '약사' 하면 떠올리는 대표적인 이미지에 부응하고 싶었다. 그 이미지는 개국약사 이미지에서 만들어질 수밖에 없다는 내 나름의 결론을 낸 것이다. 스스로도 자랑스럽고 남이 보기에도 신뢰할 수 있는 약국의 이미지를 만들어 가겠다는 다짐도 했다.

그래서 약사고시를 무사히 통과하고 대학을 졸업하자마자 개국을 위한 단계를 차곡차곡 밟아 가고자 했다. 곧바로 선배가 하는 약국에서 약사로서 첫발을 내딛었다. 급여도 받지 않고 식사만 제공되는 단기 인턴십 프로그램으로.

개국으로 가는 단계들

인턴십과 근무약사

막상 약사가 되어 근무해 보니 아는 게 하나도 없었다. 대학에서 배운 이론을 실전에 어떻게 매치시키느냐가 관건이었다. 제일 힘들었던 건 환자들의 질문이었다.

"머리가 왜 아파요?"

대답하기 곤란한 질문이다. 두통의 원인은 수십 가지인데 이 사람은 그중에 무엇이란 말인가? 매일매일 노트에 질문을 적어 답을 찾아가며 공부했다. 어쩌다 내가 대답할 수 있는 질문을 받으면 어찌나 기쁘던지…. 그 시절을 생각하면 지금도 피식 웃음이 나온다.

약국에는 하루에도 몇 번씩 도매업체에서 약이 배송됐다. 그것을 보면서 의약품 도매 회사가 어떤 곳인지 궁금해졌다.

'이런 것도 알아 두는 게 나중에 약국을 운영할 때 도움이 되지 않을까?'

때마침 기회가 되어 도매업체에 근무약사로 취업하게 되었다. 도매는 여러 제약사의 약을 보유하고 약국에 공급하는 역할을 한다. 약을 매입하는 부서, 주문을 받는 영업 부서, 출하부(물류 센터)로 구성되어 있었고, 나는 영업 부서와 물류 센터 두 곳에서 근무했다.

그 회사는 규모가 작아 다양한 시스템을 갖추지는 못했지만, 도매 업계의 대형 도매 회사들은 제약회사보다도 큰 물류 센터와 자동화 시스템까지 갖추고 있다. 작은 도매업체였음에도 나는 약품의 주문과 발주 과정을 체험하며 약품 유통에 대해 알 수 있었다.

의약품 전자 상거래 회사와 소아과 문전약국

이즈음은 IMF 시절로 벤처 기업들이 한창 생기던 때였다. 약업계에도 벤처 바람이 불었고 나는 도매업체 근무 경력을 밑거름으로 의약품 전자 상거래 회사의 창립 멤버로 참여하게 되었다. 약국에서 인터넷으로 약을 주문받아 배송하는 온라인 쇼핑몰이었다. 모든 벤처가 그랬지만 우리 회사도 아침부터 밤까지, 쉬는 날 없이 일하고 또 일했다. 주문과 결제, 배송이 문제없이 이루어지는 시스템을 갖추기까지 엄청난 시간과 노력이 필요했지만 우리는 최선을 다했다. 지금 그 업체는 당당히 업계 1위에 올랐다. 나는 그곳에서 근무했다는 사실이 자랑스럽고, 그때 배운 지식이 약국 경영에 많은 도움이 되고 있어 참 좋은 경험을 했다는 생각이 든다.

2000년 8월, 역사적인 의약분업이 시작되었다. 약물 오·남용을 막는다는 취지대로 약사의 직접 조제가 금지되고 처방전에 의해서만 조제가 가능해졌다. 막상 의약분업이 시작되자 병·의원 인근이 아닌 약국들은 심각한 경영상의 타격을 입게 되었고 기존 동네약국은 몰락하기 시작했다. 나도 약국 개설 전략을 바꿀 수밖에 없었다. 과거에 비해 약국의 입지가 큰 변수로 떠오른 것이다.

벤처 회사를 퇴사하고 난 후, 얼마간 재충전의 시간을 가진 뒤 소아과 의원 문전약국에 취업하게 되었다. 의약분업 전에는 경험해 보지 못한 엄청난 업무 강도에 퇴근 후 집에 돌아오면 침대에 바로 쓰러졌다. 한 달 정도 지나니 몸이 적응되었는지 그나마 조금 덜 힘들었다.

소아과 처방 조제는 많은 수고를 요한다. 일단 처방전 검수부터 꼼꼼히 해야 한다. 소아는 약 용량이 조금만 과해도 부작용 발생 빈도가 높아지기 때문이다. 또 같이 투약되는 시럽이 많아 조제에도 무척 긴 시간이 소요된다. 무엇보다 가루약 조제가 많은 탓에 약 가루를 들이마시게 되어 비염 증세까지 생긴 것이 힘들었다.

하지만 그보다 더 우려스러웠던 점은 병원에서 내려오는 처방전의 내용이었다. 바로 항생제 사용 빈도! 3차 항생제까지 상당히 높은 비율로 처방이 나왔다. '이래서 의약분업을 해야 하는 거였구나.'라는 생각이 절로 들었다. 그동안 병원 내에서 계속 이렇게 사용해 왔을 텐데, 외부로 드러나지 않으니 얼마만큼 항생제를 남용해 왔는지 가늠이 되지 않을 지경이었다.

실제로 의약분업 실시 이후 항생제 사용률이 3분의 1가량 감소되었다는 보고가 있다. 부작용이 높은 주사제와 스테로이드 사용률도 많이 감소했다고 한다. 의약분업이 의료 소비자인 국민의 입장에선 더할 나위 없이 좋은 제도임에는 틀림없다.

동네약국

여러 이유로 소아과 문전약국 근무를 마치고, 이번에는 집 근처에 있는 동네약국에 취업했다. 30평(약 100제곱미터) 정도로 나름 규모가 있는 곳이었다. 이전 소아과 문전약국이 조제 위주였다면 이곳에서는 조제뿐 아니라 일반의약품 판매도 많이 이뤄졌다. 종합병원, 내과, 정형외과, 안과, 피부과, 치과 등 다양한 처방전을 접할 수 있었고 일반의약품과 약국용 화장품도 있어 많은 공부가 되었다.

하지만 안타깝게도 약사가 아닌데 약을 판매하는 일명 '카운터'가 있었다. 처음에는 너무 자연스러워 약사인 줄 알았다. 부끄러운 현실이었지만 나는 나이도 어렸고 어떻게 해야 할지 몰랐다. 지금 와서 생각해 보면 명백한 불법이라서 그냥 묵과할 수 없는 일이었는데 말이다. 나는 여기서 또 하나의 약국 경영 목표를 추가하게 되었다.

'불법 없는 약국 경영을 하자!'

마침내 개국하다

2003년, 약국 후보지로 여러 곳을 두고 고민하다가 오늘까지도 내가 근무하고 있는 현재의 약국을 선택했다. 8평 정도 되는 작은 동네약국이지만, 다음과 같은 목표를 세우고 힘찬 비상을 꿈꾸고 있었다.

1. 직원과 약사의 업무를 명확히 구별한다. 불법 없이 정도를 걷는다.
2. 고객에게 애정과 관심을 가진다.
3. 컴퓨터를 이용해 재고 관리를 철저히 해 약국 경영의 효율성을 찾는다.
4. 좋은 서비스를 꾸준히 제공할 수 있도록 노력한다.
5. 나도 만족하고 돈도 버는 이상적인 약국을 만든다.

하나씩 시도해 보기로 했다. 이제까지 경험해 보지는 못하고 그냥 생각만 했던 것들이어서 많은 시행착오를 겪을 수밖에 없었다. 약국의 직원을 모집하면서, 직원이 해야만 하는 일과 약사만 할 수 있는 일들을 문서로 정리해 나가기 시작했다. 이게 현재는 나름의 업무 매뉴얼이 되어, 직원이 교체될 때도 인수인계 자료로 효과적으로 사용되고 있다. 근무약사의 적응도 그만큼 빨라졌다.

환자와 약국 모두의 도우미, '알리미팜'을 탄생시키다

휴대폰의 보급이 아주 일반화된 시점이었으므로, 개국 전부터 SMS를 활용한 서비스를 제공하려는 계획을 세워 두었다. 매일 저녁 그날 조제해 간 환자들의 처방 내역을 보며 복약 지도와 관련된 문자 메시지를 보내기 시작했다. 처음 우리 약국을 방문한 환자에게는 인사 문자를 보내고, 혈압약이나 당뇨약 등 장기간 매일 약을 복용하는 환자들에게는 약이 떨어지기 전에 병원에 다시 방문하시라는 예고 문자를 보냈다.

일일이 작업하다 보니 퇴근 시간을 넘기기 일쑤였고, 어떤 때는 자정을 넘기기도 했다. 또 비용도 만만치 않았다. 문자 발송 1건에 30원 정도가 들었는데, 하루에 100~200명에게 보내다 보면 한 달에만 10만 원이 넘는 비용이 지출됐다. 그래서 과거 벤처 회사에서 인연을 맺게 된 IT 개발자를 만나 이런 내용을 의뢰했다. 그 결과, 고객들에게 문자를 자동으로 발송해 주는 기능을 기본으로 '알리미팜'이라는 프로그램이 만들어졌다.

내가 일일이 수동으로 했던 일을 자동화한 덕분에 시간과 노력을 상당 부분 줄일 수 있었고, 과거에 수동으로 했을 때 간혹 놓쳤던 부분들(너무 많은 고객들에게 수동으로 보내다 보니, 보냈는지 안 보냈는지 조차 확인하기 어려웠다)을 개선할 수 있었다.

이 문자 복약 지도 서비스는 기대보다 더 큰 반향을 불러왔다. 젊은 사람들도 그렇지만 어르신들, 특히 정기적으로 약을 드시는 분들이 "잊고 있었는데 문자 덕에 약이 떨어지기 전에 왔다."면서 고마워하셨다.

그런데 고객의 핸드폰 번호를 알아내는 것이 만만찮았다. 일일이 물어봐야 하니, 약사들뿐 아니라 직원들의 노력이 상당히 많이 들어갔다. 고객이 방문하면 기존에 등록된 고객인지 먼저 파악한 뒤 핸드폰 번호가 입력되어 있는지 확인한다. 만약 입력되어 있지 않으면 고객에게 번호를 물어보고 이를 처방전에 적어 놨다가 여유 시간에 프로그램에 다시 입력하는 작업을 되풀이했다.

필요는 발명의 어머니라고 했던가? 핸드폰 번호를 확보하는 일이 큰 부담이어서 좀 더 쉽게 해결할 수 있는 방법이 없을까를 고민하다 보니, 알리미팜 프로그램 내에서 고객의 전화번호를 더 쉽게 입력할 수 방법을 고안하게 됐다. 그때 떠올린 메뉴가 '조제 현황'이라는 것이었다. 기존의 입력 방식(과거에는 적어도 5번 이상 클릭해야 해서 너무나 비효율적이었다)을 개선한 원클릭(one click)으로 고객의 여러 정보를 저장할 수 있는 기능이었다. 실제로 프로그램을 그렇게 바꾸고 나니, 입력 방법이 간편해져 업무 효율이 높아졌다. 작업이 편리해지니 직원들도 더욱 적극적으로 업무에 임했다.

"김○○ 님, 약제비 ○○○원입니다"

이번에는 모니터 화면이 비좁았다. 업무에 필요한 프로그램을 여러 개 띄우다 보니, 모니터가 좀 넓어졌으면 하는 바람이 생긴 것이다. 그래서 약국 업무에 필요한 모니터를 기존 1개에서 2개로 늘리게 되었다. 확실히 더 편리했다. 그런데 모니터를 2개로 늘리고 나니, 화면을 이동하면서 작업하기가 불편해졌다. 이 클릭 작업을 편리하게 하기 위해, 일반 모니터를 터치 모니터로 바꾸게 되었다. 터치 모니터의 비용은 일반 모니터의 2배가 넘었지만, 바꾸고 나니 업무 효율이 기존보다 3배는 높아지게 되었다.

이번에는 고객 입장에서 약국을 한번 생각해 보았다. 내 약이 언제 나오는지, 오늘 내야 할 약값은 얼마인지 이런 사소한 것들이 궁금할 것 같았다. 그도 그럴 것이, 복약 지도를 하다 보면 환자들이 갑자기 물어 오는 질문이 대부분 "얼마예요?"이기 때문이다. 그런 질문을 받게 되면, 복약 지도나 상담의 맥도 끊기고, 돈 때문에 갑자기 내가 우스워 보이기도도 했다.

그래서 기존 모니터 2대 외에 또 1대의 모니터를 추가해, 고객들이 대기 공간에서 가장 잘 보이는 위치인 천장에 설치했다. 이제는 고객이 처방전을 제출하고 직원이 컴퓨터 프로그램에 처방전을 입력하면, '딩 동' 소리와 함께 화면에 "김○○ 님, 약제비 ○○○원입니다."가 나온다. 조제를 다 한 후 프로그램에 '조제 완료' 버튼을 누르면 천장 모니터에 "김○○ 님, 조제 완료되었습니다."라고 나온다. 그러면 직원이 약제비를 수납하고 약사는 복약 지도를 한다.

환자들은 최첨단 약국이라고 칭찬을 많이 했고 나도 어깨가 으쓱해

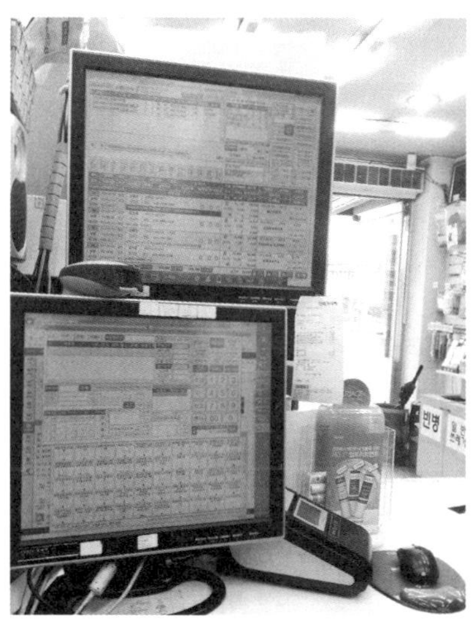

:: 필자의 약국을 최첨단 약국으로 만들어 준 알리미팜과 2대의 터치 모니터.

졌다. 덕분에 복약 지도에 훨씬 집중할 수 있었고 환자들의 만족도도 높아졌다.

이번에는 일반의약품을 판매할 때도 이런 식으로 하고 싶었다.

그래서 고객이 볼 수 있는 모니터를 하나 더 설치했다. 이렇게 하니 약값 시비도 줄어들게 되었다. 예전에 "○○○원입니다."라고 구두로 말할 때는 금액이 잘못 전달되는 등 여러 문제점이 발생했는데, 시스템을 구축하고 나니, 무엇보다 고객들이 우리 약국을 더욱 신뢰하는 것 같아 좋았다.(아직도 대부분의 약국에서는 이런 POS 시스템이 설치되어 있지 않아 안타깝다.)

한발 더 나아가, '고객들이 조제를 기다리는 대기 시간을 좀 더 효율적으로 보낼 수 있게 할 방법이 없을까?'를 고민하게 되었다. 그러던 중 대기하는 고객용 모니터에 건강 정보를 띄우면 좋겠다는 생각이 들었다. 건강과 관련한 동영상 파일을 여러 개 만들어 대기하는 고객들이 계속 시청할 수 있게 했다. 그 덕분에 건강 상담도 좀 더 많이 하게 되었고, 약국의 매출도 덩달아 상승하는 효과가 있었다.

이렇게 환자 상담을 하다 보니 또 아쉬운 점이 생겼다. 나는 기억력이 그리 좋은 편이 아니다. 전에 방문한 환자가 다음에 왔을 때 지난번에 했던 이야기를 또 하는 경우도 있고, 또 무슨 이야기를 주고받았는지 기억도 못하는 경우가 많이 발생했다. 이럴 때마다 고객의 실망감은 얼마나 큰지 얼굴에 다 드러날 정도다. 그래서 약국과 약사에 대한 신뢰도를 높이기 위해 고객과의 상담 내역을 꼼꼼히 기록해 둘 수 있는 상담 차트가 필요했다.

그래서 알리미팜 프로그램에 상담 내용을 저장할 수 있도록 고객 메모장을 만들었다. 꾸준한 기록과 업데이트를 통해 지금은 등록된 환자가 왔을 때 과거에 어떤 상담을 했고 어떤 약품을 구입했는지 바로 확인할 수 있다. 이 모든 것을 적용한 시스템을 UNI-TAS(Unify Triple Alimi System)라 명명했다. 약사가 1대의 컴퓨터에서 3대의 모니터를 활용해 모든 고객의 정보를 수집하고 상담 내역 관리, POS까지 활용할 수 있게 한 혁신적인 시스템인 것이다. 이 정도면 진정한 첨단 약국이라고 불릴 수 있지 않을까?

처음에는 이런 시스템을 사용하는 약국이 별로 없는 탓에 프로그램을 개발해도 개발자가 경제적으로 어려움을 겪을 수밖에 없어 미안한 마음이 컸다. 그러나 지금은 이 시스템이 젊은 약사들 사이에 꽤 유명해졌고 실제 수백 군데 약국에서 사용하고 있다. 그리고 아직도 내 약국으로 탐방을 오거나 문의 전화를 하는 약사들이 종종 있다. 대부분 "꿈속에서나 상상하던 거예요." "돈 많이 들었겠어요." 하는 반응이다. 그렇다. 이 시스템은 하루아침에 만들어진 게 아니다. 많은 시행착오와 실수를 겪으며 하나씩 하나씩 고쳐 오늘에 이른 것이다. 지금도 계속 아이디어를 내며 변화하고 있으니 앞으로는 또 얼마나 발전된 모습을 보일지 나조차 모른다.

문자 발송 기능을 위해 탄생한 알리미팜. 이제는 온갖 기능을 제공하는 약국 경영의 든든한 동반자 프로그램으로 발전했다.

약사도 끊임없이 공부해야 한다

과거와 달리 갈수록 치열해지는 세상과 마찬가지로 약사도 이제 면허만 있다고 예전과 같은 부와 지위가 유지되지 않는다. 신약 정보를 꾸준히 습득하고 온라인 강의도 들어야 한다.

부족한 부분은 세미나에 참석해 보충하기도 한다. 세미나들은 약국 업무를 고려해 주로 밤 10시 전후에 시작해 자정을 훌쩍 넘겨 끝나는 경우가 많다. 그래서 약국의 종일 근무에 지쳐 세미나 참석에 게으름을 부리고 싶을 때도 많다. 그럴 때마다 나보다 더 열성적으로 참석하는 연로한 선배들을 보며 나를 채찍질하곤 한다.

세미나의 분야도 다양하다. 내가 주로 관심을 갖는 분야는 대체의학이다. 쉽게 말하면 영양소를 이용해 난치성 질환들을 치료하고 증상을 경감시키는 것이다. 비염이나 아토피 같은 알레르기 질환이 과거에 비해 엄청나게 늘었다. 주로 아이들이 많은데, 심한 경우는 학교생활도 어렵다. 우리가 먹고 마시는 음식에 들어 있는 수많은 화학 물질과 오염된 공기와 같은 환경 변화를 원인으로 추측해 볼 수 있다. 내 아들의 경우 심한 비염으로 특히 야간에 숙면을 취하지 못해 힘들어했었다. 항

:: 필자는 남편 김현익 약사와 1년에 1회 이상 가족 여행을 가는 목표를 세우고 실행에 옮기고 있다.

생제도 많이 먹었고 스테로이드도 사용했지만 조금 나아졌다 심해지기를 반복했다. 그즈음이 한참 내가 영양 요법 공부를 시작했던 때라 과감하게 약을 끊고 영양소를 썼고 덕분에 지금은 별 문제 없이 잘 자라고 있다.

국민에게 인정받는 약사가 되는 날까지

흔히 약사에 대해 쉽게 일하고 많은 돈을 번다고들 생각한다. 물론 과거에 나도 이런 생각을 했다. 막상 내 약국을 꾸려 보니 생각과는 많이 달랐다. 특히 육체적으로 힘들었다. 그중에서도 잠시라도 약국을 비울 수 없어 화장실을 제때 가지 못하는 것과 식사를 편히 하지 못하는 것이 가장 힘들었다. 그리고 쉬는 시간이 따로 없으니 항상 '스탠바이'

상태로 있어야 하고 근무도 장시간 계속해야 한다. 개국을 준비하며 어느 정도 각오는 했지만 힘든 건 어쩔 수 없었다.

그래서 1약국 2약사가 되어야 한다고 생각했고 지금은 근무약사가 있어서 근무 시간도 조절하고 있다. 물론 주위에 약국이 많이 생겨 경영 상태가 썩 좋은 편은 아니지만 우리 약국을 믿고 꾸준히 와 주는 환자들 덕분에 유지되고 있다.

2013년은 내가 약국을 개국한 지 벌써 10년이라는 시간이 흐른 시점이다. 그동안 내 나름대로는 경제적인 안정도 이뤘고, 약국을 개국하며 세운 목표도 완벽하지는 않지만 차근차근 실현해 가고 있다. 그저 그런 약국을 경영하고자 한 것이 아니었기에 남들보다 많이 힘들고 어려운 과정도 겪었지만 그만큼 더 훌륭한 성과를 얻은 것도 많았다. 가장 중요한 것은 우리 약국은 아직도 성장통을 겪고 있다는 점이다.

앞으로도 예상치 못한 어려움이 많이 있겠지만, 포기하지 않고 애초에 세운 목표대로 국민에게 인정받는 약사의 모습을 생각하며 꾸준히 정진해 나가고자 한다.

1만분의 1의 확률에 도전한다

| 박홍진 |

성균관대학교 약학과 졸업. 1988년 한국오츠카제약 생산부에 입사한 이래 향남공장의 GMP 승인, FDA 승인 등을 이끌었다. 2006년부터는 임상 개발 업무를 맡아 현재 임상개발사업부 전무이사로 있다.

"우리 현장 감독님은 무슨 전공을 하셨죠?"

"약사님인데요?"

"약사요? 에이, 그럴 리가…. 전기나 기계 쪽 같은데요, 뭘."

1989년 경기도 화성의 한국오츠카제약 공장 건설 현장.

전기와 건축, 설비를 세 업체가 각각 시공하고 있는 복잡한 이곳에서 나는 현장 감독으로 진두지휘하고 있었다. 현장 소장들이나 시공업체 직원들은 나에 대해 궁금했는지 우리 사원들에게 곧잘 저런 질문을 던지곤 했다. 보기 힘든 사례였지만 엄연한 현실이었다. 난 약사로서 제약회사에 취직했으나 건설 현장 감독으로 업무를 시작했다.

건설 현장을 감독한 약사

군대를 마치고 복학한 뒤 장래를 고민하던 나는 졸업이 임박해 제약회사에 들어가기로 마음먹었다. 그런데 당시(1987년) 우리나라 제약 시장은 외국 회사들의 무대였다. 우리나라에서 개발한 신약은 전무한 상태라고 해도 될 정도로, 국내에서 사용하는 약 대부분이 외국에서 개발돼 국내로 도입된 것이었다. 제네릭과 일부 OTC(over the counter, 의사의 처방전 없이 약국에서 살 수 있는 대중 약)가 국내 제약 회사에서 시판되고 있을 정도로 외국 회사들의 장악력이 대단했다. 이미 세계 시장에서는 바이엘, 화이자, 글락소 등 전통적으로 강한 유럽계, 미국계 회사만이 아니라 다케다 같은 일본 회사들도 신약을 내세워 경쟁하는 시기였다. 나는 현재는 미약하지만 장기적으로 신약 개발의 힘을 지니고 있는 일본계 회사 가운데 한국오츠카제약에 지원해 입사했다.

그런데 들어가자마자 황당한 일이 일어났다. 1988년에 공장 생산부로 입사했는데 공장이 아직 없다는 것이다. 회사의 지시대로 일본에서 1년간 연수를 받고 돌아왔지만 공장은 여전히 짓는 중이었다. 본사는 1982년에 사무소 형태로 시작해 당시에도 규모가 작았고, 공장 관련 인력은 내가 처음이다 보니 내게 공사 현장 감독을 맡으라는 지시가 떨어졌다. 시공을 세 업체가 나눠서 하는 까닭에 소통이 안 돼 매일 싸우기 일쑤였다. 할 수 없이 현장 소장들을 불러 조정하는 역할을 해야 했다. 군 제대 후에 약 2개월간 오산의 한 건설 현장에서 '노가다' 경험을 해 본 것이 많은 도움이 되었다.

현장 감독을 하면서 공장 구석구석 살펴보지 않는 데가 없었다. 내 머릿속에는 공장의 천장까지도 다 들어와 있었다. 자연히 공조(공기

조화 장치) 등의 하드웨어 관리도 쉬워졌다. 당시는 제약 공장의 GMP (good manufacturing practice, 우수 의약품 제조 및 품질 관리 기준) 준수가 의무화되던 시기로, 우리는 여러 관련 서류를 준비해 KGMP(국내 GMP) 승인을 받을 수 있었다.

현장 감독 일을 하는 와중에 공장이 완공되면 함께 일할 사원도 채용해야 했다. 지원자 신분으로 면접에 응한 지 1년 만에 면접관으로 변신한 것이다. 약 30명을 일거에 채용해 생산과 품질 관리 인원은 국내 파트너 회사에 연수를 의뢰하고 나는 공무팀 요원들과 공장 건설 현장을 관리하게 되었다.

국내 생산 원료의 미국 수출 길이 열리다

1990년대 한국오츠카는 자체 공장에서 생산한 원료를 미국 시장으로 수출하는 길을 모색하기 시작했다. 이를 위해서는 공장 시설이 미국 GMP에 부응하도록 해야 했다.

1990년대 중반부터 우리는 공장을 개조하고 하드웨어와 소프트웨어를 전면적으로 교체하는 작업을 꾸준히 했다. 당시 국내에는 미국 FDA의 승인을 받은 공장이 전무했기에, 우리 스스로 조사하고 공부하며 모르는 것은 일본 본사에 물어 가며 준비할 수밖에 없었다. 야근에, 휴일 근무를 밥 먹듯이 했고 실사 한 달 전부터는 비상 대기 체제에 돌입해 모든 서류를 거듭 확인하며 준비했다.

마침내 2000년 5월 FDA의 실사가 있었다. FDA 조사관 2명이 공장을 방문해 제조와 품질 관리 부문을 각각 맡아 3일 동안 세세한 곳까지 체크했다.

그해 7월 FDA로부터 편지가 한 장 날아들었다. 두 달 전의 GMP 실사 결과가 담겨 있는 편지였다. 떨리는 마음으로 개봉한 편지에는 우리 공장이 미국 GMP를 충족했다는 내용이 쓰여 있었다. 그것도 지적 사항이 하나도 나오지 않은 완벽한 승인이었다! 마침내 우리 공장에서 만든 원료를 미국 시장으로 수출할 수 있는 길이 열린 것이다.

그 덕분에 우리는 2002년부터 대규모 신규 공장을 건설하며 원료를 해외 시장에 수출하는 쾌거를 이뤘다. 2005년까지 3개 공장을 건축하고 그 공장들에서 수출로 매년 약 280억 원 상당의 외화를 획득하고 있으니 가슴 벅찬 일이다.

임상 시험에서 신약의 승인까지, '임상 개발'

2006년부터 본사의 임상 개발 부서에서 일하게 되었다.

제약회사에서 약이 탄생되는 과정을 간단히 요약하면 이렇다. 우선 약이 될 만한 후보 물질을 탐색한다. 후보 물질을 합성하거나 추출·배양해 동물을 대상으로 시험한다.(이를 '전임상'이라 한다.) 효과가 있으면 사람을 대상으로 임상, 1, 2, 3상을 실시한다. 여기서 거듭 효과가 입증되면 유효성과 안전성 자료를 기반으로 식약처에 품목 허가를 신청한다. 이 중 동물 시험까지는 회사 내 연구소에서 담당하고 사람을 대상으로 한 임상 시험부터 식약처 승인까지는 임상 개발 부서의 몫이다.

나의 주 업무는 임상 개발이었다. 일본 본사에서 개발한 신약을 국내에 도입하기 위한 임상 시험을 하고 그 결과를 정리한 뒤 공장에서

:: 필자는 2007년 10월 민간 차원의 북한 지원 사업의 일환으로 평양의 대동강제약을 비롯한 제약 공장 3개소와 어린이병원 등의 의료 시설을 방문했다.

작성한 이 약의 제조 및 품질 관리 문서들과 합쳐 식약처에 제출해 승인받는 일이었다. 이 문서의 분량은 엄청나다. 원 개발사가 미국이나 유럽, 일본 등에 신청하는 경우 트럭 몇 대분이 되기도 한다. 물론 지금은 디지털 파일 형태로 CD나 DVD 등의 전자 매체에 담아 제출하고 있어 물리적인 부담은 줄어든 편이다.

신약의 허가를 받기 위해서는 크게 2가지 방법이 있다. 항암제나 결핵약 등 신약의 다국가 임상 시험에 참여함으로써 한국인 환자의 데이터를 확보해 허가 신청 시에 사용하는 방법이 있고, 이미 해외에서 실시한 임상 결과를 토대로 한국인에게도 동일하게 적용할 수 있다는 가교 시험(bridging data) 자료를 제출하는 방법이 있다.

그 가운데 다제 내성 결핵 환자를 대상으로 한 임상 시험을 국내 몇개 병원에서 실시한 적이 있다. OECD 국가 가운데 우리나라가 발병률이 가장 높은 수준이라는 사실과 아직도 60년 전에 개발된 약에 의존하고 있다는 사실이 놀랍기도 하고 부끄러웠다. 국립마산병원의 격리 병동에 있던 젊은 여성 환자들에게 여러 가지를 질문해 보았는데, 최근 다이어트 등의 영향으로 면역력이 떨어져 젊은 결핵 환자들이 증가하고 있고 피시방에서의 밤샘 게임 등도 주요 원인으로 작용한다는 말을 들었다. 지금 그 약은 일본과 유럽연합에서 승인 신청을 한 상태이며 국내에서도 2013년에 신청할 예정이다.

신약의 승인뿐 아니라 이미 승인받은 약의 적응증(약이 치료 효과를 보이는 증상) 확대를 연구하는 것도 그 이상의 가치가 있는 일이다. 한국오츠카는 2008년부터 A라는 정신신경과 영역의 약이 투렛 증후군(tourette syndrome)에 많이 처방된다는 사실에 착안해, 관심 있는 연구자들의 임상을 지원해 결과를 얻었다. 이를 토대로 식약처로부터 정식으로 임상 시험 실시 승인을 받아 국내 최초의 정신신경과 영역의 소아 임상 시험을 진행했다.

플라세보 대조군과의 비교 결과 충분히 약효를 입증할 수 있는 데이터를 얻었고 최종적으로 식약처의 승인을 받았다. 그동안 투렛 증후군에 효능을 보였던 약은 부작용이 심해 실제 임상 현장에서 잘 사용되지 않고 있었는데, 임상을 통한 과학적 근거에 입각한 효능을 추가함으로써 임상의들에게는 처방의 기회를, 환자들에게는 치료의 기회를 마련해 주었다는 의미에서 뿌듯함을 느낄 수 있었다.

의약품을 개발하는 방법에는 이미 승인받은 약의 복용 방법을 개선한다든가, 유사한 효능의 2가지 약제를 하나로 만드는 방법 등도 있다. 하루에 3번 복용하던 약을 하루에 1번만 복용하면 되는 SR(sustained release) 제제로 대체하면 환자의 복용 편의성이 증가해 치료율을 높일 수 있으므로 많은 회사에서 제제 연구를 하고 있다.

우리는 이미 승인을 받은 'P'라는 약을 2007년부터 SR로 만드는 연구를 해 왔다. 일본의 제제 연구소에 의뢰해 하루 2회 복용하던 정제를 하루 한 번 복용으로 줄인 후보 제제 6가지를 선정했다. 그리고 이를 파일럿 PK(pilot pharmacokinetic) 시험에 부쳐 우리가 기대하는 프로파일에 근접한 한 가지 제제를 선택했다. 그리고 식약처에서 요구받은 임상 시험을 실시하고 결국 승인을 받게 되었다.

임상 시험은 "마루타 실험"?

"임상 시험은 마루타 실험"이라는 잘못된 인식을 갖고 있는 사람들을 가끔 보게 된다. 오늘날은 임상 시험에 참여하는 건강인 또는 환자들에게 해가 되지 않고 장점이 있는 경우에만 식약처의 승인을 받아 실시하므로 염려할 필요가 없다. 몇 명의 환자를 대상으로 해야 통계적으로 의미가 있음을 입증할 수 있는지 사전에 검토하고 반드시 임상 시험에 참여하는 환자나 보호자의 동의를 받고 진행한다. 또 임상 프로토콜에 명시된 대로 실시하며 모든 기록을 CRF(case record form, 증례 기록서)에 기재한다. CRF는 예전에는 종이 형태였으나 요즈음에는 e-CRF라 하여 컴퓨터를 활용해 기재하고, 이렇게 얻은 데이터들은 데이터 관리 기법과 통계적 처리 기법을 통해 최종 보고서에 기록하는 등 전반적인 정확도도 높아졌다.

식약처는 유효성과 안전성 두 가지 측면에서 임상을 실시한 병원과 회사를 상대로 GCP(good clinical practice, 임상 시험 관리 기준) 실사를 실시한다. 병원 내에도 기관윤리심의위원회(institutional review board, IRB)를 통해 프로토콜이 환자의 권익을 보호하고 있는지, 윤리적으로 문제는 없는지 등을 사전 심의하고 승인한다.

그래서 요즘에는 색안경을 끼고 임상 시험을 보는 사람은 많이 사라진 편이다. 경제적으로 곤란한 환자라면 경우에 따라 임상 시험을 잘 활용하면 비용 걱정을 하지 않고 치료받을 수도 있다.

사람을 대상으로 한 임상부터 의약품으로 승인받기까지의 과정은 험난하다. 개발 도중에 성과가 좋지 않아 사라지는 프로젝트가 대부분이어서 거의 1만분의 1의 확률이라 할 만하다. 동물 시험 결과 큰 기대를 모았던 항암제를 환자에게 투여하니 인체 내에서 분해, 흡수가 제대로 이루어지지 않아 부작용만 보이고 효과는 기대치 이하여서 도중에 개발을 중지하기도 했다.

하지만 좋은 약, 나쁜 약의 구분은 결국은 의약품을 개발하는 사람이 하기 나름이라고 생각한다. 개발하는 사람들이 그 약의 가치를 올바른 과정을 통해 입증하면 좋은 약이고 그렇지 못하면 나쁜 약이 되어 개발 단계에서 퇴출되는 것이다.

떠오르는 동북아 임상 개발 시장

2007년부터 본사 임상 개발 부서에 획기적인 조직 변화가 일어났다. 미국과 유럽이 주도하던 임상 개발을 한·중·일이 중심이 된 새로운 조직을 만들어 개발을 주도하자는 목표로 한·중·일 공동 개발을 진행하는 팀이 탄생한 것이다.

:: 체코 출장 때 프라하 성을 방문한 필자.

우리나라는 서울에 위치한 5~6개 병원에 많은 환자들이 집중되고 임상 연구자들의 역량이 뛰어나 짧은 시간에 높은 수준의 임상을 진행할 수 있다는 강점이 있다. 이에 비해 중국은 행정 당국으로부터 임상 시험 실시 승인을 받기까지 많은 시간이 소요되나 일단 개시가 되면 환자들이 많기 때문에 엄청난 속도로 진행된다. 일본은 상대적으로 많은 병원에서 실시해야 하고 비용이 많이 드는 반면 질적인 면에서 높다고 할 수 있다. 이러한 장단점을 잘 파악해 상황에 따라 3개국이 연합하면 짧은 시간에 효율적으로 임상 시험을 진행할 수 있다.

현재 한국오츠카는 한·중·일 공동 개발 프로젝트만이 아니라 미국 및 일본의 본사와도 공동으로 임상을 수행하고 있으며 향후 수적인 증가도 예상된다.

세계적으로 임상 시험 건수는 미국과 유럽에서는 줄어드는 반면 아시아에서는 느는 추세에 있다. 특히 중국 시장을 겨냥한 세계 유수 제약 회사들의 임상 연구소가 베이징과 상하이에 집중돼 있다. 아시아권에서는 일본을 벗어나 싱가포르, 한국, 대만 등에서 활발한 움직임을 보이다가 이제 중국으로 옮겨 가기 시작하는 추세다. 중국 점안제 시장을 "28억 개의 눈동자를 가진 시장"으로 표현하는 것에서 보듯, 중국은 시장이 독보적으로 크다. 중국에서 의약품 승인을 받기 위해서는 중국인을 대상으로 한 임상 시험이 필수다.

일본의 한 CRO(clinical research organization, 임상 시험 수탁 기관)가 2007년에 한국에 지사를 설립했다. 당시 그 일본인 사장이 우리 회사를 방문했을 때 나는 "한국 시장에 들어오기에는 너무 늦은 것이 아닙니까?"라고 질문을 던졌다. 그런데 그의 대답은 "알고 있습니다. 우리는 한국 시장이 목표가 아닙니다. 한국에서 글로벌 경쟁력을 쌓은 뒤 중국으로 진출할 예정입니다."라는 것이었다. 임상 시험 인프라에서 일본보다 앞선 한국을 중국 시장에 뛰어들기 위한 교두보로 활용하겠다는 깊은 뜻이었다. "중국에 가기 위해서는 영어가 필수인데, 일본에 비해 영어가 능숙한 한국 인재들과 함께 중국으로 진출한다는 전략도 갖고 있습니다."라는 말을 듣고는 탁월한 선택이라는 생각을 할 수밖에 없었다.

제약회사에서 일하고 싶다면 어학 준비는 필수다. 나는 회사의 특성상 일본어가 주로 사용되지만 해외 공장장 회의에 매년 참석하기도 하고 미국이나 유럽 회사들과 회의하는 경우에는 영어로 대화를 하기 때문에 틈틈이 영어 공부를 해 왔다. 물론 아직도 부족함을 느낀다. 그래서 가능하면 대학 재학 중에 공부를 충분히 해 두는 것이 좋다고 생각한다.

제약 산업의 현주소

약의 개발 과정에 참여하는 약사들은 여러 역할을 수행하도록 요구 받는다. 질병에 대한 일반 정보, 검사 및 진단 방법, 기존 치료제 등 병태생리와 약리학에 대한 지식들이 요구되며, 시장의 크기, 경쟁 약품에 대한 정보, 약가 등 마케팅적인 관점에서의 개발 전략 등도 필요하다. 의학, 간호학, 수의학 등의 관련 학문을 전공한 사람들과 함께 상호 협력 체제를 구축해 업무를 하게 되는 경우가 많으며 상대적으로 여성의 수가 많은 분야다.

임상 시험의 급증으로 관련 분야 경력자들을 찾는 수요가 폭발적으로 증가해 2006년부터 현재까지도 임상 업무를 수행하는 CRA와 CRM (clinical research manager, 임상 시험 관리자)이 부족한 실정이다. 급한 대로 임상 시험은 수행해야 하니 남의 회사 요원들을 빼내 오기 일쑤다. 이에 따라 임금은 이동 시마다 하늘 높은 줄 모르고 오르고, 연구비도 상승해 비용적인 측면에서 점점 경쟁력을 잃어 가는 중이다. 비용만이 아니라 실무자들의 잦은 이동은 업무의 질에도 영향을 미친다. 정확한 인수인계 없이 급하게 담당자가 바뀌는 경우 문제가 생기는 경우가 많다.

2011년 통계에 의하면, 현재 우리나라 전체 산업 분야 가운데 임금이 높기로는 제약업이 금융업에 이어 2위다. 아시아에서 이미 한국의 임금은 거의 최고 수준에 이르렀다. 환율로 계산하면 아직 우리보다 높은 나라들이 있지만 실질적인 구매력 지수로 보면 그렇다. 그동안 자동화 설비에 꾸준히 투자해 온 결과 지금 우리 공장은 고임금의 작업자보다 자동화 설비가 더욱 높은 효율을 보이고 있다. 예를 들어, 1990년대에는 정제 및 캡슐제를 2명의 작업자가 육안으로 검사했는데, 지금은 고성능 카메라가 달린 자동 검사기가 그 자리를 대신하고 있다. 공장의 경쟁력 요소로 낮은 원가에 높은 품질, 안전, 환경 등을 들 수 있다면, 임상 시험에서는 낮은 비용에 높은 품질, 신속한 종료 등을 들 수 있다. 경우에 따라서는 비용을 투입해 개발 기간을 단축하기도 한다. 이러한 경쟁력 요소들이 개선되거나 향상되지 않는 상태에서 비용만 상승한다면 전반적인 경쟁력은 떨어지고 있다는 의미다.

그래도 제약 산업은 장기적으로 꾸준히 발전할 전망이다. 1980년대에 취업을 준비하던 시기의 남자라면 군 생활을 포함해 약 서른 전후에 사회생활을 시작해 30년쯤 지난 60세가 되면 은퇴하는 것이 자연스러웠다. 1997년의 외환 위기를 겪으면서 은퇴 시기는 앞당겨지고 평균 수명은 늘어나 상대적으로 길어진 노후를 걱정해야 하는 때가 되었다. 그중에서도 건강에 대한 걱정이 가장 클 것이다. 결국 의료와 제약 산업은 앞으로도 계속 발전할 수밖에 없을 것이다. 신약의 개발이나 공급을 통해 인류의 건강 증진에 직접적으로 기여하고 보람을 느낄 수 있는 직업을 선택하는 것도 후회하지 않는 좋은 기회가 될 것이다.

약국과 마트 사이,
환자와 고객 사이

| 최은경 |

1989년 이화여대 약학과를 졸업하고 병원과 일반 약국에서 근무약사로 일하다 약국을 개업해 현재에 이르고 있다. 영남대학교 임상약학대학원 석사도 했다. 우연히 약사회에 발을 들여 10여 년간 정열을 불태워 보기도 했다. 여느 직장인들처럼 예순이 되기 전에 정년퇴직하는 것을 꿈꿨다가, 지금은 예순 이후에도 일이 있는 것이 얼마나 좋은 것인지 깨닫고, 그때도 열심히 약국을 할 수 있도록 노력하고 있는 중이다. 약사가 무엇을 하는 사람인지, 어떤 의미가 있는지 강의를 통해 알리는 일도 조금씩 하고 있다.

"안녕하십니까? 즐거운 쇼핑 되십시오."

"더 필요한 것은 없으십니까? 안녕히 가십시오."

오전 10시, 롯데마트 부평점의 개점 시간. 마트에서 일하는 사람 모두가 서서 이렇게 맞이 인사를 하며 하루를 시작한다.

우리 약국은 이 대형 마트에 입점해 있다. 이른바 '마트약국'이다. 그렇다 보니, 여느 동네약국에서는 볼 수 없는 풍경들이 자주 펼쳐진다. 특히 고객 만족을 최우선으로 하는 마트 측으로부터 고객 서비스에 대한 지침을 자주 받는 편이다.

그래도 약국은 마트의 고객 중에서도 '아픈' 고객이 찾는 곳이기 때문에, 마트에서 권하는 서비스를 무턱대고 행할 수는 없다. 아파서 약국을 찾은 사람들에게 "즐거운 쇼핑 되십시오, 고객님." 하고 인사할 수는 없는 노릇 아닌가! 대신 "안녕히 가세요."라는 말은 진심을 담아 하자고 직원들을 독려하는 수밖에 없다.

마트에서 근무하면서 가장 특이한 것은 고객 서비스 교육이다.

"항상 웃음을 머금고 계세요." "옷차림은 단정하게 하시고, 긴 머리는 묶어 주세요." "근무 중엔 핸드폰을 받지 마세요." "취식하지 마세요." "짝다리로 서 있지 마세요." 등등.

그중에서 가장 중요한 부분은 표정이다. 마음에서 우러나오는 서비스를 받는 기분이 들게 하라는 것이다. 그래야 한다고 생각하지만 실제 행동으로는 미처 옮기지 못했던 것들이다. 상황마다 대처하는 방법이 다르겠지만, 그래도 이러한 매뉴얼이 있으면 고객의 기분을 상하게 하지 않으면서 좀 더 쉽게 내 상황을 알릴 수 있는 방법인 듯하다. 물론 고객 중에는 폭군처럼 심하게 행동하는 사람들도 있기는 하다. 그런 '진상' 고객이 마트약국의 하루를 힘들게 한다.

약국 직원? 마트 직원?

마트에서는 고객의 불만이 커지는 것을 최대한 막고 있다. 그래서 서비스 평가도 자주하고, 주부 모니터링 제도를 시행해 직원의 근무 태도를 항시 체크한다. 서비스 평가가 좋으면 물론 상을 주지만, 낮으면 페널티가 있다. 서비스 재교육은 물론이고, 고객 맞이 근무도 해야 한다. 점별로 순위도 매기고 서로 경쟁하는 시스템이다.

'서비스 교육 내용에 있는 맞이 인사를 했는가? 배웅 인사를 했는가? 제품에 대해 숙지하고 있는가? 마트 내 시설에 대해 정확히 알고 있는가? 바른 자세로 고객을 기다리고 있는가? 옷차림은 단정한가? 머리는 흘러내리지 않고 단정하게 하고 있는가? 웃고 있는 표정인가?' 등을 평가한다.

점별 서비스 평가 결과를 보면 사실 특별하게 낮은 점수는 없다. 10점 만점에 대부분이 9점 이상인데, 거기서 순위를 매기니, 서비스 평가 시기가 되면 다들 초긴장 상태가 된다.

우리 약국에서는 직원들의 불만이 생기기도 했다. 그러나 어찌하랴. 마트 직원은 아니지만 우리가 마트 안에서 일하고 있는 이상 이곳 규칙을 따를 수밖에. 마트에 오는 고객은 임대 매장 또한 마트의 일부로 본다는 것이 맞는 말이다. 즐겁게 쇼핑하기 위해 마트에 와서 직원의 말이나 태도로 인해 기분이 나빠진다면 다시는 그 마트를 찾고 싶지 않을 것이다. 직원들을 다독이기도 하면서 같이 적응해 가고 있다.

약국 역시 '서비스'임을 새삼 느끼다

마트에서는 자체 직원뿐 아니라 임대 매장의 직원이 입사했을 때도 마트의 서비스 교육을 받게 한다. 그러나 근무약사는 그러기가 쉽지 않다. 특히나 파트타임 약사나 직원의 경우에는 더욱더 교육을 받게 하기가 어렵다. 교육을 받았다 하더라도 어쩔 수 없이 가끔은 고객과 트러블이 생긴다. 그래도 교육을 받으며 여러 상황에 대한 이해를 높이면 트러블 요인이 확실히 줄어든다.

"네, 고객님, 그렇군요. 한번 알아보겠습니다."

마트에서는 고객의 말에 이처럼 일단 긍정하는 대답으로 응대할 것을 요구한다. 트러블이 생기는 가장 큰 이유는 역시 '말'과 '태도'다. 약사들은(나도 그렇지만) 은연중에 약국을 찾는 환자나 고객을 가르치듯이 대해도 된다는 생각들이 있는 것 같다. 그러나 병원도 그렇듯이 친절해야 환자가 찾아가는 세상이다. 환자의 입장에서 생각하고 대하지 않으면 바로 환자의 외면을 받게 된다. 내가 약 전문가로서 환자에게 알려 줄 때는 교사가 학생을 가르치듯이 해서는 안 되는 것이다.

약국은 의료 서비스다. 서비스라는 것은 고객 입장에서 고객이 원하는 것을 기분 좋게 얻어 갈 수 있도록 하는 것일 게다. 마트에서 일하며 생각하게 되는 것은 '서비스라는 측면에서 약사는 어떻게 해야 하는가'다. 고객의 의견을 무조건 옳다고 인정할 수는 없지만, 약사라는 전문성과 서비스를 어떻게 잘 조화하느냐를 끊임없이 고민하고 있다.

마트약국의 하루

마트약국은 대부분 마트 개점 시간인 오전 10시에 하루를 시작한다. 직원의 경우에는 30분 정도 일찍 출근해 약국 청소 등을 하며, 약사는 보통 10시에 출근한다. 10시에 마트가 개점하면 약국 영업도 시작된다. 처방 의원인 소아과도 10시에 진료가 시작된다. 따라서 환자가 많은 경우는 출근하자마자 바로 조제를 시작하지만, 그렇지 않을 때는 오전에 약간의 여유가 있다.

보통 소아과 조제의 경우는 일단 가루약을 만든 후 분포하기(약을 한 봉지씩 나누어 싸는 것)와 물약 따르기를 같이 하게 된다. 경우에 따라서는 항생제와 유산균제, 해열제 등을 따로 분포하게 되는 경우도 있다. 그리고 시럽제도 용량에 맞춰 따라 주는 경우도 있지만, 건조 시럽의 경우 만들어서 주어야 하기도 하고, 패치제나 연고, 안약, 흡입제 등이 같이 처방되는 경우도 있다. 시럽을 따르다 손목이 아파 오는 직업병이 생기기도 한다. 그나마 요즘에는 연고제가 5그램, 10그램, 15그램, 20그램 등 소포장으로 출시되는 경우가 많아 처방 용량에 따라 개수로 조제하면 되지만, 예전에는 450그램 덕용 포장이라 일일이 연고곽에 덜어 담는 수고를 해야 했다. 시럽도 일회용 소포장이 되어 나오면 좋겠다는 생각이 든다.

오전 근무 시에 조제와 일반약 판매는 기본이지만, 전날 소진된 의약품을 주문하는 일도 큰 업무다. 약이 어느 정도 소진될 때마다 적어 놓고 주문하게 되지만, 혹시라도 그렇지 못한 경우도 있기에 항상 약의 재고에 신경 써야 한다. 또 품절 중인 약이나 생산이 중단된 약의 경우는 잘 기억하고 있어야 낭패를 당하지 않게 된다.

약국과 거래하는 도매상이나 제약회사가 매우 많아 일일이 기억하고 주문하는 것도 쉬운 일은 아니다. 제약사 거래 제품은 제약사로 주문하고, 일반약은 거래 도매상에 주문하면 되지만, 의약외품과 약국 소모품의 경우는 각 거래처가 달라 그때그때 주문하기도 한다.

이런 일을 개인의 기억이나 습관에 의존해 처리하면 제때 주문되지 못하는 제품이 생긴다. 그래서 POS 시스템 등을 통해 자동으로 주문한다. POS 시스템으로 판매량이 체크되니 그것을 토대로 재고 관리를 하는 것이다.

마트에 오는 고객은 대부분 직장에서 퇴근하고 오는 경우가 많아 저녁 시간이 더욱 바쁘다. 때로는 저녁 시간의 매출이 그날 하루 매출의 절반을 넘는 경우도 있다.

:: 2013년 인천광역시약사회로부터 인천약사대상을 수상한 필자.

약국에서는 식사가 가장 고역이다. 일반적인 약국에서는 약국 안에서 식사를 하게 되므로 밥을 먹다가 고객을 맞이하는 경우도 있다. 나 홀로 약국의 가장 어려운 점이라 할 수 있다. 마트 안의 약국에서는 따로 식사를 할 수 있는 자리가 없다. 게다가 근무 중 취식은 금지되어 있다. 그래서 구내식당을 이용한다. 구내식당이 아주 먹음직한 식단은 아니지만, 일단 약국을 떠나 식사를 하게 되므로 식사 도중 일어나거나 하는 일은 없다는 장점이 있다. 그러나 약국 매장은 오픈되어 있어 문을 닫고 가는 것은 어렵기 때문에 항상 2명 이상의 약사가 있어야 한다.

공휴일에는 주변 약국이 대부분 휴점을 하기 때문에 마트로 오는 고객이 많다. 문전 소아과 의원도 공휴일이 가장 바빠 2명의 의사가 함께 진료한다. 그래서 약국도 주말에 가장 근무 인원이 많고 파트타임 직원도 필요하다. 의외로 파트타임 약사를 하려는 약사들은 많은 것 같다. 그래도 꾸준히 할 약사를 구하는 일은 쉽지 않은 것 같다. 올해는 직원이나 약사를 구하는 일이 더욱 많았다. 근무 시간이 일반적이지 않기 때문에 오후 늦게까지 근무할 사람, 공휴일에도 근무할 수 있는 사람을 뽑아야 한다. 역시 사람을 구하는 일이 가장 어렵고 힘들다. 오전에 근무하는 약사나 직원은 구하기도 쉬운 편이고 오래 근무하기도 하지만, 오후 근무약사나 직원은 아무래도 이직이 잦다.

내가 운영하는 마트약국은 365일 운영이지만 그래도 오후 10시에 폐점을 하므로 좀 나은 편이다. 다른 마트에 입점해 있는 약국의 경우는 오후 11시 또는 자정에 문을 닫는 경우도 있다. 또 공휴일의 약국이 더욱 바쁘기에 주말이나 연휴 때 가족이나 친구들과의 모임을 갖는 일이 어려워지는 단점이 있다.

트렌드에 민감한 고객들

처음 약국을 개업했던 곳은 전형적인 동네약국이었다. 의약분업 전이었기에 직접 조제가 가능했고, 그 조제로 동네 사람들의 인정을 받았다. 열심히 약료를 행한 덕분에 건강 상담과 함께 일반약의 판매가 활발히 이루어졌다. 한 사람 한 사람에게 진정성을 갖고 다가갔는데, 그러한 노력이 빛을 발했던 것이리라. 그럼에도 신제품의 매출을 끌어올리기에는 매우 어려운 점이 있었다. 또 약국의 주 수요층이 어르신들인데다 그중 30퍼센트가 의료 보호 환자라 새로운 제품에 대한 수요가 클 수가 없었다.

마트 안에서 약국을 하면서 재미있는 점은 광고가 한창인 새로운 제품에 대한 수요가 그때그때 높이 일어난다는 것이다. 마트는 30~40

대 젊은 층이 주를 이루는 곳이어서인지 신제품에 대한 문의와 반응이 빠르게 온다. 그래서 항상 의약품 광고를 주시할 필요가 있고, 새로운 제품은 대부분 구비하게 된다. 일단 약국에 준비해 놓고 그 수요를 측정해 보는 것이 가장 좋은 일이다.

약도 유행을 탄다. 어느 때는 비타민 C가 유행하고, 어느 때는 갑자기 비타민 D 단독 제품을 찾고, 아연을 찾을 때도 있고, 글루코사민이 유행할 때도 있으며, 루테인이 눈 건강에 좋다며 갑자기 뜨기도 한다. 이런 경우에는 일반적으로 쉽게 가져갈 수 있는 제품과 정말 역가(力價, 약의 효력)가 좋아서 확실한 효과를 볼 수 있는 제품 정도를 구비해 판매하면 약사의 전문성도 살릴 수 있는 좋은 방법이다.

마트약국은 일반 약국에 비해 좀 더 다양한 제품이 필요하고 그때그때의 트렌드에 맞춰 제품을 구비해 놓아야 한다. 의약외품으로 분류된 여름 제품류(킬라, 모기향 등), 제모제, 입술 보호제, 가글 제품 등은 마트와 판매 경쟁을 해야 한다. 마트 입점 첫해 여름 내내 판 여름 제품 판매량이 동네약국 1~2일 판매 수준에 머물렀던 것이 생각난다. 그런데 마트가 집중 판매를 끝내는 순간, 고객들이 약국으로 오기 시작한다. 그래서 항상 준비할 필요가 있다. 마트와의 가격 차이로 시비를 거는 고객은 거의 없는 것 같다. 마트의 행사 가격보다 약국의 판매가가 좀 더 낮게 책정되어 있으니 그럴 것이다. 요즘에는 해외여행을 많이 가기 때문에 겨울에도 모기 기피제 등을 찾는 경우가 많아 계절 제품이라는 인식이 점차 없어지는 추세다. 어르신 여행, 해외여행, 단기 여행, 장기 유학의 상비약을 찾으러 오는 경우도 많아 여행 유형별 상비약 준비를 추천하는 것도 좋은 방법이다. 학생들 수학여행이나 졸업 여행 시즌에는 멀미약이 동이 나기도 한다.

마트에 장 보러 온 김에 약국에서 필요한 약을 사는 경우도 많다. 주말에는 마트 밖의 약국들이 문을 닫아 우리 약국을 찾아오는 경우가 대부분이기도 하다. 그럴 때 약사의 지식을 기반으로 한 상담으로 단골 고객을 만드는 일을 꼭 해야 한다. 마트약국이라고 다를 것은 없다. 약사의 상담이 매출을 만들고, 건강이 좋아진 고객이 다시 그 약국의 약사를 찾게 된다. 신뢰가 고객으로 하여금 약국에 오도록 만드는 힘인 것이다. 그 힘이 약국을 유지하게 한다.

업무 효율을 극대화한 POS 시스템 도입

약국에서 POS를 사용하는 비율이 10퍼센트 정도라고 한다. 약국은 인터넷이 안 되거나 컴퓨터가 없다면 처방 조제를 전혀 할 수 없는 곳임에도 전산화가 잘 진행되고 있지 못하다. 너무 많은 거래처와 너무 많은 제품이 전산화를 더디게 한다. 우리나라 교육의 현주소를 두고 "19세기 교실에서 20세기 교사가 21세기 아이들을 가르친다."라고 하는데, 아마 약국도 그런 모습이 아닐까 싶다. 이제 조금씩 전산화하는 약국들이 늘고 있지만, 아직도 대부분의 약국에서는 머릿속의 고정된 생각과 기존 습관대로 운영하고 있는 것 같다.

하지만 마트약국은 특히나 제품의 출입을 전산화하는 것이 필요하다. 우리 약국은 2011년 2월경에 POS를 도입했다. 가장 좋은 점은 고객의 신뢰가 더욱 커졌다는 것이다. 약국은 포인트 제도 등의 고객 유인 행위를 하지 못하기에 고객의 신뢰와 이러한 편의를 제공하는 것이 고객을 끌어들일 수 있는 요소가 될 수 있다.

POS 도입은 비용도 문제가 된다. 내 경우에는 POS 시스템을 적용하기 위해 컴퓨터 1대, 터치스크린 2대, 바코드 리더기 2대를 구입했다. 처음에는 모든 제품을 등록하느라 전문업체의 힘을 빌렸다. 업체에서도 우리 약국의 모든 제품을 파악하고 등록하는 데 3명이 출근해 2일 정도 걸렸다. 그만큼 약국에서 취급하는 제품이 많은 것이다. 그것을 이제껏 사람의 힘으로만 해결하고 있었으니 얼마나 주먹구구였을까?

POS의 장점은 하루 매출뿐 아니라 실제 이익률, 로스율, 재고량을 파악하는 것은 기본이고, 어떠한 제품이 얼마나 팔리는지 파악이 가능하다는 것이다. 즉 약국에 들어온 제품에 대한 평가가 가능해, 계절별 선호 제품도 알 수 있고, 제품에 대한 고객의 반응도 분석할 수 있다. 직원 입장에서는 혹시라도 가격을 기억하지 못할 때 바코드를 찍으면 되니 좋아하는 듯하다. 직원도 많고 주말 아르바이트도 여러 명인 우리 약국에서는 모두들 좋아하는 시스템이다.

마트약국에서 갖게 된 새로운 시야

약대를 다닐 때는 "난 약국은 안 해야지." 하는 학생들이 대부분이었다. 얼른 졸업해 약국을 열길 바라는 부모들의 바람과는 달랐다. 하지만 그러던 학생들 대부분이 약국을 개업한다. 나도 병원약국과 동네약국에서 근무하다 개국약사가 되었다.

1996년에 약국을 개업했고, 이태 뒤 IMF를 겪으면서 살림을 줄여 생활했다. 2000년 의약분업을 겪으면서는 처방전을 수용하기 위해 약국을 확장했다. 그러나 기대와는 달리, 문전이 중요해지면서 조금씩 약

:: 약사로서 약에 대한 지식과 상담 능력만 있으면 된다는 생각으로 약국을 시작했다. 이제 마트 안에서 마트의 운영 모습을 보면서 좀 더 객관적으로 약국을 바라보는 시각이 생겼다.

국은 침체되어 가고 있었다. 큰 문제는 없었지만, 변화가 필요한 시점이었다. "약국 하고 10년 정도 되었을 때 약국을 이전할 기회가 있었는데 움직이지 못했다. 그리고 지금까지 같은 자리에서 그저 그런 약국을 하고 있다. 그때 이전했으면 좀 달라졌을 것이다."라던 한 선배님 말씀이 생각났다. 마침 주변에 마트가 새로 개장한다는 소식이 있었고, 우여곡절 끝에 마트 안에 약국을 열게 되었다.

약사로서 약에 대한 지식과 상담 능력만 있으면 된다는 생각으로 약국을 시작했었다. 약국을 개업해서는 '흑자 내는 것'과 '더 잘되게 하는 것'에 대해 항상 고민했던 것 같다. 가장 기본인 부분만을 생각하고 지내 왔던 것이다. 이제 마트 안에 있으니, 마트의 경영에 대해 경영자의 입장으로 보게 되는 부분이 생겼다.

마트의 점장을 보면 그도 월급쟁이지만 마트의 한 지점을 책임지는 사람으로서 지점에서 더 많은 수익을 내기 위한 고민을 하고 있는 것을 느끼게 된다. 하물며 나는 약국을 직접 운영하는 사람인데 말할 필요가 없겠다.

마트 안에서 마트의 운영 모습을 보면서 좀 더 객관적으로 약국을 바라보는 시각이 생긴 면이 있다. 약국 내의 청결도나 서비스 문제, 약품의 가격 결정 문제, 직원 관리 문제 등. 개인 사업장이니 이 정도면 되겠다 싶었던 것들이 마트에 와서 겪으면서 '우리가 경쟁하는 곳이 이런 큰 업체'라는 것을 깨닫게 했고 구태에 머물러서는 안 되겠다고 생각하게 한다. 정말 경영을 제대로 하고 있는 것인가? 직원 관리는 잘하고 있는가? 매장 관리는 잘되고 있는가? 제품 관리는? 하나하나 따져 보면 실제 잘하고 있는 것이 아닐 수 있음에도 스스로 개인 경영업체라는 한계를 지어 그것을 잘하고 있는 것으로 판단하고 있음을 깨닫게 된다.

마트는 시스템 운영의 최적화를 이루어 낸 곳이 아닌가 생각된다. 내가 모두 도입할 수 없고, 도입하지 못하는 경우도 있지만, 마트의 시스템을 보면서 기업과 약국의 시스템에 대해 많은 생각을 하게 된다. 약국이 얼마나 고립되고 뒤처져 있었는지 깨닫게 한다.

그동안 약국은 시스템을 현대화하지 않아도 생존에 문제가 없었다. 나도 현대화를 다 좋아하는 것은 아니다. 의약분업이 되면서 약국은 잡무가 매우 늘었다. 더불어 약국을 보는 눈도 많아졌다. 그것을 일일이 대응하는 것이 근무 피로도를 높이기도 한다.

그러나 이제 일반 안전상비의약품의 편의점 판매가 시작되었다. 이제까지는 약국끼리의 경쟁이었으니 아날로그적인 방식이 큰 문제가 없었다. 그러나 이제는 편의점에서 '약'을 사는 세상이다. 주변 사람들과 이야기해 보면, 편의점에서 어떤 약을 팔아야 하느냐에 대해서는 의견이 달라도 편의점 약 판매 자체는 찬성하는 경우가 많다. 아마도 그냥 불편하다는 이유도 있겠지만, 한편으로는 구식 시스템에 대한 불신도 있지 않을까 하는 생각이 들기도 한다.

내가 요즘 활동하는 약사 모임에서는 약국 유통의 현대화를 추구하고 약사의 역할을 정립하는 일들을 하고 있다. 새로운 시스템을 만들 생각도 하고 있고, 약국에 제품을 선보일 때 어떻게 하면 약사의 전문성을 높일까 고민도 하고 있다. 개개의 약국은 소규모 개인 사업체에 불과하지만, 약국들이 서로 힘을 합친다면 제품 구매력도 커지고 생산력도 키울 수 있을 것이다. 이를 통해 약사의 개성이 반영되는 이상적인 약국 운영이 가능하리라 본다. 또 상담 시 여러 도구를 사용해 신뢰감을 주고 상담 역량을 높일 수 있는 방법을 고안하고 있다. 이러한 것들이 도입되어 현실화하면, 약사는 잡무에서 벗어나 약료를 행하는 데 힘을 쏟을 수 있을 것으로 기대하고 있다.

약대를 졸업한 약사의 80퍼센트가 약국 개업을 한다고 한다. 약사의 직업이 매우 다양하지만, 아직은 약국 개국이 가장 많고, 더불어 근무약사로 취직하는 경우가 많은 비중을 차지한다. 그중에 마트약국은 사실 근무 환경이나 근무 시간 면에서 편안한 분야는 아니다. 약사가 하는 일은 처방 조제나 일반 약에 대한 약료를 행하는 것이지만, 개국 약사라면, 더욱이 마트에서 약국을 운영하려는 약사라면 경영에 대한 마인드가 좀 더 필요하다고 생각한다. 경영 공부가 조금 더 되어 있고 그것을 실제로 적용해 나가려고 노력한다면, 충분히 즐겁고 멋있게 약국을 운영해 나갈 수 있을 것이다. 물론 오늘도 난 근무약사를 찾고 있고, 근무할 직원을 구하기 위해 구인 사이트를 헤매고 있지만 말이다.

주민을 위해 공무원 약사가
할 수 있는 일은?

| 강성심 |

1968년생. 1991년 덕성여자대학교 약학과를 졸업하고 2년간 제약회사에서 근무했다. 1993년 서울특별시 약무직 공무원으로 임용되어 송파구보건소, 도봉구보건소를 거쳐 현재 서울특별시서북병원 약제부에 근무하고 있다. 2011년 한림대학교에서 보건학 석사 학위를 취득했으며, 사회복지사(2008), 보건교육사(2011) 자격도 취득했다.

"약사이시라고요? 그런데 약국을 안 하시고 왜 공무원이 되셨나요?"

내가 공무원이라고 하면 많은 사람들이 의아해하면서 묻는다. 그럴 때마다 '나는 왜 공무원이 되었을까?' 자문해 보곤 한다.

나는 대학 시절부터 약국을 하겠다는 생각은 별로 하지 않았다. 약국에서 근무하는 것보다는 많은 사람과 어울려 함께 일하는 것이 더 좋을 것 같다고 막연히 생각했다. 진로를 고민하면서 병원과 제약회사에 실습을 갔고, 약사들만 근무하는 병원약국보다는 사람들과 어울려 다양한 일을 하고 있는 제약회사가 더 마음에 들었다. 그래서 졸업 후 제약회사에 취업했다.

"최소한 10년은 근무해야 그 분야에 대해 말할 자격이 있다."라고 하셨던 모교 교수님의 말씀을 마음속에 새기며 열심히 일하겠다던 나의 의지는 입사 2년이 지나며 꺾이고 말았다. 당시 제약회사 인사 규정은 정식 직원이던 여직원이 결혼하면 매년 다시 계약해야 하는 촉탁 직원(언제든지 해고될 수 있는 신분이 불안정한 직원)으로 대우가 바뀌게 되어 있었다. 이름만 들으면 다들 알 수 있는 유명한 회사였는데도 그랬다.

공무원, 결혼 그리고 육아

'제약회사를 계속 다녀야 할까, 그만두어야 할까' 고민하던 중에 공무원이 될 운명이었는지 출근길 지하철 역사에서 '서울특별시 약무직 공무원 시험' 공고를 보게 되었다. 약무직 공무원에 대해 제대로 알지 못하면서도, '공무원이라면 사기업보다 장래도 보장되고 보람도 있지 않을까?' 하는 막연한 기대감이 들었다.

결국 제약회사를 그만두고 서울시 공무원 시험을 보았다. 시험에 합격해 1993년 7월 송파구보건소로 첫 발령이 났고, 1995년 결혼을 하고 1996년 첫 아이를 출산하게 되었다. 제약회사를 계속 다녔다면 결혼과 더불어 직장도 포기해야 했으리란 생각이 들기도 한다. 물론 결혼하고 육아를 병행하며 직장 생활을 하는 것은 공무원이라 하더라도 쉬운 일은 아니었다. 지금은 출산을 하면 육아 휴직을 하는 것이 거의 당연한 일처럼 여겨지고 있지만, 그 당시에는 육아 휴직이라는 말을 입밖에 꺼내기도 힘든 분위기였다.

출산 휴가를 마치고 출근하면서 본격적인 고생이 시작되었다. 육아 문제로 고민하는 나를 불쌍히 여기신 친정어머니께서 아이를 돌봐 주기로 하셨고 지금까지도 두 아이를 맡아 주고 계신다. 고맙고 든든한 한편으로 아이들 때문에 많이 늙으신 것 같아 죄송하다. 직장을 다니면서 아이를 키운다는 것은 정말 쉬운 일이 아니다. 모든 워킹맘들, 파이팅!

보건소에 대한 오해

서울특별시 약무직 공무원이 된 지 20년이 흘렀다. 지금은 서울특별시서북병원에 근무하고 있지만 공무원 생활 대부분인 17년 이상을 보건소에서 근무했다.

현재 보건소에서 무슨 일을 하고 있는지 궁금하다면 본인이 살고 있는 지역의 보건소 홈페이지를 방문해 보라. 보건소에서 생각했던 것보다 많은 일을 하고 있다는 것을 알게 될 것이다. 내가 처음 보건소에 근무할 시절만 해도 보건소는 형편이 어려운 사람이 이용하는 곳이라는 인식이 대부분이었다. 보건소에서 실시하는 사업이 무료인 경우가 많다 보니, 그 질 또한 떨어질 것이라고 생각하는 모양이다. 하지만 주민에게 돈을 받지 않을 뿐 돈이 들지 않는 사업은 결코 아니다. 지방자치단체의 예산이 들어가는 사업인데 주민들이 몰라줄 뿐이다. 그리고 질 또한 절대로 떨어지지 않는다. 그래서 한번 보건소를 이용해 본 사람은 이용할수록 본인에게 도움이 된다는 것을 깨닫게 되고 이후로는 본인들이 스스로 도움이 되는 사업을 찾아 이용하게 된다.

1994년 지방자치제도가 실시된 이후 많은 것이 달라졌다는 생각이 든다. 선거에서 선출된 지방자치단체장은 주민에게 유익한 사업이 뭘

지 고민하게 되고, 이로 인해 지역 주민의 건강을 책임지고 있는 보건소는 예전에 비해 좀 더 많은 일을 하게 되었다.

가장 보람된 일 vs. 가장 힘들었던 일

보건소 근무 시절 가장 보람을 느꼈던 일은 2005년 '방과 후 교실 아동 건강 돌보기 사업'이었다. 복지관이나 지역아동센터에서는 가정 형편이 어려운 아동들을 대상으로 방과 후 교실을 운영하는데, 보건소에서 이 아동들에게 건강 검진, 구강 검진 및 교육, 영양 교육, 약물 교육, 성교육을 실시하고, 더불어 방과 후 교실 교사들에게도 상담 교육 등의 역량 강화 교육을 실시했다. 나 자신이 아이를 키우는 엄마로서, 다른 업무에서는 얻지 못했던 보람을 어려운 아동들을 도와주는 일을 하며 느낄 수 있었다. 어려운 사람들을 개인적으로 돕는 것도 기분이 좋을 텐데, 돕는 것 자체를 업무로 한다는 것은 공직이 갖고 있는 큰 장점이라고 생각한다. 서북병원으로 발령이 나 도봉구보건소를 떠나올 때 정들었던 방과 후 교실 아동들이 보내온 편지는 평생 잊지 못할 것이다.

강성심 선생님께.

안녕하세요. 저는 ○○ 방과 후 교실에 다니는 6학년 이○○예요. 저는 1학년 때부터 다녀서〔다녔는데〕 선생님께서 건강 상태 또는 제 건강을 고쳐 주시려고 도와주셔서 감사합니다. 매년 피 검사와 독감 예방 접종 등 우리들의 건강을 위해 생각해 주시고 챙겨 주셔서 감사합니다. 다른 보건소에 가셔서도 건강하세요.

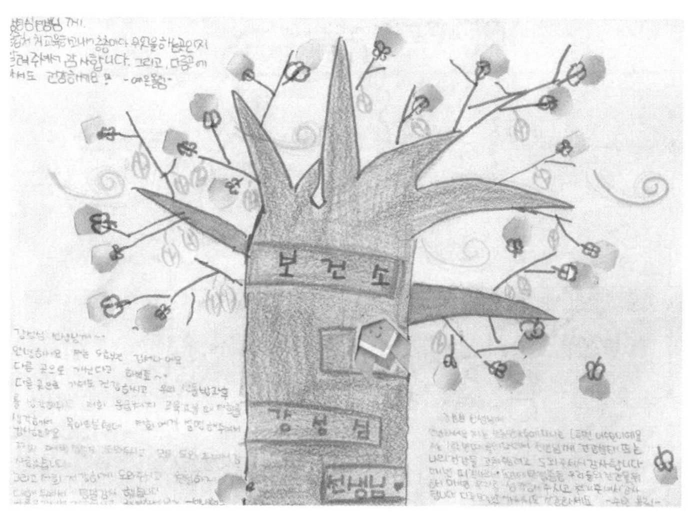

:: 필자가 서북병원으로 발령이 나 도봉구보건소를 떠나게 됐을 때 방과 후 교실 아동들이 보내온 편지.

보건소 근무 중 가장 힘들었던 순간은 의약분업을 처음 실시하던 때였다. 의약분업에 반대하는 의료 기관은 모두 문을 닫았고, 보건소는 진료는 진료대로 하면서 문 닫은 의료 기관에 대한 조사, 처분, 보고를 하느라 정말 정신이 없었다. 6급으로 승진하고 약무팀장이 된 첫해에 모든 구청 직원을 동원해 처리해야 하는 막중한 업무인 의약분업 총괄 업무를 맡게 되어 업무에 대한 스트레스를 많이 받았다. 모든 의료 기관들이 문은 닫고 진료를 거부하는 상황을 상상해 보시라! 생명과 직결된 의료 기관이 파업을 하다니 다시 생각해도 정말 엄청난 일이었다. 보건소 업무에 구청 전 직원을 동원했던 일은 의약분업이 거의 전무후무했을 것이라 생각한다.

의약품 안전 사용 교육, 전국으로 확대되다

의약품 안전 사용 교육 활성화에 기여했다는 점도 보람을 느끼는 일이다. 2007년 도봉구보건소 근무 시절 전국 최초로 가정 내 폐의약품(불용 의약품)을 약국을 통해 수거하는 사업을 실시했다. 물론 시민단체인 환경연합에서 일부 의료 기관과 약국을 통해 폐의약품을 수거하는 시범 사업을 한 적도 있었지만, 지방자치단체 중에 전체 약국이 참여하는 폐의약품 수거 사업은 이때가 처음이었다. 지역 주민의 건강을 위해 할 일을 고민하고 있던 중에 가정 내 폐의약품이 환경을 오염시키고 주민 건강에 해가 될 수 있다고 생각하신 도봉구보건소 배은경 소장님의 아이디어로 시작된 사업이었다. 도봉·강북구약사회와 의약품 도매상의 적극적인 협조로 실시한 이 사업을 참고해, 2008년 환경부는 서울특별시를 가정 내 폐의약품 수거 사업 시범 실시 자치단체로 선정했고 이후 점진적으로 확대되어 현재는 전국에서 시행 중이다.

약을 많이 복용하는 어르신들에게 폐의약품 수거 사업의 필요성을 알리기 위해 노인정, 복지관 등을 찾아다니며 이 사업의 취지를 홍보했다. 어르신들에게 이에 대한 홍보를 실시하고 폐의약품 수거 활동을 하면서, 어르신들이 우리가 생각하는 것보다 훨씬 많은 약을 복용하고 있으며, 약을 제대로 복용하지 않는 경우도 많다는 것을 실감하게 되었다.

『약이 사람을 죽인다(Death by Prescription)』(2006)라는 책에 의하면, 미국의 사망 원인 3위가 약물 복용으로 인한 것이다. 매년 적절하게 처방된 약의 부작용으로 사망하는 인원이 10만 명, 약이 제대로 처방되지 않거나 약물 관리가 소홀해 사망하는 인원은 8만 명이다. 약물 복용과 관련해 매년 18만 명이 사망하는 셈이다. 이 자료는 1998년

권위를 자랑하는 미국의학협회지에 실린 논문에 근거한 것이다. 10년 간의 베트남 전쟁에서는 5만 명이 죽었다고 하는데 한 해에 18만 명이 사망한다고 하면 약물 복용은 정말 중요한 문제가 아닐 수 없다. 이 책을 읽고 우리나라의 예가 궁금해서 찾아보았으나 관련 자료를 찾을 수 없었다.

'약물 부작용, 안전한 약물 복용, 약물 교육….'

이 단어들이 계속해서 내 머릿속을 떠나지 않고 나를 고민하게 만들었다.

어르신들이 많은 약을 복용하면서도 제대로 복용하지는 않는 것을 보면서 우리나라 교육 과정에 의약품의 올바른 복용법을 가르치는 과정이 없다는 것을 깨닫게 되었다. 내 학창 시절을 떠올려 봐도 약을 어떻게 먹어야 하는지 배운 기억이 없다. 약에 대한 교육이라면 마약 예방 교육이 전부였다. 환경을 위해 약을 안전하게 폐기하는 것도 중요하지만, 안전하고 올바르게 복용하는 것이 먼저이고 더 중요하다는 생각을 하게 됐다. 결국 약물 교육이 필요하다는 결론을 내렸다.

어떻게 하면 어르신들이 올바르게 의약품을 사용할 수 있도록 교육할 수 있을까?

고민고민하다 도봉·강북구약사회와 도봉구에 소재하고 있는 종합병원 약제팀에 도움을 청했다. 아무래도 주민에게 약을 투약하고 있는 약사가 이 교육에 가장 적합할 것이라는 생각이 들었기 때문이다. 사실 나도 약사이지만 약 그 자체보다는 약사법, 마약류관리에관한법률 등 법에 대한 업무를 주로 하고 있었기 때문에, 행정을 하고 있는 나보다는 현장에서 약을 다루며 환자를 접하고 있는 약사가 이 교육에 적합하다고 생각했다.

:: 어린이집 유아를 대상으로 실제 약도 보여 주고 먹으면 안 되는 생활용품의 위험성 등에 대해 설명하고 있는 필자.

마침내 약사회와 종합병원에서 강의를 잘하시는 약사님을 추천받아 어르신들을 대상으로 약물 교육을 실시했다. 그러나 교육을 제대로 하기에는 기반이 매우 열악했다. 정해진 교재나 교안이 없었고, 교육을 진행할수록 교재와 교안의 필요성은 점점 커져만 갔다. 이런 사정은 다른 보건소도 마찬가지여서, 약물 교육에 의지를 갖고 있던 서울시 다른 보건소와 힘을 합해 교재 만드는 일을 공동으로 진행하게 되었다. 드디어 여러 보건소가 힘을 모아 의약품 안전 사용 교재를 만들었다.

교재가 완성되고 나니, 이번에는 교재와 더불어 약물 교육을 진행하는 강사들에 대한 교육이 있었으면 좋겠다는 생각을 하게 됐다. 이를 해결하고자 서울특별시 보건정책과(현재는 보건의료정책과)에 약물 교육 강사 육성을 위한 교육을 실시할 것을 건의했다. 이것이 받아들여져 서울특별시에서 주관하는 의약품 안전 사용 강사 양성 교육이 실시

되었다. 강사 양성 교육을 위한 강사로 도봉구에서 활동하시는 분들 중에 강의 경험도 많으시고 능력도 뛰어난 두정효 약사님과 송연화 약사님 두 분을 추천했다.

처음으로 의약품 안전 사용 강사 양성 교육이 진행되는 것을 보는 순간의 감격은 이루 말할 수 없었다. 약사들이 주민들에게 봉사하기 위해 강사 양성 교육을 받는다? 어떻게 생각하면 별일 아닐 수도 있지만 약무직 공무원으로서 지역 약사가 주민에게 봉사할 수 있는 시스템을 만드는 데 기여했다고 생각하니 정말 감격스러웠다.

이는 다른 지역 약사회로도 파급되어 지금은 전국에서 이뤄지고 있다. 도봉구에서 활동하시던 두 약사님과 송 약사님은 지금은 유명 강사로 전국을 누비고 계신다. 두 분이 열심히 활동하는 모습을 보기만 해도 뿌듯하다.

서울시 공무원으로서의 아쉬운 점과 좋은 점

공무원의 꽃은 '승진'이라고들 한다. 그런데 서울시 공무원으로서 그 승진이 쉽지 않다는 점은 아쉽다. 나는 7급에서 6급으로 승진하는 데 6년 5개월이 걸렸다. 그것도 선배들에 비해 많이 늦어진 경우였다. 그런데 지금 후배들은 7급에서 6급이 되는 데 12년 넘게 걸리기도 한다. 특히 지방자치단체에 근무하는 지방직 공무원의 승진 적체 문제가 매우 심각하다. 다행히 7급에서 12년이 지나도록 6급이 되지 못한 경우 자동으로 승진시켜 주는 근속 승진 제도가 2011년부터 실시되고 있다. 사실 승진 문제는 모든 공무원의 고민일 수 있다.

그래도 서울시 공무원이어서 좋은 점도 많다. 서울시 안에서만 근무지를 이동하기 때문에 육아를 병행하며 직장 생활을 할 수 있다. 또 서울시는 아주 큰 조직이어서 많은 것을 배울 수 있다는 것도 장점이다. 본인의 고유 업무 외에도 다양한 업무를 할 수 있어 많은 경험을 쌓을 수 있기도 하다.

또 다른 장점은 자기 발전의 기회를 얻을 수 있다는 것. 서울특별시 인재개발원에서는 평소에도 다양한 교육을 지원하고 있고, 어학 실력이 있다면 해외에서 공부할 수 있는 기회도 주어진다. 내 경우에도 2009년 한림대 보건대학원에 진학해 평소 부족하게 생각했던 부분에 대해 공부할 수 있었다. 대학원에서 지원해 주는 공무원 장학생 제도와 구청의 학비 보조가 있어 학비 부담 없이 대학원에 진학할 수 있었다. 늦은 나이에 다시 공부를 하면서 실제 업무를 수행하며 부족하다고 느꼈던 부분을 채워 나갈 수 있었고 자신감도 얻었다.

요즘에는 예전에 비해 공무원의 인기가 더 높아졌다고 한다. 그래서인지 몇 년 전 서울특별시 약무직 시험 경쟁률이 28대 1인 적이 있었다. 1993년 내가 응시할 당시에 3대 1 정도였던 것과 비교해 보면 공무원에 대한 인식이 많이 바뀌었다는 생각이 든다.

현재 나는 서울특별시서북병원에 근무하며 약물 교육 업무를 담당하고 있다. 보건소 약물 교육 담당자로서 강사들에게 바랐던 점을 되새기면서, 좋은 약물 교육 강사가 되기 위해 열심히 공부하고 있다.

약사이면서 공무원의 시각으로 주민이 무엇을 원하는지, 약사가 할 일이 무엇인지 늘 고민하는 것이 우리 약무직 공무원의 임무가 아닐까 생각한다. 공무원으로서 지역 주민의 건강을 위해 앞으로도 열심히 노력해야겠다고 다짐하게 된다.

서울특별시 약무직 공무원은 2013년 3월 15일 현재 휴직자를 모두 포함해 161명(4급 1명, 5급 13명, 6급 66명, 7급 81명)이다. 서울특별시 공무원 중에서도 그 수가 적은 희소 직렬의 하나다. 지역보건법시행규칙 제6조에 의하면 모든 지방자치단체에는 최소한 1명 이상의 약무직 공무원이 있어야 한다. 그러나 지방으로 갈수록 약무직 공무원이 없는 지방자치단체도 많다. 서울특별시, 경기도, 부산광역시, 인천광역시를 제외하고는 시도별로 5명도 되지 않는다.

서울특별시 약무직 공무원이 근무하는 곳은 서울시청 보건의료정책과, 3개 시립병원(서북병원, 은평병원, 어린이병원), 강북농수산물검사소와 서울시 구청 소속 25개 보건소다. 서울시에서는 의약품, 마약류, 의료 기기 및 화장품과 관련된 인허가, 지도 점검 및 행정 처분 총괄 업무를 담당하고 있으며, 강북농수산물검사소에서는 한약재 관련 수거와 검사 업무를 하고 있다.

시립병원 중 서북병원은 주로 결핵 환자와 노인 환자를 치료하고, 은평병원은 서울시 정신 의료 기관 역할을 하고 있으며, 어린이병원은 전문적인 어린이 치료 시설이다. 공공 병원인 시립병원 특성상 진료 업무 외에 행려 환자 등 취약 계층을 위한 공공 보건 사업도 수행하고 있다. 약무직 공무원이 근무하는 시립병원 약국에서는 다른 병원약국과 마찬가지로 의약품에 대한 정보 제공, 의약품 구매, 조제, 복약 지도, 환자 교육 등의 업무를 담당하고 있다.

서울시 약무직 공무원은 서울시청과 서울시가 직접 운영하고 있는 3개 시립병원에도 근무하지만, 대부분은 시내 25개구 보건소에 근무한다. 보건소는 기초 지방자치단체 소속이라 기본적으로 안전행정부와 협력해 일해야 하지만, 특별히 보건복지부, 식약처와 그 소속 기관과 관련된 업무를 주로 행한다. 각 구청마다 직제나 부서 명칭은 다를 수 있지만, 약무직의 경우 주로 보건소 의약과에 소속

되어 있다. 보건소는 기본적으로 보건에 관한 행정 업무와 진료 업무를 수행하며, 약무직 공무원은 의약과에서 의무 관련 업무와 약무 관련 업무를 수행하고 있다. 또 본인의 고유 업무 외에도 소속 지방자치단체에서 해야 하는 다른 업무도 하게 된다. 서울시 25개 보건소에서 약무직 공무원이 주로 하는 업무를 정리하면 다음과 같다.

● 의무 관련 업무 — 의료 기관(병·의원) 인허가 및 지도 점검, 안경업소 인허가 및 지도 점검, 치과 기공소, 안마 시술소 인허가 및 지도 점검, 의료 관련 진정 민원 처리, 진료 지원 업무(내과, 치과, 한방과), 응급 처치 교육

● 약무 관련 업무 — 약국, 의약품 도매상, 의료 기기 판매업소, 마약류 취급 업소의 인허가 및 지도 점검, 안전상비의약품 약국 외 판매업소 지도 점검, 약무 관련 진정 민원 처리, 한약재 유통 관리, 화장품법 관련 지도 점검, 약물 오·남용 예방 교육, 불용 의약품 안전 관리 사업, 의약품 조제 관련(의약품 구매, 조제, 복약 지도, 환자 교육)

● 기타 지역 사회 보건 사업(보건소마다 다를 수 있음) — 정약용(바른 약 사용) 사업, 방과 후 교실 아동 건강 돌보기 사업, 아토피 관리 사업, 만성 질환 관리 사업, 찾아가는 마이닥터 클리닉

오늘 우리 약국에는
무슨 일이 있을까?

| 이재관 |

약학 박사. 부천 자연약국 대표. 네이처스팜(주) 대표.

오늘도 쳇바퀴 같은 하루가 시작된다. 매일 똑같은 일상이 반복되는 것은 누구에게나 지겨울 것이다. 다행히도 약국의 하루는 매일 비슷한 일상의 연속이면서도 똑같은 상황은 한 번도 일어나지 않는다.

약국에는 많은 사람이 오간다. 음식을 욕심껏 먹어 탈이 나 소화제를 찾는 사람, 갑자기 아이가 열이 나 헐레벌떡 해열제를 사러 온 사람, 추운 데서 버스를 기다리다 감기에 걸린 사람, 병원 처방전을 들고 약을 지으러 오는 사람 등등. 우리 약국은 건강과 관련해 물으러 오는 사람들이 많은 편이다.

"딸이 변비가 심한데 어떻게 해요?"

"우리 남편이 홍삼을 먹고부터 더 피곤해해요."

이러한 하소연부터, 병원 처방전으로 약을 조제해 간 후에 약이 안

듣는다고 우기는 환자, 약을 복용하고 나서 약물 알레르기로 불평하는 환자, 어머니가 암 수술을 했는데 식이 요법은 어찌하면 좋을지 조언을 구하는 사람도 있다. 이처럼 약국을 찾는 환자의 질병은 다양하고, 같은 질병이라도 호소하는 증상이 제각각이다.

"체했는데요? 훼스탈 주세요"

"며칠 전에 추운 데서 김밥을 먹고 체했는데요. 콜라, 사이다를 먹어도 좋아지질 않네요. 명치 쪽이 더부룩하고요. 아랫배도 아픈 것 같고…. 이제는 등도 아프고 머리도 아파요. 까스활명수하고 훼스탈 주세요."

요즘은 간단한 의약품은 슈퍼에서도 살 수 있는 시대다. 의약품의 슈퍼 판매는 약의 전문성보다는 소비자의 편리성을 더 중요하게 생각하는 정부 정책의 일환이다. 소비자가 알아서 약을 먹으라는 것이다. 그러나 소비자는 알아서 잘 못 먹는 경우가 참 많다.

지금의 경우는 아주 간단하고 상식적이라고도 할 수 있는 것인데도 소비자가 약을 완전히 거꾸로 먹는 경우다. 금방 과식했거나 소화가 잘 안 되는 음식을 먹었을 때는 훼스탈과 까스활명수 같은 소화제 종류를 복용하는 게 맞는다. 하지만 과식 후 일정한 시간이 지나 위산 과다가 되어 위가 쓰리고 아플 때, 또는 극심한 스트레스로 위나 십이지장에 궤양이 생겼을 때는 소화제와 반대 작용을 하는 제산제 종류를 복용해야 한다.

앞의 경우는 본인의 판단에 소화가 안 되는 것 같아 소화제를 찾는 경우다. 정반대로 약을 복용해 버리면 몸의 상태가 좋아지지 않을 뿐 아니라, 필요 없는 약을 먹게 되고, 오히려 병을 만들어 내는 결과를 초래할 수도 있다. 약국에서 근무하다 보면 이런 환자를 늘 만날 수 있다.

두 할머니의 두통

어느 날 아침 일찍 두통과 어지러움을 호소하는 할머니가 찾아오셨다. 머리가 아프니 진통제를 달라는 것이다. 70대 할머니의 두통의 원인이 무엇일까? 혈압? 스트레스? 혈액 순환이 안 되어서? 담이 결려서? 음식 드시고 체하셨나?

"왜 머리가 아픈 것 같으세요?"

"아니, 어제 아들하고 집안일로 얘기하다가 속이 상했는데 그때부터 머리가 아파요."

그래서 진통제보다는 우선 안정을 취할 수 있는 약국 약을 드시게 하고, 병원에 가셔서 검사를 해 보시라고 안내해 드렸다.

며칠 뒤 그 할머니가 약국을 다시 찾으셨다. 그날 병원에 가서 검사해 보니 뇌혈관에 문제가 발견되어 응급 처치를 하고 치료하셨다는 얘기였다. 위기를 넘기게 해 줬다며 고맙다는 말씀.

우연히 그날 오후, 연세가 비슷한 70대 할머니가 똑같이 진통제를 사러 오셨다. 평소에도 자주 찾으시는 분이셨다. 보통, 약을 드리기 전에 왜 진통제를 드시는지 묻는데, 이날은 시간적 여유가 없어 마음이 찜찜함에도 그냥 그분이 원하는 제품을 드렸다.

몇 달 뒤 그 할머니가 약국에 오셔서 하시는 말씀이, 그날 저녁에 쓰러지셔서 병원에 입원하게 되었단다. 그 뒤로 병원에서 처치를 하는

:: 약국의 하루는 매일 비슷한 일상의 연속이면서도 똑같은 상황은 한 번도 일어나지 않는다.

데도 몸 상태가 나이지지 않아 지금은 한의원과 병원을 교대로 다니며 치료하신다는 얘기.

할머니 얼굴은 한쪽이 마비되어 심하게 틀어져 있었고 말도 어눌해지고 다리도 뒤뚱거리셨다. 돌아서서 가시는 할머니의 뒷모습을 보며 참으로 미안하고 부끄러운 생각이 들었다. '두통의 원인을 여쭤 보고 응급약을 드려 병원으로 안내해 드렸으면 저렇게 되지는 않았을 텐데. 조금만 더 관심을 가졌더라면…' 하는 후회가 밀려들었다.

약국을 하다 보면 이러한 경우가 많다. 환자가 건강에 문제가 생겨 약국을 찾아왔을 때, 약국 약으로 해결할지, 가까운 의원에서 해결하게 할지, 아니면 종합병원에 보내 검사를 받고 처치를 받게 할지 교통정리해 주는 것이 약사의 역할이다. 때로는 한의원에 가서 침을 맞고 부항을 뜨는 것이 환자에게 유리할 경우도 있다. 이처럼 약사는 환자에게 건강 문제가 발생했을 때, 질병, 증상, 적용하는 약물에 대한 광범위하고 종합적인 지식과 판단 능력이 요구된다.

스트레스로 눈이 안 보인다는 손님

며칠 전, 50대 중반의 단골손님인 아주머니가 울상이 되어 오셔서 오른쪽 눈이 잘 안 보인다고 하신다.

"눈이 안 보이시면 안과에 가셔야지요?"

"안과에서는 이상이 없다네요."

그러면서 슬슬 자신의 이야기를 풀어 놓으신다.

순간, '아, 이분이 자기 이야기를 하고 싶어서 약국에 오셨구나.' 하는 생각이 들었다.

몇 년 전 사업하는 시동생이 자금이 필요하다고 해 은행에서 대출 받으면서 지금 살고 있는 집을 담보로 설정해 주었는데, 그동안 잘나가던 사업이 접어야 할 정도로 어려움에 처했고 그 여파로 담보로 제공한 자신의 집마저 경매로 팔리게 되었다는 것이다. 평생 모은 전 재산을 하루아침에 잃게 되자 극심한 스트레스를 받게 되었다고 한다.

아마도 이 일로 인한 충격으로 실명이 되어 가는 지경에 이른 듯했다. 이분은 어디 하소연할 데가 없어 약국을 찾아온 것이다. 스트레스에 좋은 약을 드리고, 한참 동안 이분의 이야기를 다 들어 주었다. 그동안 쌓인 스트레스를 풀고 댁으로 돌아가시는 이분의 얼굴은 처음 약국에 들어올 때보다 훨씬 편해 보였다.

약국을 찾는 사람들 중에는 이처럼 마음이 아파 친한 약사에게 넋두리하러 오는 분들도 계신다. 자식 얘기, 부부간 얘기 등 고민거리를 털어놓기도 하고, 기타 잡다한 일상 얘기들을 풀어 놓는 것이다. 이렇게 동네약국은 동네 사랑방 역할을 할 때가 있다.

건강식품을 먹고 몸에 포진이 생겨서 온 환자

어느 날 한 환자가 피부과 처방전을 들고 찾아왔다. 흑마늘이 함유되어 있는 건강식품을 먹은 뒤 몸에 포진이 생기고 가려움증이 심해진 경우다.

아내가 남편을 위해 몸에 좋다며 건강식품을 사 왔다 한다. 처음 몇 번 먹을 때는 혈액 순환도 잘되는 것 같고, 기운도 나고 열감도 생겨 좋은 것 같았는데, 며칠이 지나자 얼굴이 붉게 달아오르고 급기야는 못 견딜 정도로 온몸이 가렵고 포진이 생긴 것이다.

건강식품을 무분별하게 먹고 이렇게 부작용이 나서 고생하는 경우는 허다하다. 우리나라에서 가장 많이 팔리는 건강식품 중에 홍삼이 있다. 홍삼은 분명 몸에 매우 유익하다. 그러나 홍삼을 과도하게 먹은 뒤 머리가 심하게 가렵고 진물이 나 약국을 찾는 경우도 있다. 어린아이들에게 홍삼을 필요 이상으로 먹여, 감기에 걸렸을 때 해열제를 먹어도 열이 잘 떨어지지 않는 경우도 있다. 심지어는 면역이 좋아진다며 감기약, 해열제를 복용하는 중에도 계속해서 먹이는 경우도 있다.

평소에 몸에 열이 많고 고지혈증과 혈압이 있는 사람이 친구의 부탁으로 오가피를 구매해 복용했다가, 부작용으로 온몸에 발적이 돋고 눈이 충혈되고 눈의 혈관이 터진 경우도 있었다.

사람들은 건강에 관심이 많다. 특히 정력에 대한 관심이 지대하다. 한약, 홍삼, 오가피, 흑마늘 등 보양제, 보기제를 찾는 사람이 많고, 대부분의 가정에서 한 가지씩은 먹는 것 같다. 건강을 위해 건강식품을 먹는 것은 좋지만, 무분별하게 먹게 되면 그에 따른 부작용도 만만치 않다는 것이다.

환자들, 소비자들은 건강과 질병에 대해 왜곡되거나 잘못된 지식을 알고 있는 경우가 많다. 요즘은 인터넷을 통해 많은 정보를 얻는데, 그중에는 옳은 것도 있지만 그렇지 않은 정보도 걸려지지 않은 채 범람하고 있다. 양약은 독하니까 먹으면 안 되고 한약은 괜찮다고 한다든지, 양약은 오래 먹으면 독소가 몸에 쌓이니까 혹은 간에 좋지 않으니까 안 되고 건강식품은 괜찮다고 생각한다든지 하는 내용들이 그렇다.

건강식품은 먹어도 부작용이 없다고 하는 사람들이 있는데 사실은 그렇지 않다. 대부분의 건강식품은 식사로 부족한 영양을 채워 주기 때문에 인체에 유익하지만, 개인의 기질 특이성이나 몸의 상태에 따라 먹어도 그만인 사람도 있고, 건강식품을 먹어서 오히려 몸에 심각한 알레르기 반응이나 부작용이 생길 수도 있다. 건강한 삶을 바라는 것은 누구나 원하는 것이지만 건강식품을 무분별하게 또는 잘못된 정보에 의거해 섭취하면 오히려 건강을 해칠 수 있다.

약국에서 소비자들이 찾는 식품 중에는 건강식품과 건강기능식품이 있다. 건강식품 중 식약처로부터 효과에 대한 기능성을 인정받은 것이 건강기능식품이다. 그 특성이 의약품과 식품의 중간에 속해서 식품같이 인체에 필요한 영양소를 공급하는 데 아주 적합한 물질이며, 생체 조절 기능이 있기 때문에 의약품의 대용으로 활용되기도 한다. 이러한 건강기능식품은 정상적인 섭생에서 부족한 영양소를 보충해 주는 물질이다. 즉 질병을 직접 치유하려는 의도보다는 질병을 예방하려는, 질병에 노출되지 않게 하려는 의도가 있는 물질이라고 할 수 있다.

우리 사회에서 전문가적 식견으로 건강식품의 개념을 소비자에게 전달하고 개인의 건강 상태에 따라 각 물질의 특성에 맞게 선택해 줄 수 있는 사람은 바로 약사다. 약국을 찾는 환자와 충분한 상담을 통해

:: 필자는 약사가 참 멋진 직업이라고 생각하고,
약사로 살아간다는 것을 감사히 여긴다.

옳은 건강식품을 분별할 수 있도록 도와주어야 한다.

우리나라는 OECD 국가 중에서도 인구 고령화가 빠르게 진행되고 있다. 앞으로 노인 인구가 늘어나면 건강 관련 산업이 발달하고 건강식품에 대한 요구도 한층 커질 것이다. 그만큼 약사들의 사회적 역할이 요구된다.

약국에서 건강 관련 제품을 상담·구매할 때

고객이 약국에서 제품을 구매하거나 건강 상담을 할 때 몇 가지 확인해야 하는 것들이 있다. 특히 본인의 컨디션이 어떤지, 피부의 상태나 분비물의 상태 등을 확인해야 한다.

몸에서 배출하는 분비물인 대변, 소변, 땀 등의 비정상적인 분비 현상은 몸의 현재 컨디션을 대변한다고 할 수 있다. 몸에서 비정상적으로 열이 나는지, 만성 빈혈에 노출되어 있지는 않은지, 몸에 통증이 있는지, 있다면 어느 부위에 느끼는지, 육체적·정신적으로 스트레스를 받는지, 병원에서 처방으로 먹고 있는 약은 어떤 종류의 것인지 등을 확인한다.

몸에 좋다고 건강식품이나 비타민류를 무조건 먹는 것은 좋지 않다. 그러한 제품을 선별해 주는 것은 약사의 상담이 필요한 부분들이다. 대변은 시원하게 보는지, 하루에 몇 번인지 며칠에 한번인지, 냄새가 심하지는 않은지, 만성 변비나 설사가 있지는 않은지, 소변은 시원하게 보는지, 하루에 몇 번이나 보는지, 자다가 소변 때문에 깨지는 않는지… 하나같이 자기 몸에서 일어나는 현상을 조금만 신경 쓰면 알 수 있는 상식적인 내용들이다. 이러한 상식을 근거로 몸의 상태에 적합한 제품을 권장하거나 선택하게 하는 것이다.

몸에 필요한 필수 지방산을 구매하더라도 몸의 컨디션에 따라 오메가3 제품이 유익할 수도 있고 오메가6 제품이 적절할 수도 있다. 홍삼을 복용해야 건강을 챙길 수도 있고 홍삼이 오히려 건강을 해칠 수도 있는 것이다. 글루코사민 같은 경우도 근육이나 관절에 영양제로 작용할 수도 있지만, 당뇨 환자가 복용할 경우 혈당을 높일 수 있다. 비타민의 경우에도 종합 비타민을 복용해야 할지 항산화제를 복용해야 할지 등에 대해서도 약사의 상담이 필요한 부분이라고 할 수 있다.

약사는 참 멋진 직업

주민들이 건강에 문제가 생겼을 때, 몸이 불편할 때 가장 먼저 찾는 곳은 병원보다는 약국이다. 동네 주민들은 약사에게 큰 거부감 없이 쉽게 찾아온다. 약국이 주변에 많이 있어 접근성이 좋은 것도 있지만, 건강에 관련한 이야기나 궁금한 것들을 쉽게 털어놓고 상담한다.

약국은 몸이 병든 사람, 마음이 아픈 사람이 약사에게 자기의 건강에 관해 스스로 얘기하고 아픈 곳을 치유해 가는 공간이며, 그에 필요한 물질을 제공받는 곳이라고 할 수 있다.

따라서 약사는 약만 파는 것이 아니라 마음도 판매해야 한다. 찾아오는 주민과 사랑을 나누고 소통하는 곳이 약국이며, 그러한 사회적 역할을 하는 직업이 약사다. 약사는 병원 처방에 의한 복약 지도나 일반 의약품 복약 지도뿐 아니라, 기타 건강에 관련된 의문점이나 생활 요법에 대한 얘기도 들어 주고 상담해 줘야 한다. 인생 상담까지도 말이다.

나는 선천적으로 친근한 성격이거나 사회성이 뛰어난 사람은 아니다. 그러나 주변 사람들, 특히 환자들과 친해지고 터놓고 얘기하려고 노력한다. 약 이야기뿐 아니라 평소의 건강 문제, 먹거리 문제 등도 쉽고 가볍게 얘기하고자 한다.

세상에는 많은 직업이 있다. 본인의 직업에 만족하는 사람도, 그렇지 못한 사람도 있을 것이다. 따뜻한 마음으로 약국을 찾는 환자와 소통할 수 있는 사람에게는, 약사가 참 멋진 직업이라고 생각한다. 다행히 나는 약사로 살아간다는 것이 감사할 때가 많다. 모든 인간이 누려야 할 소중한 가치인 건강에 대해 상담해 주고 그와 관련한 정보를 서로 나눈다는 것은 더없이 소중한 일이다.

그래서 언뜻 보면 좁은 공간에서 끊임없이 반복되는 일상만이 존재할 것 같은 약국에서도 오늘은 무슨 일이 있을까 기대하는 것이다.

약의 품질, 내 손안에 있다

| 노종화 |

1974년생. 1998년 성균관대학교 약학과를 졸업하고, 동 대학원에서 유기생약 전공으로 석사와 박사 학위를 취득했다. 2000년부터 태평양제약 중앙연구소에 전문연구요원으로 근무했으며, 현재는 같은 회사에서 품질 부서 책임자로서 일하고 있다.

"도대체 이 약 품질 관리를 어떻게 하는 거야? 이런 제품을 출하시키면 어떡해! 품질 관리를 하는 거야, 마는 거야? 원인을 파악해 전화 주세요. 당장!"

의약품 품질 관리 관련 법률에 대한 교육을 받기 위해 공장을 떠나 서울로 가는 길에 회사 마케팅 부서로부터 한 통의 전화가 걸려왔다. 받자마자 들려오는 흥분된 목소리에, 순간 정신이 번쩍 들었다. 그러고 는 곧바로 길게 한숨을 쉬었다. 가장 먼저 든 생각은 바로 이것.

'나도 약사인데….'

품질 관리를 맡고 있는 약사로서 우수한 품질의 의약품을 공급하기 위해 애쓰는 것은 너무나도 기본적인 일이었다. 약사 본연의 가치를 훼손당한 듯한 기분에 씁쓸했다.

일은 그 전날부터 터졌다. 약국에서 우리 공장 제품에 대한 클레임이 제기됐다며 본사 마케팅 담당자가 전화한 것이다. 클레임의 내용은 제품의 성상(性狀, 성질과 상태)이 하얗게 변했다는 것이었다.

외근으로 공장을 비우고 있던 터라, 마케팅 담당자에게는 우선 제품을 교환해 줄 것을 요청하고, 부랴부랴 사무실에 전화를 걸어 '보관품'과 물류 창고에 있는 제품들을 확인하도록 지시했다. 보관품은 출하되는 제품과 동일한 것으로, 이렇게 제품에 문제가 발생했을 때를 대비해 확인용으로 제조회사에서 보관하는 검체다. 다행히 보관품과 출하중인 제품에는 이상이 없었다. 다음 날 성상이 하얗게 되는 원인을 찾기 위해 몇 가지 시험을 지시하고 교육을 받으러 가는 중에 문제의 전화를 받은 것이다.

이틀간의 교육을 받고 회사로 돌아와 해당 제품을 실험해 보았다. 성상이 변한 것은 과도한 습기 때문이었고, 제품 품질에는 이상이 없는 것으로 확인되었다. 클레임 관련 조사 보고서를 작성하고, 해당 내용을 마케팅 부서를 통해 약국으로 전달될 수 있도록 했다. 그 이후 클레임을 제기한 약국에서는 더 이상의 문의는 오지 않았다.

전문연구요원으로 시작된 제약회사와의 인연

이곳은 태평양제약 안성 공장.

학부를 마치고 대학원에서 석사 과정을 끝내고는, 군 복무 대신 제약회사 연구소에서 전문연구요원으로 일하는 길을 택했다. 의무 근무기간이 끝나자 회사에서는 품질 부서 책임자로 계속 근무하는 것이 어떻겠느냐는 제안을 해 왔고 이에 응하게 된 것이 지금까지의 인연으로 이어졌다.

제약회사에는 법적으로 약사를 관리자로 두게 돼 있다. 의약품을 생산하는 공장에는 제조 관리를 책임지는 약사, 품질 관리를 책임지는 약사, 이렇게 2명이 반드시 있어야 한다. 이 외에도 의약품 도매업을 위한 도매 관리 약사 1명, 의약외품을 생산하는 경우에는 의약외품 제조 관리 약사 1명이 필요하다. 제조 부서 책임자는 제조 공정 관리, 제조 위생 관리 및 보관 관리를 책임지고, 품질 부서 책임자는 원자재, 반제품 및 완제품의 품질 관리, 품질 보증을 책임진다.

의약품 원료 입고에서 제품 출하까지

제약회사 공장에서 의약품을 생산하기 위해서는 GMP를 따라야 한다. GMP는 우수한 품질이 보증되는 의약품을 생산하기 위해 지켜야 할 최소한의 규범으로, 제조 관리, 제조 위생 관리, 보관 관리, 시설 관리, 품질 관리, 문서 관리 등 의약품의 생산과 연관된 모든 과정에 적용된다.

의약품을 제조하기 위해서는 GMP에 따라 원료와 부자재의 입고부터 제조, 포장 및 제품의 출하까지 철저한 관리가 이루어져야 한다.

의약품 생산에 사용되는 모든 원료와 부자재는 각각 별도로 마련된 시험 기준을 통과해야 사용할 수 있다. 따라서 원료와 부자재를 구입하면 품질 관리 부서가 나서서 원료와 부자재의 검체를 채취해 시험을 진행한다. 주성분의 경우 성상과 순도, 함량 등을 확인하고 건조 감량, 유

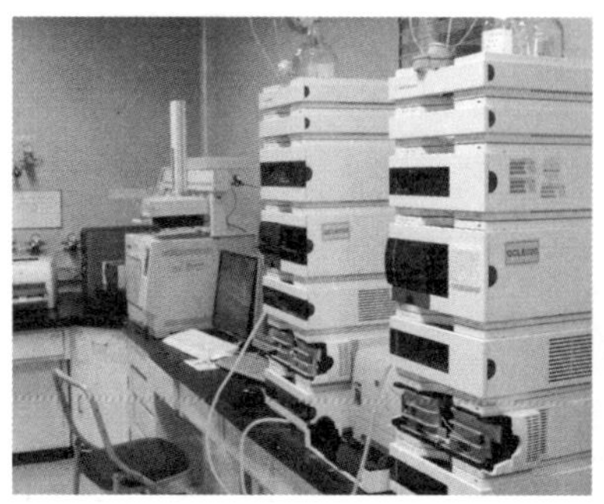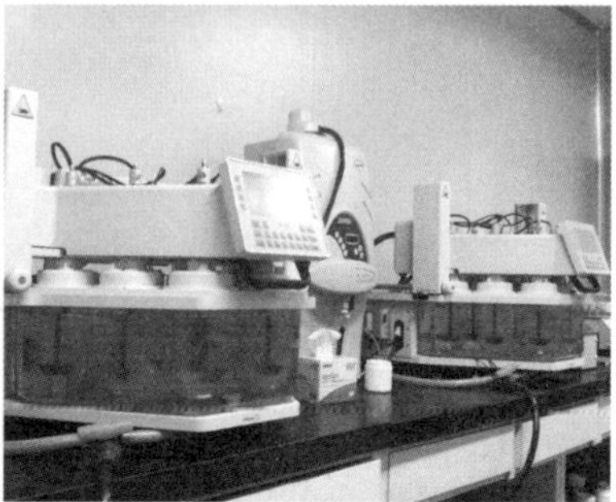

:: 제약회사 품질 관리 시험실에 가장 많이 쓰이는 기기인 HPLC(고속 액체 크로마토그래피, 왼쪽 사진 가운데 오른쪽)와 GC(기체 크로마토그래피, 왼쪽 사진의 왼쪽). 오른쪽 사진은 정제에 들어 있는 유효 성분이 정해진 시간에 용매로 녹아 나오는 정도를 알아보는 데 사용하는 용출 시험기.

연 물질 등의 시험을 한다. 이 중 가장 기본적인 것은 성상인데, 가장 기본적이다 보니 의외로 많은 시험자가 쉽게 놓친다. 실제로 제일 먼저 성상을 확인하지 않으면, 성상 이외의 모든 시험 항목을 다 완료하고 난 후에 원료가 허가받은 성상과 색깔이 다른 것이 뒤늦게 확인되어 부적합 판정을 받는 경우도 종종 있다. 이렇게 제품 생산에 필요한 원료 및 부자재의 품질 관리 시험이 완료되면, 품질 부서 책임자의 최종 승인을 거쳐 입고가 완료된다.

입고가 완료된 원료는 허가받은 원료 약품 분량에 따라 전체 제조 단위에 맞게 작성된 제조 지시서에 의해 제조 부서 책임자가 작업을 지시하게 된다.

흔히 접할 수 있는 정제(알약)의 경우, 칭량실에서 원료의 무게를 잰 다음 원료별로 체를 쳐서 입도를 고르게 한 뒤 결합액을 섞어 반죽한다. 이 반죽을 다시 일정한 크기의 체에 통과시켜 과립을 만들고 커다란 건조기에 넣어 건조시킨다. 그다음으로 과립이 어느 정도의 수분을 함유하고 있는지 '건조 감량'을 측정해 파악한다. 이어서, 이 과립을 일정한 모양으로 만드는 '타정' 과정을 거치는데, 일부 정제는 복용하기 쉽게 하거나 유효 성분의 분해를 막기 위해 코팅 과정을 더 거치기도 한다.

과립, 타정, 코팅 등의 제조장은 기계 하나마다 방이 별도로 돼 있다. 회사에 처음 입사해 제조 현장에서 교육을 받았을 때, 똑같은 문을 가진 여러 개의 방 때문에 미로 같은 제조장에서 밖으로 나가는 문을 찾지 못하고 이리저리 헤맨 적이 있었다. 이런 내 모습이 현장 작업자가 보기엔 어이가 없었는지 씨익 웃으면서 나가는 문을 가르쳐 주었던 것이 아직도 생생하게 기억난다.

이렇게 타정이나 코팅이 완료된 정제들은 선별 작업을 거쳐 일정한 단위로 포장한다. 여기까지 통과한 것을 '완제품'이라 하는데 바로 출하되지 않고 품질 관리 시험을 실시한다. 정제에 대한 완제품의 시험 항목에는 일반적으로 성상, 확인, 함량, 용출, 순도 시험 등이 있다. 이 중 확인은 제품에 들어 있는 유효 성분 등을 그 특성에 따라 확인하는 시험, 함량은 유효 성분의 함유량을 알아보는 시험이다. 용출은 정제에 든 유효 성분이 정해진 시간에 용매로 녹아 나오는 정도를 알아보는 시험으로, 약효를 나타내기 위해서는 체내에서 약물이 녹아야 하므로 생체 내 이용률을 알아보기 위한 예비 시험의 성격을 가진다. 순도는 제조 공정 또는 보관 중에 유효 성분이 분해되어 발생되는 유연 물질이나, 혼재가 예상되거나 유해한 혼재물을 시험하기 위해 실시한다.

이 모든 과정을 거친 뒤, 품질 부서 책임자가 생산에서 작성된 제조 기록과 품질 관리 시험 기록을 검토해 문제가 없는 경우에만 제품을 출하하도록 승인한다.

"품질 부서 책임자, 어렵지 않아요~"

품질 부서 책임자가 되고 얼마 지나지 않아 당시 식약청의 감사를 받은 적이 있었다. 2명의 식약청 담당자가 회사를 방문해 하루 종일 현장 실사와 서류 실사를 실시했다. 다행히 모든 실사를 무사히 마치게 되었고 최종 결과를 보고하는데, 식약청 담당자가 "품질 부서 책임자, 힘들지 않으신가요?"라고 물어 왔다. 그 당시에는 품질 관리에 대해 아직은 잘 모르는 상태라 "다른 분들이 많이 도와주셔서 어렵지 않게 하고 있습니다." 정도로 대답했던 것으로 기억난다.

보통 품질 부서 책임자라 하면 그 분야에서 어느 정도 연륜이 있는 이들이 하는데, 내가 너무 어려 보여서 그런 질문을 한 것 같다. 그런데 어렵지 않게 하고 있다고 대답했으니, 속으로 좀 어이없지 않았을까?

실제로 품질 부서 책임자로서 약 8년간 근무하고 있는 지금에 와서 보니 의약품 품질 관리를 한다는 것이 아직도 어렵고 힘들게 느껴진다. 질병을 낫게 해야 할 약이 잘못 만들어지면 오히려 병을 더 키우거나 독으로 작용할 수도 있다는 생각에 늘 긴장의 끈을 놓을 수 없기 때문일 것이다. 그래서 시간이 지나고 연륜이 쌓일수록 오히려 더 정확하고 철저하게 관리해야 한다는 책임감이 더 커진다. 그래도 나의 최종 승인이 있어야만 우리 회사에서 만든 의약품이 환자의 손에 갈 수 있다는 생각에 자부심과 긍지도 느껴진다. 실제로 약국에 진열된 우리 회사 제품들을 보게 되면 나도 모르게 마음이 뿌듯해진다.

:: 품질 부서 책임자로서 제품의 최종 출하 승인을 위해 '제조 및 품질 기록서'를 검토하고 있는 필자.

회사에서 이룬 약학 박사의 꿈

제약회사에서 전문연구요원으로 근무한 약사는 의무 근무 기간이 끝나면 회사를 그만두고 일선 약국으로 나가는 경우가 많다. 회사에서는 열심히 키운 인력이 나가 버리는 것이므로 큰 손실이 발생한다. 이에 대한 자구책으로 전문연구요원이 끝날 무렵 한 단계 위로 승진시키기도 하고 박사 학위 과정을 지원해 주기도 한다.

내 경우가 그랬다. 난 회사생활이 마음에 들어 전문연구요원을 마치고도 계속 남아 있게 되었고, 회사에서도 더 나은 미래를 위해 박사 학위 과정을 지원해 주었다. 회사는 학비는 물론, 따로 시간을 내 학교 수업을 들을 수 있게 배려해 주었다. 개인적으로 정말 큰 혜택이 아닐 수 없었다. 그 덕분에 대학원을 졸업한 지 6년 만에 다시 공부를 시작해 박사 학위를 받을 수 있었다.

초등학교 6학년 때, 대통령, 과학자, 의사 등을 장래 희망으로 적어 내는 친구들 사이에서 나는 '약학 박사'라고 적어 냈다. 약학에 대한 특별한 꿈이 있어서는 아니었다. 친한 친구 중에 아버지가 약사인 아이가 있었는데, 그 친구 집에 놀러 갈 때마다 부러웠다. 약국과 연결된 안채, 커다란 탁구대가 있던 2층, 당시에는 보기 힘들었던 애플 컴퓨터가 놓인 친구 방. 그러나 무엇보다, 학교를 마치고 집에 가면 늘 부모님을 뵐 수 있다는 점이 부러웠다. 우리 부모님은 맞벌이를 하셔서 방과 후에 집에 가면 형과 함께 매일 부모님을 기다려야 했다. 이런 내게 '약사'라는 직업은 선망의 대상이었다.

회사에 입사한 지 어느덧 10여 년이 흘렀다. 그동안 좋은 사람들과 인연을 맺고 나의 소싯적 꿈이었던 약학 박사의 꿈도 이루게 되었다. 더욱 안전한 의약품이 세상에 나올 수 있도록 내 본연의 업무를 더욱 열심히 해서, 후배들에게 그동안의 경험을 나눠 주고 많은 기회를 줄 수 있게 노력하고자 한다.

'약국가로 나갈까, 제약회사에 근무할까' 고민하는 후배들에게

약대에서는 일반적으로 학부를 마치기 전에 방학 기간을 이용해 약국, 병원, 회사, 공무원 등 졸업 후 진로 모색을 위한 다양한 실습 프로그램을 운영한다. 내가 박사 과정을 시작하던 시기에 학교 후배들을 우리 회사에서 실습할 수 있도록 하는 프로그램이 있었다. 실습 교육의 일정과 실습생 관리는 모두 내 담당이었다. 공장 전체의 온습도 및 환경을 관리하는 공무 부서, 의약품을 제조하기 위한 원료 및 자재를 공급하는 지원 부서, 생산 부서, 품질 관리 부서, 의약품의 최종 출하를 관장하는 품질 보증 부서 등 각 부서에서 하는 일들을 조금이나마 경험할 수 있도록 교육 일정을 마련했다.

한번은 이런 실습 프로그램을 경험한 후배가 우리 회사 마케팅 부서에 입사한 적이 있었다. 그 후배는 고맙게도 "선배님과의 실습 때 회사에 대한 좋은 이미지를 갖게 돼 입사했습니다."라고 말해 주었다. 지금도 마음이 뿌듯하고 가끔 회사 동료들에게 자랑하기도 한다.

언젠가 한 후배가 "선배님은 왜 약국에 가지 않으시고, 계속 회사에 계신가요?"라고 질문한 적이 있었다. 답을 하기 전에 먼저 후배들에게 "약대에 진학한 이유가 뭐니?"라고 되물었다. 약국을 하기 위해 약대에 들어 왔다는 후배는 한 명도 없었다.

사실 나는 약국을 하려고 약대에 진학했으나, 회사 생활을 경험하며 약국에 대한 생각을 접은 경우였다. 경제적인 측면에서 약국과 회사를 비교하면, 학교를 졸업하고 바로 약국을 운영하면 회사에서 신입 사원이 받는 월급보다는 돈을 더 많이 벌게 되는 것은 사실이다. 그런데 투자 대비 효과 차원에서 둘을 비교해 보자. 약국을 운영하는 경우 최소 하루 12시간 정도와 토요일에도 근무해야 하며 일요일과 공휴일 정도만 쉴 수 있을 뿐이다. 그러나 회사는 하루 8시간, 주 5일 근무를 하고 휴가도 약국보다는 자유롭게 쓸 수 있다. 물론 일이 많아 잔업을 하고 특근(쉬는 날 근무)을 하는 경우도 있긴 하지만, 약국보다는 적은 시간을 투자하는 것이다. 이러한 것은 분명 회사를 다니는 이점이다.

그러나 후배들에게는 좀 더 근본적인 고민을 해 보라고 하고 싶다. 자신이 진짜로 하고 싶은 것이 무엇인지 스스로에게 질문해 보라는 것. 약국에서 환자에게 올바르고 정확한 복약 지도를 하는 것이 좋은가?

아니면 부작용이 없고 효능은 뛰어난 의약품을 만들고 싶은가? 아니면 여러 사람들과 함께 일하며 자신의 능력을 인정받고 싶은가? 이런 질문을 통해 자신이 진정 하고 싶은 일을 찾아보는 것이 가장 중요하다.

약대생이 군 복무 대신 전문연구요원으로 근무하기 위해서는 다음과 같은 방법이 있다.

첫 번째는 석사 이상의 학위를 취득한 사람 또는 공익근무요원 소집 대상 중 학사 학위를 취득한 사람이 지정업체로 지정된 제약회사 연구소에서 전문연구요원으로 근무하는 것이다. 지정업체 연구소의 전문연구요원은 매년 병무청에서 연구소마다 배정한 인원에 한해 편입이 가능하고, 약대생이 아닌 다른 전공의 사람도 지원할 수가 있으나, 제약회사의 경우 회사 특성상 약대 졸업생들을 선호한다. 일반적으로 2월 졸업생의 경우 졸업 전년도에 석사 학위 예정자로서 회사에 먼저 입사하게 되고, 입사 후에 석사 학위를 취득해 전문연구요원으로 편입되므로, 간혹 미리 입사한 회사에서 전문연구요원을 배정받지 못하는 경우엔 전직하게 되는 일이 발생할 수도 있다.

두 번째는 지정업체로 선정된 학교 연구소에서 박사 학위 과정을 수학하는 것인데, 자연계 대학원 박사 과정 전문연구요원의 인원이 제한되어 있어 별도의 시험을 통해 정해진 인원만 선발된다. 이 시험은 박사 과정에 입학한 후에 응시할 수 있으므로 간혹 시험에 떨어진 경우엔 본의 아니게 학교를 자퇴하고 다시 제약회사 연구소로 가는 경우도 발생한다.

전문연구요원의 복무 기간은 (2013년 현재) 36개월이다.

약국 경영의
새로운 패러다임

| 정국현 |

1963년 서울 출생. 성균관대학교 약학대학을 졸업하고 약학 박사, 경영학 박사 학위를 취득했다. 현재 도곡
메디칼약국 대표약사다.

"안녕하십니까? 좋은 아침입니다."

오전 9시 약국 업무가 본격적으로 시작되기 직전이다. 대표약사에
서 근무약사와 일반 직원까지 30명 가까이 되는 약국 식구가 한자리에
모였다. 서로의 얼굴을 볼 수 있도록 원형을 이룬 채 서서 이 구호를 외
치고 정중하게 머리를 숙여 인사한다. 밝은 미소로 서로의 안부를 묻기
도 하는 시간. 이렇게 도곡메디칼약국의 하루가 시작된다. 우리 약국은
종합병원 근처에 위치한, 흔히 말하는 문전약국이다.

아침 인사를 하는 이 순간은 약국 대표약사가 지시사항을 전달하는
조회 자리이기도 하지만, 근무약사와 직원들에게는 마음을 전하는 인
사로 환자를 응대하도록 하는 교육과 훈련의 장이 되기도 한다. 매일 1
명씩 돌아가며 구호를 선창하면 다른 사람들이 따라 하는 식이다. 처음

에는 항공기 승무원들이 하듯이 모범적이고 규격화된 인사법으로 통일하려고 했다. 그러나 시간이 지날수록 근무자 각자의 개성에 맞게 인사하는 것이 더욱 자연스럽고 진심을 잘 전달할 수 있다는 것을 깨달았다. 그래서 선창하는 사람에 따라 예쁘게, 귀엽게, 씩씩하게, 정중하게, 얌전하게, 차분하게, 명랑하게 등등 다양한 인사를 하게 되었다. 인사하는 마음이 전해진다면 인사 형태가 조금 다르다고 문제가 되지는 않기 때문이다.

우리 약국이 근무자들 간의 아침 인사로 하루를 시작하는 것은 그만큼 첫인사가 중요해서다. 약사의 업무는 환자를 만나는 첫 순간부터 시작되는데, 이때 약사의 마음이 먼저 환자에게 전해져야 한다. 환자와의 감성적 공감이 있어야 약사의 지식이 믿음직하고 효과적으로 전달되고, 그럼으로써 약의 효과가 최대한 발현될 수 있기 때문이다. 지식보다 마음이 먼저인 것이다.

열정 가득한 동네약국 시절

처음에는 나도 다른 약사들처럼 동네약국으로 출발했다. 약사면허를 취득한 후 어렵게 작은 동네약국을 열었다. 아침부터 밤늦게까지 이어지는 고된 생활이었지만, 작은 약국을 열 만한 돈도 없어 지인에게 빚을 내 문을 연 터라 열심히 할 수밖에 없었다. 가진 것도 없고 경험도 부족했지만 오직 잘할 수 있다는 자신감과 열정만으로 가득 찼던 시절이었다. 환자나 고객을 상대하기가 힘들고 스트레스를 받을 때마다, 주저앉기보다는 어떻게 하면 내 실력을 발휘해 더 나은 결과를 만들 수 있을까에 대한 고민이 앞서던 때였다.

이런 성실함과 약사로서의 사명감 때문이었을까? 약국은 조금씩 성장해 갔고 경제적으로도 여유가 생겼다. 약국을 경영하면서도 틈틈이 공부한 덕분에 약학 박사 학위까지 취득했다.

남들보다 한발 빠른 고민이 오늘을 있게 했다

그러던 중 2000년 대한민국 의약 역사에 대전환이 일어났다. "진료는 의사에게, 약은 약사에게."라는 구호로 대표되는 의약분업의 시작이었다.

우리나라에서는 서양의학과 약학이 도입된 이래 오랫동안 의사가 환자에게 약을 직접 조제·투약했고, 약사 역시 상담을 통해 환자의 질병을 직접 판단하고 조제·투약하는 관행이 지속되고 있었다. 그런데 의약분업은 의사는 진찰과 처방전 발행을 통해 환자의 진료에만 집중하고, 약사는 의사의 처방전에 의해서만 조제하도록 한 것이다. 이는 보건·의료 체계에 획기적인 전환을 불러일으켰다.

의약분업의 시행을 통해 의사와 약사는 본연의 직능과 역할로 거듭 태어나게 되었다. 즉 의사와 약사가 각자 자신의 전문 영역을 찾게 되었으며, 의사의 처방을 약사가 감시해 약의 오·남용과 과잉 투약을 방지하고, 의약품의 부작용으로부터 환자를 보호하는 것이 가능해졌다.

나는 의약분업이 시행되기 이전부터 우리나라가 의와 약이 철저하게 분리되지 못하고 혼재되어 있어 혼란스럽고 불합리한 면이 존재한다고 생각했다. 그래서 시간이 지날수록 의약분업에 대한 요구가 커질 것이라 보았다. 자연스럽게 남들보다 한발 앞서서 의약분업 후의 상황들에 대해 보다 구체적으로 고민하기 시작했다. 그 결과 미래의 약국약사의 역할은 약사 본연의 직능이라고 할 수 있는 복약 지도가 중요시되는 처방 조제가 대세가 되리라 판단했다.

'그렇다면 처방전을 안정적으로 수용할 수 있는 종합병원 근처가 약국 입지로 유리하지 않을까?' 생각했고, 서울과 경기도에 소재한 종합병원들을 위주로 남들보다 먼저 약국 자리를 찾아다녔다. 그 결과 현재의 상급 종합병원 근처를 최종적으로 선택했다. 당시에도 잘되고 있던 동네약국을 떠나 의약분업의 시행 여부가 여전히 불투명하던 상황에 문전약국을 연 것은 과감한 결단이었다.

역시 의약분업은 보건·의료계에 거대한 태풍을 불러일으켰다. 의약분업에 대한 대비가 제대로 이루어지지 못한 분야들이 속출하며 혼란이 극에 달하는 이른바 '의료 대란'이 일어났다. 우리 약국도 그 혼란의 정점에서 위기를 넘기기에 급급했다. 그러나 달도 차면 기울듯이 의약분업과 연관된 모든 분야 사람들의 각고의 노력으로 혼란은 잦아들었고, 현재와 같은 안정기에 이르렀다.

효율성과 전문성의 두 마리 토끼를 잡아라

13년 전 겁도 없이 시작한 우리 약국은 지금은 근무약사와 직원을 모두 합해 30여 명이 하루 수백 건의 처방전을 수용하는 대형약국으로 성장했다. 그렇다 보니 주변으로부터 약국 경영 비결을 묻는 질문을 많이 받는 편이다.

그런 질문에는 "약국 특히, 문전약국은 처방 조제에 집중하는 만큼 다른 약국들이 따라올 수 없는 차별화된 강점을 충분히 발휘하고 경영 효율화를 추구해야 경쟁력을 갖출 수 있다."라고 답한다.

그렇다면 환자들이 약국을 꾸준히 찾을 수 있게 만드는 방법에는 무엇이 있을까?

우리 약국은 반드시 복약 설명서를 첨부해 복약 서비스를 한다. 환자가 약국을 찾는 가장 중요한 목적이 무엇인지를 생각해 보면 충실한 복약 설명서 제공과 철저한 복약 지도가 약국을 계속 방문하도록 만드는 강력한 유인임을 알 수 있다. 우리 약국은 복약 설명서 배포를 위해 컬러 프린터를 3대 들여놓기까지 했다.

많은 처방전을 소화하려면 조제도 신속하게 이뤄져야 한다. 이를 위해서는 업무 동선을 효율적으로 설계해야 하고 효과적인 조제 시설이 필요하다. 특히 처방 조제에 필요한 컴퓨터와 소프트웨어, ATC 등 다양한 조제 기기와 도구를 이용하는 것이 중요하다. 단순한 작업에 낭비되는 약사의 노동력을 기계로 대체해야 약사가 복약 지도와 건강 상담에 집중할 수 있기 때문이다. 조제 기기가 발전하면 할수록 약사는 육체적이고 단순한 업무에서 벗어나 환자와 직접 만나 소통하는 업무를 전담할 수 있으리라 생각한다.

의약분업 이후 문전약국도 처방 조제에만 전념할 수 없는 상황이 되었다. 해당 병·의원에 맞는 특화된 제품(예를 들어, 의료 기기나 건강기능식품)들로 구색을 갖춤으로써 처방 조제 위주의 경영에서 탈피하고 문전약국으로서의 강점을 최대한 살려야 한다. 근무약사 역시 처방 조제에 의한 복약 지도 능력뿐 아니라 일반의약품과 건강기능식품 등 약국에 존재하는 모든 제품에 대한 지식과 상담 능력을 함께 갖추어

:: 필자의 약국에 들여놓은 ATC의 모습.

야 하는 것은 물론이다.

근무약사는 약국의 재산

문전약국에서는 효과적이고 효율적인 약사 노동력의 활용이 관건이다. 따라서 숙련된 처방 조제와 복약 지도 능력을 두루 갖춘 근무약사를 확보하는 것이 무엇보다 중요하다.

약사는 약과 관련된 모든 것에 대한 지식 전문가다. 복약 지도는 약사 직능의 시작이자 완성이며, 약사의 의무이자 환자의 권리에 해당한다. 무엇보다 약사가 복약 지도를 어떻게 하느냐에 따라 환자의 약물 치료가 직접적인 영향을 받는다. 따라서 약사에게 환자의 눈높이에 맞는 복약 지도를 세련되고 이해하기 쉽게 설명해 줄 수 있는 표현 능력이 반드시 필요하다.

그래서 우리 약국에서는 이에 대한 원칙을 세웠다. 새로 근무약사가 들어오면 곧바로 복약 지도에 나서게 하지 않는다. 경력이 없는 새내기 약사라면 3개월을, 경력이 있는 약사라도 1개월 정도는 복약 지도 트레이닝을 받아야 한다. 우리 약국은 전문의약품의 조제와 관리 노하우를 '메디칼약국 약사 업무 매뉴얼'이라는 한 권의 책으로 만들었다. 약사들은 이 매뉴얼을 익힌 뒤에야 환자 앞에 설 수 있다.

우리 약국은 한 달에 한 번씩 약사들이 모여 자체 세미나를 연다. 약사들이 돌아가며 주제를 정하고 발표하고 질의응답을 통해 함께 공부한다. 이때 약국 경영 전반과 약업계의 변화에 대해서도 심도 깊게 토의한다. 또 지역 약사회나 상급 약사회에서 개최하는 연수 교육뿐 아니라 학술 모임이나 세미나가 있으면 약국에서 경비를 지원해 근무약사가 어렵지 않게 공부할 수 있는 토대를 제공하고 있다.

이러한 시스템이 정착되어 효율적으로 기능하고 있다는 사실이 외부로도 알려져, 우리 약국은 예비약사들이 실습할 수 있는 교육 현장이 되고 있다. 방학 기간이 되면 약대 재학생들이 2주가량 실습을 하러 우리 약국에 오는 것이다.

우리 약국은 근무약사와 직원의 근무 환경을 개선하기 위한 노력도 꾸준히 하고 있다. 한 달에 한 번씩 쉴 수 있는 연·월차 제도나 일주일에 한 번 일찍 퇴근할 수 있는 제도를 운영하고 있는 것도 그러한 노력의 일환이다. 이런 이유에서인지 우리 약국에는 장기근속을 하는 약사와 직원이 많은 편이다.

결국 '사람'이 제일 중요하다

약국에 근무하거나 약국을 경영하려고 하는 후배 약사들에게 나는 다음과 같은 당부를 하고 싶다.

약사 의식을 함양하라

약사에게는 법적으로 요구되는 의무 및 지켜야 할 제반 사항이 많다. 사회적으로도 약사에게 높은 사명감, 도덕성, 윤리의식, 봉사정신 등을 요구한다. 그만큼 사회에서 약사라는 위치가 중요하기 때문일 것이다. 따라서 약사에게 올바른 약사의식이 배양되지 못한다면 약사의 일상은 난관의 연속이며 고난의 시험대가 될 뿐이다. 약사 스스로가 긍정적인 의식을 적극적으로 함양하는 것이 일에 대한 보람과 생활의 즐거움을 지속적으로 유지할 수 있는 밑바탕이 된다.

끊임없이 공부하라

약사는 공부를 게을리해서는 안 된다. 약학의 발전에 힘입어 약사가 갖추어야 할 지식은 끊임없이 쏟아져 나오고 있고 날로 새로워지고 있다. 지식 반감기가 점점 짧아지고 있는 데다, 과거에는 전문가만이 독점적이고 배타적으로 가지고 있던 지식마저 이제는 일반인도 쉽게 접근할 수 있는 시대가 되었다. 따라서 약사는 약학을 평생 학문으로 받아들여야 한다. 나는 평생 공부도 습관에서 시작한다고 생각한다. 공부는 적은 시간이라도 꾸준히 하는 습관을 들이는 게 좋다.

:: 근무약사는 약국의 재산이다. 특히 문전약국에서는 숙련된 처방 조제 능력과 복약 지도 능력을 두루 갖춘 근무약사를 확보하는 것이 무엇보다 중요하다.

사람과의 만남을 즐겨라

약사에게 고객은 다툴 수도 없으며, 다투어도 이길 수 없는 상대다. 약사가 할 수 있는 일이란 고객과 약사 모두에게 유익하도록 노력하는 것이 전부다. 즉 약국은 고객에게 지식 서비스를 제공하는 장소이며, 약사는 약에 대한 지식 서비스를 제공하는 서비스 직업이다.

인테리어, 진열, 처방전 조제, 인력 관리, 구매 관리, 고객 관리 등 약국의 모든 활동이 고객 만족을 위한 것이다. 고객이 약국을 찾는 이유도 단순하게 의약품을 구매하기 위해서가 아니라 자신의 건강을 유지하기 위해서다. 즉 고객은 단순히 약을 구매하기 위해 시간과 돈을 지불하는 것이 아니다. 건강이 궁극적인 목표다.

따라서 약사는 약국 고객의 욕구를 파악할 수 있어야 하며, 약을 통해 고객이 느끼는 가치를 높여 주고 고객을 만족시켜 줄 수 있어야 한다. 이러한 과정 속에서 고객을 창출하고, 약국에 대한 고객의 충성도를 높일 수 있는 능력을 갖춰야 한다.

약국에 근무하는 약사는 사람과의 만남을 어려워해서는 안 된다. 오히려 즐길 수 있는 성품을 갖추는 것이 좋다. 사람과의 만남으로 인한 업무 스트레스를 잘 관리하고 해소할 수 있는 능력도 있다면 약국 생활은 한결 수월해질 것이다.

약국에서의 일이란 사람으로 시작해 사람으로 끝난다. 사람에 대해 끝없이 정진해야 한다.

동네약국과 문전약국

동네약국은 보통 15평 미만의 소형 약국이 대부분이며, 주택가나 아파트 단지에 분포되어 주위에서 가장 흔하게 접할 수 있는 약국 형태다. 대개 약사 1인이 근무하며, 1차 또는 지역 진료 기관 주변에 위치한다.

반면에 문전약국은 처방 조제와 판매 중 처방 조제에 많은 비중을 두고 운영되는 약국이다. 대개 병·의원 인근에 자리하거나 아예 병·의원이 위치한 건물 내에 자리한다. 이런 약국의 경우는 1개 이상의 전문 병·의원의 처방을 수용하기 때문에 처방 조제 의약품 위주로 의약품을 보유하게 된다.

문전약국은 그 특성상 인근 병·의원과 긴밀한 관계를 유지하는 것이 중요하다. 그동안 들여놓지 않았던 새로운 의약품을 병원에서 갑자기 처방할 수도 있으므로 병원 약제과 또는 영업 사원과 꾸준히 의사소통해야 한다.

4장

더 넓은 약사의 세계

캘리포니아에서
커뮤니티 약사 되기

| 윤의경 |

미국 캘리포니아 월그린 약사. 이화여자대학교 약대를 졸업하고 일동제약에서 잠시 근무하다 미국으로 건너
가 UCI(University of California, Irvine)에서 MBA를 마쳤다. 데일리팜에 '윤의경 약사의 약국 안에서'를
연재했다.

끝없이 뻗은 캘리포니아의 프리웨이를 운전하고 있으면 지금도
한국에서 태어나 자란 내가 왜 태평양 건너 이 미국 땅에서 살고 있는
지 의아하다. 인생을 경험할수록 미래는 언제나 불확실하다. 자신의 앞
날을 한 치도 내다보지 못하는 인간의 한계를 뼈저리게 절감한다.

디즈니랜드에서 '길'을 찾다

나는 결혼과 함께 제약회사에서 퇴직하고 캘리포니아로 이주했다.
미국에서 남편은 일하면서 경력을 쌓고 나는 MBA(경영학 석사)를 한
후 한국의 제약업계로 돌아가려는 계획이었다. 지금도 기억난다. 캘리

:: 2012년 7월 하와이를 방문한 필자의 가족. 미국에 몇 년만 머물기로 하고 갔지만, 우리 가족은 어느새 미국 생활에 익숙해졌고 결국 정착했다.

포니아 북부에 사는 아버지 친구분이 미국에 갓 도착한 우리 부부에게 물은 첫 질문은 미국에서 계속 살 것인지, 한국으로 돌아갈 것인지였다. 몇 년 있다가 귀국할 것이라고 답하자, 그분은 3년 이내에 거처를 결정해야 한다면서 미국에 있은 지 3년이 넘고 아이가 생기면 미국 생활을 정리하고 한국으로 들어가기가 힘들 것이라고 했다. 그런데 정말 그렇게 됐다. 미국에서 경영대학원을 다니는 동안 첫 아이를 낳고 1년을 휴학했다가 다시 1년 후에 복학했다. 아이를 낳기 전에는 미국이라는 나라가 별 매력이 없었는데, 아이를 낳고 미국 생활에 익숙해질수록 정착하고 싶어졌다.

　미국에 정착하기로 결심하기까지 여러 사건이 있었지만, 미국에 대한 첫 애착은 디즈니랜드에서 시작됐다. 갓 걷기 시작한 아이를 데리고 디즈니랜드에 가서 '스몰월드(Small World)' 성 안으로 들어가는 보트를 타기 위해 줄을 서서 기다리고 있었다. 그때 스몰월드로 장애인이 접근할 수 있는 게이트가 열리더니 디즈니랜드 직원이 할아버지가 탄 휠체어를 밀고 들어왔다. 순식간에 몇몇 직원이 보트 크기에 딱 맞게 제작된 합판을 보트에 올리고 보트와 선착장 사이를 연결했다. 그리고 합판이 덮인 보트 위로 할아버지가 탄 휠체어를 가볍게 밀어 올린 후 스몰월드로 들여보냈다. 스몰월드는 휠체어에 의존하는 장애인을 위해 이미 준비되어 있었다. 감동이었다. 상상을 초월했다. 놀라웠다. '내 아이가 이런 나라에서 자란다면 참 좋겠다.' 그 이후로 여러 일을 겪으면서 미국 이민에 대한 결심은 점점 굳어져 갔다.

약사 면허의 첫 관문, FPGEC 자격 획득하기

정착하자니 안정된 직업을 찾게 되고, 안정된 직업을 찾자니 MBA 관련 직종보다는 미국 약사가 더 확실하다고 결론지었다. 돌이 지난 아이와 함께 이미 시작한 MBA는 어쨌든 마치고 가능한 한 빨리 약사가 되려고 하니 하루하루가 고달팠다. 수업이 끝나면 각종 과제와 미팅을 끝내고 아이를 어린이집(daycare center)에서 데려온 후 저녁을 같이 먹고 함께 시간을 보낸 다음 재웠다. 아이랑 같이 누워 있다가 다시 일어나서 정신 차리고 공부하기는 어려워서, 아예 아이와 같이 일찍 자고 대개 새벽에 일어나 약사 시험공부와 학교 과제를 끝냈다.

캘리포니아에서 약사가 되려면 우선 미국 약대 졸업생과 동등한 학력을 입증하기 위한 자격시험인 FPGEE(Foreign Pharmacy Graduate Equivalency Examination)를 통과해 FPGEC 자격(Foreign Pharmacy

Graduate Examination Committee Certification)을 얻어야 한다.[*]
FPGEE는 방대한 분량의 약학 관련 지식을 테스트하는 시험으로, 객관
식에 강한 한국 사람들은 대부분 통과하는 것으로 알려져 있다. 미국
약사가 되는 과정 중 가장 쉬운 관문이 FPGEE다. 나도 쉽게 통과했다.

문제는 영어였다. MBA에 응시하기 위한 토플과 GMAT(경영대학
원 입학시험)에서 고득점을 올렸고, 예전에 한국에서 치른 토익도 거의
만점에 가까웠기 때문에 나는 영어가 걸림돌이 되리라고는 전혀 생각
하지 않았다. 지금은 토플과 TSE(영어구사능력시험)가 통합됐지만 그
당시에는 FPGEC 자격을 얻기 위해서는 토플과 TSE를 동시에 통과해
야 했다. 사실 토플은 MBA를 시작하기 전에 이미 한 번 공부한 내용이
어서 가볍게 통과했다. 미국에서 학교를 다니면서 영어로 의사소통하
는 데 별 지장이 없었기 때문에 나는 TSE도 가볍게 통과할 것으로 자만
했다. 웬걸. 첫 시험에서 보기 좋게 떨어지더니 한 달 있다가 본 두 번
째 시험에서도 똑같은 결과가 나왔다. 더 이상 안 되겠다 싶어 나름대
로 책을 몇 권 사서 TSE의 모범 답안 형식을 익히고 본 세 번째 시험에
서야 ‘겨우’ 붙었다.

영어 시험을 통과하고 FPGEC 자격을 얻고 나니 이제 인턴 자리만
구하면 되겠다 싶었는데 또 다른 문제가 기다리고 있었다. 미국 영주권
문호가 일시적으로 닫힌 것이었다. 미국에서 영주권 없이 인턴약사로
취직하려면 외딴 도시밖에 자리가 없다. 회사를 다니는 남편과 어린이
집에 있는 아이를 생각해서는 일단 영주권이 나와야 현재 사는 거주지
에서 통근이 가능한 거리에서 약사로 일할 수 있었다. 내가 취업 비자

* 1998년부터 모든 미국 약대가 5년제 이상으로 바뀜에 따라 형평성을 맞추기 위해 2003년부터 5년제
이상의 약대를 졸업한 외국인에게만 FPGEE 응시 자격을 부여하고 있다.

를 받아 남편과 별개로 영주권 수속에 들어가는 방법을 생각했으나 (지금은 바뀌었지만 그 당시 이민법에 의하면) 내가 취업 비자(H-1)의 배우자 비자(H-4)로 이미 수년간 체류한 상태였기 때문에 남은 몇 년 이내에 취업 비자를 받고 영주권을 수속하기까지 기간이 부족해서 남편을 통해 영주권이 나오기를 기다리는 수밖에 없었다. 결국 FPGEC 자격이 나온 지 3년 만에 영주권이 나왔다.

인턴 자리를 찾아 헤매다

외국 약대 졸업생뿐 아니라 미국 약대 졸업생도 체인약국에 취직하면 약사가 부족한 외딴 도시의 지점에서 시작해 근속 연수가 올라감에 따라 보다 살기 좋고 가까운 도시의 지점으로 전근을 간다. 이런 물정을 모를 당시 나는 내가 사는 동네에 인턴 자리가 있으리라는 허황된 꿈을 품고 우리 동네에서 가장 가까운 CVS 지점의 약국을 찾아갔다. 그곳 약사가 말하길, "약사가 이미 넘치는 이 동네에서 외국 약대 졸업생이 어떻게 인턴 자리를 구하겠느냐? 미국 약대에 진학하고 약대에서 배정해 주는 약국에서 인턴 시간을 채우는 수밖에 없다."라고 했다.

미국에서 약사가 되겠다고 결심한 2004년만 해도 약사 공급난이 심각해 취직이 어렵지 않다고 들었는데, 3년 새 약사 수급이 좀 나아진 모양이었다. 2008년에 약사 인력난이 해소된다는 예측이 있어 외지에는 분명히 자리가 있을 것이라고 믿고, 가까운 지역은 아예 포기하고 집에서 80~90킬로미터 떨어진 여러 체인약국 지점에 전화를 걸어 지부 총책임자(district superviser)의 연락처를 알아냈다. 체인약국 웹

사이트에 들어가 약사가 부족한 도시를 찾아낸 후, 교통 체증에 시달리지 않고 1시간 정도 운전해서 통근할 수 있는 거리에 있는 지점을 골라 타깃을 정했다. 이력서를 넣어 약사 채용 담당자와 연락이 된 곳 중, 여러 조건을 따져 본 뒤 월그린에서 인턴약사를 시작하기로 결정했다.

잊을 수 없는 인턴 첫날

내가 첫발을 들인 월그린 지점은 캘리포니아 남부에서 1일 최대 처방 건수를 처리하는 24시간 약국으로, 테크니션*만 14명이 근무하고 있었다. 내가 인턴을 시작한 첫날이 그 약국의 1일 처방 건수 기록을 갱신한 날로, 거의 1천 건에 가까운 처방전이 들어왔다. 드라이브스루(drive-thru, 자동차 전용 판매 창구)에서 시니어 테크니션으로부터 트레이닝을 받는데 클릭, 클릭, 덮어쓰기(override), 클릭, 덮어쓰기…. 도대체 뭘 하는 것인지…. 게다가 그 흔한 지팩(Z-Pak, 광범위하게 처방되는 항생제 아지트로마이신) 처방전 한 장을 타이핑할 줄 몰랐으니 직함만 인턴약사**지 테크니션보다 못한 존재였다. 전화는 쉬지 않고 울려 대는데, 전화를 받으면 도대체 환자가 무슨 말을 하는 건지, 의사는 처방전에 뭐라고 휘갈겨 쓴 건지, 수많은 보험 중에 어느 것을 택해

* 테크니션(pharmacy technician): 처방전을 입력하고 보험 문제를 처리하며 처방약을 조제·진열·판매할 수 있다.
** 인턴약사(intern pharmacist): 약사의 지도 아래 전화 처방을 받고 처방전을 전송할 수 있으며 환자와 상담할 수 있다. 테크니션이 하는 모든 일을 할 수 있다. 인턴약사가 면허를 받아 정식약사(registered pharmacist)가 되면 약국의 모든 일을 할 수 있게 된다. 정식약사는 대개 처방전이 제대로 입력되었는지 확인하고 환자의 처방 기록을 보고 약물 상호 작용 및 기타 문제를 점검하며 최종적으로 조제된 처방약을 검수한다. 또 처방약에 대해 환자, 간호사, 의사와 상담한다.

야 하는지, 환자에게 어떻게 설명해야 하는지 알 수 없었다. 인턴약사 가운만 입었지 약국에선 귀머거리, 장님, 벙어리나 마찬가지였다.

그 당시 내 지도약사(preceptor)인 약국 매니저는 똑똑하고 빠른 일처리로 유명했으나 테크니션이나 플로터 약사*에게 거칠게 대하기로도 악명이 높았다. 그 바쁜 약국에서 그 거친 약국 매니저 밑으로 외국 약대를 졸업하고 미국 물정을 하나도 모르는 인턴약사가 하나 들어왔으니 첫 3개월간은 시련의 연속이었다. 오직 필링(filling, 처방전 조제. 주로 테크니션이 함) 카운터에서만 쉴 수 있었다. 말하지 않고 조용히 약이나 세서 담을 수 있었기 때문이다.

약국 매니저와 더 이상 상대할 수도 없는 상황이 되자, 그나마 말을 트고 지내는 시니어 테크니션에게 조언을 구했다. 그 테크니션이 차라리 맞서서 약국 매니저와 담판을 지으라면서 당하고만 있을 필요가 없다고 용기를 주었다. 약국 매니저를 따로 불러 "당신의 적대적인 말투와 행동은 적합하지 않다. 나도 하루속히 업무 처리 능력을 개선하겠다."라고 했다. 이를 계기로 어느 정도 골이 해소됐고, 그때부터는 필링이나 하며 숨어 있지 않고 적극적으로 문제를 해결하기로 결심했다. 전화가 울리면 두려워하지 않고 무조건 받았다. 보험 회사든 환자든 모른다고 미루지 않고 직접 부딪쳐 끝을 봤다. 태도를 바꾸니 업무 능력이 단기간에 급속도로 향상됐다. 나를 대하는 매니저의 태도도 달라졌다.

---

* 플로터 약사(floater, 공식적으로 점잖게 multilocation pharmacist): 스태프 약사(한 지점에서 고정적으로 일하는 약사)가 되기 전에 대개 거치는 과정으로, 지부 상황에 따라 여러 지점을 다니며 일을 한다.

외국인 인턴약사, '언어 천재'로 거듭나다

드디어 테크니션과 약국 매니저에게 나의 실력을 보여 줄 날이 왔다. 한 히스패닉 환자가 약을 받으러 왔는데 약을 내주려고 보니 보험 처리가 안 돼 조제된 약 봉지에 엄청난 가격이 붙어 있었다. 그런데 보험이 있느냐고 물어보니 영어를 못한다며 스페인어로 말하기 시작하는 것이다. 그날 약국에는 스페인어를 통역해 줄 수 있는 사람이 없었다. 이 환자는 계속 스페인어로 떠들어 댔고 그 때문에 다른 환자 대기 시간도 점점 길어지기 시작했다.

나는 집에서 약국까지 매일 왕복 2시간을 운전하면서 시간도 아깝고 심심하기도 해서 스페인어 교육용 CD로 약국에서 사용하는 스페인어를 조금씩 익혔다. 마침내 이를 써먹을 수 있는 날이 온 것이다. 나는 용기를 내어 그 환자에게 더듬더듬 스페인어로 생년월일과 이름을 물었다. 보험이 있느냐고 물었더니 그 환자는 보험이 있다고 하는데 자기가 가진 보험이 무슨 종류인지 몰랐다.(저학력자가 많은 지역에서는 본인의 보험 정보를 모르는 경우가 많다.) 사회보장번호(SSN)로 건강보험(Medicare Part D) 정보를 찾아냈다. 그에 따라 보험 처리를 했더니 100달러가 넘던 처방 약값이 10달러 미만으로 뚝 떨어졌다. 처방약을 건네주며 간단하게나마 스페인어로 복약 상담을 해 주자 그 환자가 눈에 눈물이 그렁그렁해서는 "무차스 그라시아스('대단히 감사하다')."라고 하는데 나도 이민자로서 마음이 찡했다. 멕시코에서 넘어와 영어는 안 되고 먹고는 살아야겠고 얼마나 고달픈 삶이었을까.

그 사건으로 나는 업무 처리 능력을 인정받았고 약국에서 3개 국어를 하는 사람으로 알려졌다. 나중에 중국인 환자와 한자를 종이에 써

가며 소통한 일이 있고 나서는 무슨 '언어 천재(?)'인 양 취급됐다.

정식 약사가 되기 위한 마지막 관문을 통과하다

인턴약사 근무 시간은 오전 10시~오후 6시 반이어서 인턴을 하는 동안 애들을 재우고 새벽 4~5시에 일어나 보드(board) 시험 준비를 했다. 약국에서 하루 종일 떠들고 들어오면 기진맥진해 밤에는 도저히 집중할 수 없었기에 맑은 정신으로 새벽에 공부하는 수밖에 없었다.

보드 시험은 약사 면허를 따기 위한 마지막 과정으로 NAPLEX(North American Pharmacist Licensure Examination)와 CPJE(California Pharmacist Jurisprudence Examination)라는 2가지 시험으로 구성돼 있다.[*] NAPLEX는 『The APhA Complete Review for Pharmacy』로 공부하면서 각 단원별로 중요 요약 도표를 전부 복사한 후 도표 옆에 중요한 내용을 정리해 추가했다. 이 요약 도표를 중심으로 반복적으로 공부했고, 환자 프로필 문제에 익숙해지기 위해 문제집을 풀고 정리했다. CPJE는 『A Guide to California Community Pharmacy Law』로 공부했다. 보드 시험을 보기 위한 1500시간의 인턴 시간을 채우자 2주간 휴가를 내 NAPLEX와 CPJE 시험 준비를 마무리했다.

지금도 기억난다. NAPLEX를 처음 시작했을 때는 진도가 잘 나갔다. 그런데 나중에 생전 듣지도 보지도 못한 약물명과 질환명이 나오기

---

[*] 보드 시험은 대부분의 주가 NAPLEX와 MPJE(Multistate Pharmacy Jurisprudence Examination)를 보고, 몇몇 주에서는 MPJE를 자체 시험으로 대체하는데 캘리포니아에서 보는 것이 CPJE다. MPJE는 약사법만 다루는 반면, CPJE는 약물학과 약사법을 모두 응용하기 때문에 CPJE에 합격하기가 더 어려운 것으로 알려져 있다.

시작하더니, 마지막에는 에이즈 치료제와 항암제까지 등장했다. 에이즈 치료제와 항암제는 기본적인 부분만 훑어보고 더 나오면 포기하는 방향으로 공부했는데, 막판에 에이즈, 암 관련 문제가 쏟아지니 아찔했다. 어떻게 마지막 문제를 풀었는지 모르겠다. 얼마나 당황했던지 시험장에 운전면허증까지 두고 나오는 바람에, 시험장 직원으로부터 전화를 받고 부랴부랴 운전면허증을 찾으러 되돌아가기까지 했다. 1주일 있다 치른 CPJE는 NAPLEX에 비하면 시험 시간도 짧고 문제 길이도 짧아 그럭저럭 치렀지만, NAPLEX를 생각하니 하늘이 무너지는 절망감에 휩싸였다. '그동안 그렇게 열심히 일하고 공부해 왔는데 아무래도 떨어졌나 보다. 이제 어떻게 하나.'

그러나 몇 달 후 도착한 시험 결과를 보니 NAPLEX는 커트라인을 훨씬 넘은 고득점으로, CPJE는 그만큼은 아니었지만 충분한 합격점을 받아 통과했다. NAPLEX는 CAT(computer adaptive testing) 방식이기 때문에 정답을 맞힐수록 문제 난이도가 점점 올라간다. 아마 초반에 대부분의 문제를 맞혔기 때문에 막판에는 에이즈나 항암제와 관련된 고난도 문제들이 나왔나 보다. 합격 통지서를 받아 드니 눈물이 났다. 그동안 겪은 시련들이 주마등처럼 스쳤다.

처음 약사 스테이션에 선 날

정식 약사 면허를 걸고 일하기 시작한 처음 몇 달은 정신적 피로가 엄청났다. 처방전을 하나하나 리뷰(검토)할 때마다 약 용량, 약물 상호작용, 약물 오·남용, 금기, 동일 계열 약 처방 등과 관련한 DUR(drug utilization review)* 팝업 창이 떠 긴장하게 만들기 때문이다. 시간이 지날수록 의사들의 처방과 DUR 패턴을 익히게 되면서 보다 빠른 속도로 처방전을 리뷰할 수 있게 된다.

약사로서 처음 약사 스테이션에 섰던 날은 내 지도약사였던 약국 매니저가 휴가를 가고 지부에서 2명의 플로터 약사를 보낸 날이었다. 한 명은 나보다 3개월 전에 약사 면허를 땄고, 다른 한 명은 지부 내에서 업무 속도가 가장 느리기로 악명 높은 플로터였다. 그 바쁜 약국에서 처방전은 쏟아지는데 면허를 3개월 먼저 딴 약사는 내게 계속 물어보고, 나머지 한 명은 어려운 처방전이 나오면 리뷰를 하지 않고 계속 딴짓만 했다. 게다가 테크니션들은 이 약국에서 약국 매니저와 1년간 일한 내가 더 미더웠는지 모든 문제를 나한테 가져오기 시작했다. 처방전은 점점 쌓여 가고 대기 환자 줄은 길어지고 눈앞이 깜깜했다. 스스로에게 말했다.

"내가 아는 모든 지식을 동원하자. 대기 시간이 길어지더라도 당황하지 말고 필요한 정보를 찾아 정확하게 처방전을 내보내자."

그다음 날 약국에 출근하니 스토어 매니저가 나를 불렀다. 약사 첫날임에도 내가 약국을 운영한 것에 대해 높이 평가한다며 고맙다고 했다. 인턴약사 시절 초반에 어리숙한 나를 무시했던 테크니션들의 태도도 180도 달라졌다. 약사로 일한 첫날의 충격을 이겨 내고 나니 그다음부터는 웬만한 일에는 동요하지 않고 끝까지 업무를 처리할 수 있는 뒷심이 생겼다.

이제는 베테랑 약사다. 우리 지부에서 업무 처리 속도가 빠른 약사로

---

* 의약품 처방·조제 지원 시스템. 의약품 처방·조제 시 의약품 안전성과 관련된 정보를 실시간으로 제공해 부적절한 약물 사용을 사전에 점검할 수 있도록 하는 시스템.

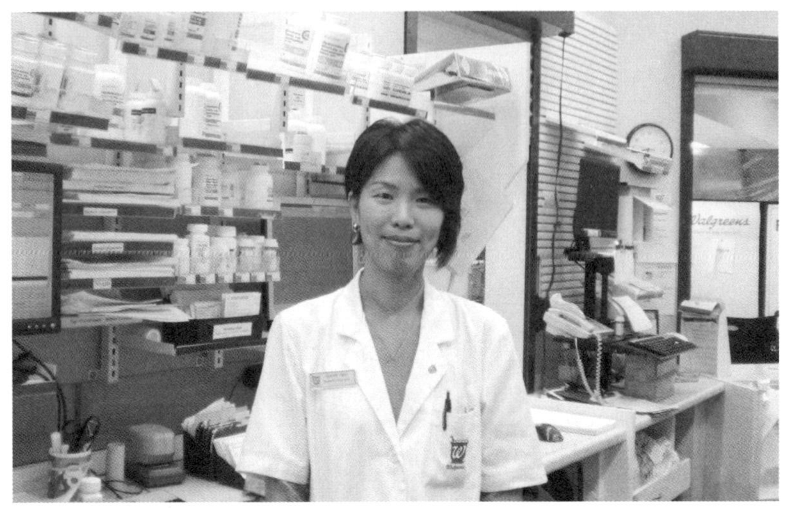

:: 이제는 월그린의 베테랑 약사가 된 필자.

인정받는다. 예전에는 하루 평균 700~800건을 처리하며 14명의 테크니션과 일했는데, 지금은 400건 미만을 처리하며 7명의 테크니션과 일한다. 업무 환경도 전보다 좋아졌고 통근 거리도 조금 더 가까워졌다.

약사에게 무엇보다 필요한 것은 관계의 기술

미국 커뮤니티 약국의 약사로 가장 중요한 자질은 무엇일까? 물론 업무 처리는 빨리, 처방전 리뷰를 제대로 하는 것이 중요하다. 하지만 더 중요한 것은 바로 인간관계다. 약국에서 발생하는 복잡한 문제는 약사와 약사, 약사와 테크니션, 테크니션과 테크니션, 약사와 환자, 테크니션과 환자 사이의 갈등에서 비롯된다. 의사 전달이 불분명하거나 전달하는 태도에 문제가 있으면 오해가 생기고 불만이 터지면서 갈등이 시작된다. 간호사에게 잘못 보이면 의사가 낭패를 보듯이 약사도 마찬가지다. 약사는 테크니션의 상사이기도 하지만 테크니션의 도움 없이는 약국을 운영할 수 없기 때문에 그들의 감정을 잘 살피는 동시에 적합한 트레이닝을 시켜야 한다.

환자와의 관계도 마찬가지다. 나는 이렇게 자문해 본다. 어떤 환자의 처방전을 제대로 내보내기 위해 시간을 할애해 정보를 처리하고 환자와 그 처리 결과를 상담하는가? 만성 질환으로 고생하는 환자에게 따뜻한 말 한마디로 위로하고 제대로 약물을 복용해 치료받을 수 있도록 상담해 주는가?

미국에서 처음 체인약국에서 일을 시작했을 때는 많은 양의 처방을 단시간에 처리하는 기술을 익히는 데 급급했다. 이제는 '건강 전문가(healthcare professional)'로서 내 환자들의 건강을 '케어(care)'하기 위해 바쁜 와중에도 시간을 할애하는 기술을 익히는 중이다. 시간을 투자하지 않으면 관계를 맺을 수 없기 때문이다.

요즘에는 약국에서 일할 때 환자들이 이름을 대며 날 찾을 때가 가장 신 난다. 같이 일하는 약사가 있어도 꼭 나한테만 오겠다는 환자들이 있다. 물론 요상한 환자들이 말도 안 되는 일로 기분을 뒤집어 놓는 날도 있지만 환자 한 사람 한 사람 최선을 다해 대할 때 내 직업에 대한 자부심은 견고해진다.

커뮤니티 약사로서의 삶, 감사하며 산다

고등학생일 때는 장래 희망이 의사였다. 그리고 여고에 다니는 여

고생답게 남녀 공학인 대학에 가고자 했다. 대학을 졸업해서는 고소득 전문직 여성이 되어 여행이나 즐기면서 독신 생활을 누리고 싶었다. 마흔이면 BMW를 몰고 다닐 만한 사회·경제적 지위에 도달해 있는 것이 인생 목표였다. 아버지가 무슨 바람을 타셨는지 가끔씩 미국 이민 이야기를 꺼내실 때면 황당하다고밖에 생각하지 않았다.

지금 나는 약사다. 고등학교를 졸업해서는 여대에 진학했다. 아이가 둘이나 달려 우아한 여행은커녕 퇴근하고 돌아와 엉덩이 붙이고 밥 먹기도 힘들다. 2013년이면 만으로 사십인데 BMW가 중요하지 않다. 황당하게도 이민하여 미국 캘리포니아에서 산다.

내 인생의 가치는 바뀌었다. 나는 우아의 탈을 쓰고 나 혼자 잘 벌어 잘 먹고 잘 쓰면서 사는 삶을 더 이상 동경하지 않는다. 관계 속에 성장하는 삶을 원한다. 퇴근하면 달려와 엄마 바짓자락을 붙들고 하루 동안 있었던 일을 종알대는 아이와, 요상한 환자와 씨름한 고충을 털어 놓는 테크니션과, 상담해 준 덕분에 처방약을 잘 복용하고 있다는 환자와의 관계 속에 행복이 있다. 게다가 미국 약사가 된 덕에 백신 접종하는 기회도 누리니, 언젠가 오지에서 의료 봉사할 때도 더욱 쓸모 있는 존재가 되리라는 생각에 벌써 기쁘다.

태평양을 건너와 우여곡절 끝에 캘리포니아 커뮤니티 약사가 되는 바람에 다른 인생을 산다. 참으로 감사하다. 감사할 줄 알게 된 것이 더욱 감사하다.

약국을 나와 소비자 속으로

| 이주영 |

1974년 부산에서 태어나 서울에서 자랐다. 1997년 경희대학교 약학과를 졸업한 뒤 10년간 개인 약국을 운영하다, 2005년 녹색소비자연대의 의약품 안전 사용 교육을 만나 강사로 활동하게 되었다. 2006년부터 연구공간DOP라는 약사 교육 기획 일을 하면서 녹소연 의약품안전사용운동본부 본부장으로 '소비자를 위한 약바로알기' 강의를 하고 있다.

"마지막으로 약의 올바른 폐기에 대해 알아보겠습니다. 어르신들 약 잘 버리셔요?"

"약을 왜 버려? 난 약 안 버려. 혹시 쓸 데가 있을지 모르잖아….."

어르신들에게 의약품 안전 사용을 주제로 강의할 때 수업의 마지막 무렵에 꼭 던지는 질문이다. 나를 쳐다보는 눈길에는 당신들의 '소중한' 약을 왜 버리라고 하는지 이해할 수 없다는 것이 역력히 드러나 있다. 오랜 시간 동안 약이 귀했던 시절을 살아오신 분들이니, '약을 버린다'는 생각 자체가 어려운 것은 충분히 이해가 간다. 마이신 몇 알이면 만병통치이던 시절을 사셨고, 이제는 혈압약부터 시작해 한두 가지, 많게는 10개가 넘는 알약을 매일매일 삼키며 사는 어르신들. 이분들은 약의 위대함(?)을 평생 온몸으로 체득해 온 분들인데, 그 '소중한' 약을 버려야 한다는 것을 어떻게 이해시켜야 할까?

"어르신, 음식처럼 약에도 사용 기한이란 것이 있어요. 그 기한이 지나면 날짜가 지나 상한 음식처럼 먹지 말고 쓰지 말고 버려야 해요."

여전히 이해가 안 된다는 표정들이다. 식품이야 기한이 지나면 상해 이상한 냄새가 나거나 모양이 문드러지거나 하는데, 약은 모양이나 색깔 변화 없이 마냥 똑같으니 사용 기한을 확인하라는 말도 어르신들에게는 와 닿지 않는 것이다. 하긴 어르신들이 사용 기한을 눈으로 확인하기도 쉽지 않다. 약의 사용 기한은 돋보기를 써도 잘 보이지 않게 약 포장지 한쪽에 작게 찍혀 있다.

오래된 약을 버려야 한다는 사실을 어떻게 이해시킬까?

"어르신들, 댁에 가면 오래된 약들이 있지요? 근데 그 약들이 몇 년이 지나도 모양이 똑같지요? 색이 변하거나 냄새가 나거나 녹거나 하면 그냥 버릴 텐데, 어쩜 약들은 그렇게 똑같은 모양으로 잘 있을까요? 약 참 잘 만들었지요? 하다못해 플라스틱도 몇 년 지나면 색이 바래는데, 약은 어쩌면 그대로일까요? 과연 효과도 그대로일까요?"

약간 고개를 갸우뚱하시며 처음으로 의심을 품기 시작한다. 폐의약품을 수거해 보면 10년이 넘은 약도 종종 수거되는데, 다 이런 어르신들이 소중히 간직하고 있던 약들이다. 그나마 그 약을 먹을 일이 그동안 안 생겼다는 것이 다행이리라. 아니다. 오래된 약으로 인해 우리가 알지 못한 부작용은 또 얼마나 생겼다가 그냥 넘어갔을까?

"어르신들, 약은 우리 몸 안에 들어가 약리 작용을 나타내기 때문에

:: 어르신을 위한 의약품 안전 사용 교육을 하고 있는 필자.

매우 정교하게 만들어요. 아주 작은 양의 약 성분을 넣기 위해 부형제라고 부르는 밀가루 같은 것을 넣어 크게 만들기도 하고, 딱딱한 설탕막으로 두르기도 해요. 그래서 약은 잘 모양이 안 변하는 것인데요. 오래된 약은 그 안에 들어간 성분이 변하기도 해요. 아니면 효과를 나타내는 약 성분이 살살~ 날아가고 없어져서 밀가루 성분만 남아요."

눈으로 보이는 변화가 없으니, 약 성분의 변화로 혹시 나타날 수 있는 부작용을 아무리 설명해 봐야 어르신들은 믿지 않는다. 중요한 포인트는 '왜 모양이 안 변하고 똑같은데 버려야 하는가?'이다. 약국에서 불용 의약품을 수거하는 것은 약을 다시 쓰려는 게 아니냐고 의심하는 분들이 많은 것에서도 이런 생각을 알 수 있다. 모양이 변하지 않는 약은 약 성분이 날아가 없어졌다고 설명하면 가장 잘 이해하신다.

"약 성분이 없어진 약을 정말 필요할 때 먹었다면 그 효과가 나타나지 않겠죠? 그러면 약을 안 먹은 것만 못하게 되는 거예요."

어르신들을 위한 눈높이 교육

어르신들이 왜 약을 꽁꽁 쟁여 놓고 있겠는가. 본인이 그 약 덕분에 통증이 가라앉는 효과를 보고 다시 그 고통을 겪기 싫어서가 아닌가. 약을 가지고 있다고 나눠 먹을 수 있는 것도 아니고, 돈으로 바꿀 수 있는 것도 아니니 말이다. 약 덕분으로 괴로움에서 벗어나 본 사람만이 가지는 '약 욕심'을 무어라 야단칠 수도 없는 일이다. 오히려 따뜻이 보듬어 안아 달래 주고 싶다.

"그래도 약 그냥 못 버리시겠죠? 약사가 봐도 약 버리는 거 아까워요. 그래도 효과 없는 약을 쓸 수는 없잖아요? 일단 집에 있는 오래된 약들 중에 쓸 수 있는 약은 어디에 어떻게 쓰는지 분명히 알고 쓰고, 버려야 할 약은 땅과 강을 오염시키지 않도록 잘 버리셔야 해요. 약사들이 잘 보고 구분해 드릴 테니까, 오래된 약들 찾아서 약국에 가져가 물어보고 버리세요."

이제야 *끄덕끄덕*하신다. 어르신들에게 토양과 수질 오염을 줄이기 위한 불용 의약품 수거 사업에 대해 설명하는 것은 너무 먼 이야기다. 여기서도 눈높이 교육이 필요하다. 어르신의 마음으로 눈으로 약을 바라보는 것, 그리고 그 내용을 바로잡아 주는 것이 '의약품 안전 사용 교육'의 진정한 방향이고, 보람이다.

"알고 보니 어르신들 더 이상 '약 욕심' 안 내야겠지요? 혹시 나중에 필요할 때 먹으려고 미리미리 약을 받아 놓거나, 먹던 약을 좀 나아졌다고 끊고 나중을 위해 아껴 두거나 하지 마세요!"

불용 의약품에 대한 설명이 이제는 약 욕심 이야기로 이어진다. 어르신들은 그야말로 약에 대한 욕심이 많다. 아프니 먹어야 하고, 안 나으니 자꾸 다른 약을 찾게 된다. 나무랄 수 없는 욕심이다. 그러나 위험한 욕심이다. 꼭 필요한 약을 중복되지 않게 적절히 사용해야 하는데, 여기저기 좋다는 것을 찾아다니니 자꾸만 늘어나고 중복되고 위험해진다. 어르신들에게 '약 바로 알기 교육'이 꼭 필요한 이유다. 주어진 시간은 짧고 어르신들을 설득하기는 어렵기만 하다. 그래도 불용 의약품에 대한 이야기에서 시작해 약 욕심까지 이야기했으니 나름 효율적이라 자부하면서 교육을 매듭짓는다.

"어르신들, 좋은 약을 잘 쓰는 것도 좋지만, 오늘처럼 좋은 공부도 하고 친구분들과 놀러도 다니고 하려면 매일매일 즐겁게 잘 먹고, 잘 움직이고, 잘 주무시는 건강한 생활이 더 중요한 것 아시죠? 다음에 뵐 때까지 꼭 건강하세요!"

'꿩 대신 닭'으로 들어간 약대에 눌러앉다

학창 시절 우주 비행사를 꿈꾸며 공대를 지원하려던 나는 전기 대학 입시에서 원하던 대학에 그만 떨어지고 말았다. 당시는 전기와 후기로 나눠 지원하는 학력고사로 대입을 보던 때였다. 나는 전기에 지원한 공대에 불합격되자 재수를 결심했다. 그런데 당연히 떨어지겠거니 생각하고 후기로 지원한 경희대 약대에 덜컥 합격되었다. 주변에서는 여자에게는 공대보다 약대가 훨씬 낫다며 잘됐다고 축하해 주었지만, 공대를 진로로 정해 놓았던 내게 약대는 별로 내키지 않는 선택이었다.

약대가 적성이 아니어서 합격하고도 안 가려고 했다고 하면, 점수에 맞춰 대학을 지원해야 했던 우리 또래는 짜증을 내며 말도 안 되는 소리라고 한다. 하지만 나는 원래 피 보는 것을 싫어한다. 싫어한다기보다 무서워한다. 솔직히 말해 살아서 꿈틀거리는 모든 것이 만지기 무섭다.(물론 사람은 예외다.) 초등학교 때 처음으로 붕어 해부 실습을 했었는데, 내 나름대로 용감한 척했지만 실은 너무 무서웠다. 심지어 고등학교 실과 시간에 닭요리를 할 때도 생닭살을 만져야 한다는 게 겁이 났다. 지금은 좀 나아졌지만 집에서 키우는 개나 고양이 등등 여전히 물컹거리는 생살을 만지는 것이 내키지 않는다. 그런 내가 약대라니! 의대를 지원하라는 부모님께 "만약 내가 서울대 의대에 수석으로 합격한다 해도 적성에 맞지 않아 자퇴하고 말걸."이라고 대꾸하던 나였다. 의대만큼은 아니어도 마우스(실험용 흰쥐) 정도는 능숙하게 다뤄야 하고 해부학 실습 시간에 일명 시체실을 가야 하는 약대 과정이 내 적성에 맞을 리가 있겠는가!

그래서 경희대 약대에 입학하기로 했을 때는 '잠깐 입시생에서 벗어나 대학 분위기 좀 느껴 보고 재수해도 늦지 않겠지.' 하는 생각이었다. 그런데 처음부터 반전이 일어났다. 약대는 정원이 40명밖에 안 되고 1학년부터 4학년까지 모두가 친하게 지내는 가족 같은 분위기였다. 갓 입학한 새내기에게 밥 사 주고 술 사 주다 못해 모든 것을 퍼 주는 선배들이 있는 곳이었다. 사람 좋아하고 모임 좋아하던 나는 한 번, 두 번 행사에 참석하고 사람들을 알게 되면서 그렇게 적성에 안 맞아 하던 약대에 점차 젖어 들었다. 그리고 그 동기들, 선후배들 덕분에 4년의 약대 시절을 즐겁고도 치열하게 보낼 수 있었다. 다행인지 불행인지 내가 약대를 다니던 시기에는 약사를 둘러싼 사회적 이슈들이 많아 내 개인의 적성을 심각하게 고민할 여유가 없었다. 약대생으로서 성적이 훌륭하지는 않았지만 동기와 선후배의 도움으로 약대 과정을 마치고 약사고시에 합격할 수 있었다.

나만의 약국을 열다

성적은 나빠도 약대 행사에 열심히 참여하고 즐기고 놀며 지낸 덕분이었을까? 졸업 후에는 교수님과 선배들의 도움으로 동기들 중 처음으로 작은 약국을 열었다. 서울 명동의 한 건물 2층에 자리한 작은 구내약국이었다. 졸업하자마자 약국을 여는 것은 지금도 상상도 못 할 일이지만, 그 당시에도 용감한 행동이어서 주변에서 많이 놀라고 걱정했다. 지금은 약대가 6년제로 바뀌어 실무 실습이 교과 과정에 들어가 있지만, 당시 약대 과정은 실무보다는 이론에 치우쳐 있어 약국가로 나오고도 2~3년은 실전 상담을 트레이닝하는 일이 필요했기 때문이다. 주변의 걱정에도 그 약국을 하게 된 것은 같이 근무한 선배의 도움도 있었지만 나의 무모함 때문이기도 했다. 무엇보다 근무 시간이 짧은 것이 맘에 들었다. 의약분업 전의 약국들은 감기약 등 가벼운 질환의 조제가 많았기 때문에 환자들이 몰리는 저녁 시간까지 열어 놓는 게 보통이었다. 그런데 우리 약국은 건물 구내에 있어 저녁 6시면 문을 닫아야 하니, 그 이후로는 온전히 나만의 시간을 누릴 수 있다는 점에 끌린 것이다. 실제로 당시에는 약국 문을 닫고 가까운 극장에서 영화를 한 편 본 뒤에야, 막 퇴근한 약대 동기들을 만났던 기억이 있다.

약국에서 실제로 약을 다루고 환자를 만나는 일은 약대 공부보다 훨씬 재미있고 내 적성에도 맞았다. 날 믿고 찾아와 주는 사람들에게 실력 있는 약사가 되고 싶었다. 결국 약대에서도 안 한 공부를, 졸업하고 더 많이 하는 괴로운(?) 과정을 겪어야 했다. 자유로웠던 저녁 시간은 유명 약사님들의 사설 강의를 듣는 데 바쳤고, 휴일에는 선배 약국을 찾아가 일을 도와주며 정보를 얻었다. 그 와중에 의약분업도 맞이하고, 몇 번 약국을 옮기고 새로 하고 하다 어느덧 개국 10년이 되었다.

운명처럼 만난 의약품 안전 사용 교육

약국 일이 재미있고 보람도 있고 경제적 여유도 주었지만 나는 답답했었나 보다. 약국을 하는 중간중간에 자꾸 다른 일을 벌이고 있었으니 말이다. 모두가 벤처를 꿈꾸며 IT 열풍이 불 때는 대한약사통신이라는 약사 커뮤니티 운영 회사에 관여했다. 인터넷 포털 사이트 구축 일로 프로그램 기획자, 개발자, 디자이너와 어울리기도 했다. 장준하기념사업회가 대학생을 대상으로 장준하 선생의 독립운동 여정을 쫓는 장정 프로그램을 운영했는데, 여기에 의료 지원 약사로 중국을 다녀오기도 했다. 한때는 문화가 사람을 바꾸는 진정한 힘이라고 생각해 각종 공연을 다 찾아 보고, 음악 평론 공부를 한다고 강의를 들으러 다니기도 했다. 여행 자금을 열심히 모아 일본으로, 유럽으로, 동남아로 배낭여행도 많이 다녀왔다. 이처럼 돈을 조금 포기하더라도 더 늦기 전에 자유를 즐기겠다는 의지가 강했다.

그렇게 약국과 자유 사이를 왔다 갔다 하면서 10년을 채웠다. 그리고 10년째가 된 30대 중반, 이제까지 약국을 10년 했으니 앞으로 딱 10년만 다른 일에 도전해 보자고 결심했다. 약국을 접고 사업을 벌였는데, 하필 그때 만난 것이 녹색소비자연대(이하 '녹소연')의 의약품 안전 사용 교육이었다. 지금은 결국 나의 밥벌이인 주 사업보다 의약품 안전 사용 교육이 더 많은 부분을 차지하게 되었으니 이것도 운명인가 싶다.

2005년 친하게 지내던 약사님 한 분에게 전화가 왔다. 나와 딱 어울리는 강의가 있다며 시간 내서 들어 보라고 강권하셨다. 녹소연의 '청소년 의약품 안전 사용 지도자 과정'. 별 기대 없이 간 그곳에서 '소비자'의 입장에서 바라보는 약에 대해 알게 된 것은 새로운 충격이었다. 약국을 10년이나 하면서 약과 건강 관련 상담을 해 왔지만 약은 언제나 전문가적인 시각에서만 선택되고 복용 방법이 '지도'되는 것이었는데, 소비하는 입장에서 바라보고 이해하려 해 보니 어렵기만 하고 심지어 두려운 것이 약이었다. 약사들은 흔히 '식후 30분'에 약을 복용하라 이야기해 주지만, 그 약을 먹는 소비자는 밥 먹고 30분을 정확히 시간을 재서 먹어야 하는 것인지, 잊어버리지 않기 위해 그냥 밥 먹고 바로 먹으면 약이 부작용을 일으키는 것은 아닌지, 또 어쩌다 식사를 거르게 되면 약은 먹어야 하는지 말아야 하는지 궁금한 것이 너무 많은 것이다.

의약품 안전 사용 '강사'는 내게 썩 잘 어울리는 일이었다. 대상이 다양해서 어린이집부터 초·중·고 학교 수업, 노인 대학, 사회복지관, 교회, 성당, 임산부 교실, 의료 수급자, 자원봉사자, 보육 교사, 보건 교사를 대상으로 하는 교육까지, 다양한 장소, 연령, 사람들을 대상으로 하는 강의가 생겼다. 나는 한곳에 가만있기보다는 돌아다니는 것을 좋아했고, 이곳저곳 소비자가 원하는 곳으로 찾아가 약에 대해 교육하는 일이 재미있었다. 완전한 무대 체질은 아니었어도 마이크 잡고 말하는 일이 떨리지 않았고, 약간 높은 톤인 목소리도 강의에 적합하다는 평을 들었다. 예상치 못한 돌발 상황이 벌어져도 스트레스를 받기보다는 그 상황을 해결하는 데 더 집중했다. 지금도 많은 약사님들이 강사로 활동

:: 초등학생을 대상으로 의약품 안전 사용 교육을 하고 있는 필자.

하고 있는데, 열정에 비해 적성이 따라 주지 않아 이 일의 재미를 못 느끼시는 분들도 꽤 있다. 그에 비하면 나는 운이 참 좋았다.

또 이 일을 하면서 나의 새로운 능력도 발견했다. 나는 주제를 쉬운 말로 풀어 설명하고 적절한 비유를 들어 상대를 잘 이해시키는 편이었다. 약에 대해 설명하다 보면 혹시라도 발생할 수 있는 부작용을 일일이 다 열거할 수 없고 복잡한 작용 원리를 한도 끝도 없이 설명하기가 불가능하다. 그래서 혹시나 뭐 하나라도 잘못 설명하면 어쩌나 우려되어, 아예 의사나 약사에게 물어보라는 결론으로 쉽게 빠지게 된다. 물론 전문가의 도움을 받아야 하는 것이 의약에 관한 일이고, 우리나라의 의약 체계도 전문가의 간섭을 받도록 되어 있다. 하지만 자신이 먹는 약에 관해 좀 더 알고 이해하기만 해도 잘못된 사용을 막고 부작용을 줄일 수 있는 여지가 많다. 이를 쉽게 설명하는 것이 바로 의약품 안전 사용 강의인 것이다.

'식후 30분'의 궁금증 해소시키기

"약국에서 식후 30분에 먹으라고 했는데, 제가 밥 먹고 돌아서면 약 먹는 것을 자꾸 까먹어서요. 그래서 그냥 바로 먹는데 괜찮나요?"

강의 때마다 수없이 받는 질문이다. 혈압약 등은 어디가 아파서 먹는 약이 아니라 혈압을 정상으로 유지시키기 위해 먹기 때문에 약을 안 먹어도 환자가 느끼는 증상이 없다. 밥 먹고 돌아서서 생각해 보면 약을 먹었는지 안 먹었는지 헷갈릴 수 있다.

"식후 30분에 약 먹으랬다고 시간 재서 딱 30분 뒤에 먹는 분 계신가요? 식후 30분에 먹으라는 약은 우리가 먹는 음식과 잘 싸우지 않는 약이에요. 약이 때로는 음식과 치고받고 싸우기도 하고, 서로 좋다고 껴안기도 하거든요. 싸우거나 껴안으면 약이 몸속에 들어와 제 효과를 낼 수 없겠지요? 이런 약을 먹을 때는 밥 먹는 것과 시간을 잘 따져서 먹어야 해요. 그렇지 않은 착한 약은 밥 먹고 바로 먹으면 배가 불러 물을 잘 못 마시니깐, 잠시 쉬었다가 물 한 잔과 같이 먹으라고 식후 30분이라고 설명하는 것이지 시간을 칼같이 재서 먹으라는 뜻은 아니에요. 질문하신 어머님처럼 자꾸 약 먹는 것을 잊어버리면 오히려 더 나쁘기 때문에 밥 먹고 바로라도 약을 드시는 것이 좋아요. 잘하셨어요! 다만 다음에 약국에 가시면 이 약 밥 먹고 바로 먹어도 괜찮냐고 약사님께 한번 물어는 보세요."

잊어 먹을까 봐 밥 먹고 바로 약을 먹으면서 그동안 얼마나 마음이 꺼림칙하셨을까? 혹시나 '혼날까' 봐 병원에, 약국에 물어보지도 못하고 속으로만 끙끙 앓았나 보다. 이런 분들은 대답을 듣고는 얼굴이 확 펴지시곤 한다.

"감기약 같은 건 약국에서 보통 하루 3번, 식후 30분이라고 많이 설명해요. 여기서 하루 3끼 다 챙겨 드시는 분 손들어 보세요. 저기 젊은 분들은 다이어트하느라 하루에 1끼밖에 안 드시죠? 그럼 그런 분들은 약을 빈속에 먹을 수는 없으니깐 하루에 1봉만 먹으면 될까요? 하루 3번이 중요할까요, 식후 30분이 중요할까요?"

(사람들의 눈빛이 반짝! 하고 빛난다.)

"식후 30분이 미국에는 없는 복용법이래요. 왜일까요? 우리나라가 농경 민족이라 일찍 일어나 아침부터 하루 3끼를 꼬박꼬박 잘 챙겨 먹기 때문에 하루 3번 먹는 약을 식후에 먹으라고 해요. 한국 사람들 똥 싸는 시간도 다 다르고 오줌 싸는 시간도 다른데, 밥 먹는 시간만은 비슷해서 그런 거예요. 그런데 미국 사람들은 땅덩이가 넓어서 그런지 밥 먹는 시간도 다 달라서 약을 8시간마다 먹으라고 해요. 그러니 밥 안 먹는다고 하루 1봉 먹고 오면 약효가 하나도 안 나요. 하루 3번, 자는 시간 빼고 깨어 있는 시간을 3등분해서 하루 3봉의 약을 먹어 줘야 해요."

복용 시간을 학술적으로 정확하게 설명하려면 복잡한 약물의 흡수와 분포를 얘기하지 않을 수 없다. 주어진 시간에 쉽게 이해시키기에는 이런 설명이 더욱 효과적이다.

소비자가 시작한 일임을 기억해야… 그러나 약사의 영역

의약품 안전 사용 교육이라는 명칭만 보면, 약사들이 이제까지 당연히 진행해 온 교육 같은 느낌이다. 그러나 그 시작은 현명한 소비자들의 '똑똑한 소비를 위한 행동'에서 비롯되었다. 약국에서 진행되는 일상적인 복약 지도와 약물 교육이 아니라, 소비자가 있는 곳으로 가서 소비자의 입장에서 설명하는 것. 약물의 위험성이나 오·남용의 폐해를 강조해 약을 두려운 것으로 만드는 것이 아니라, 소비자의 올바른 약 사용을 유도하는 교육이라는 점에서 이는 새로운 교육이었다. 그동안 약이라는 것, 의료라는 것은 너무 어렵고 복잡하다는 이유로 전문가인 의사와 약사의 손에 의해서만 정보가 통제되어 왔다. 녹소연은 소비자 입장에서 약을 올바르게 사용하는 법을 전파하는 소비자 리더를 양성하고자 이 과정을 기획한 것이다.

의약품 안전 사용 교육이 약사가 아니라 소비자로부터 시작되었다는 점을 약사는 꼭 기억해야 한다고 생각한다. 이제는 아무리 어려운 전문 지식도 소비자를 이해시키고 소비자에게 평가받는 시대이기 때문이다. 이 중요한 관점의 변화를 적극적으로 수용하는 전문가만이 인정받을 수 있다. 그럼에도 이 교육에서 약사의 역할이 중요하다는 점을 강조할 수밖에 없다. 현장에서 그때그때 나오는 질문이 너무나 다양해 약과 건강에 대한 충분한 지식이 없이는 설명해 줄 수 없기 때문이다. 물론 약학을 학문적으로 깊이 공부한 약사보다는, 소비자를 자주 접해 여러 질문을 많이 받아 보고 쉽게 설명해 줄 수 있는 약사들이 오히려 강의를 잘한다.

의약품 안전 사용 교육으로 맺어진 녹소연과의 인연은 그 뒤로도 계속되어, 지금은 '의약품안전사용운동본부'라는 조직으로 커졌고, 강사 양성 과정도 운영하고 강의 자료도 개발하며 어린이, 청소년, 성인, 어르신을 대상으로 하는 세분화된 소비자 교육 교재도 만든다. 나는 본부장을 맡아 소비자 운동과 '약 바로 교육'이 어떻게 서로를 발전시킬 수 있을지 계속 고민하고 있다. 이 교육이 소비자에게 미치는 영향에 대해 공감한 대한약사회에서도 전국적인 강사단을 양성해 적극적으로 교육을 지원하고 있다. 그러나 아직까지는 필수 교육으로 지정되어 있는 것도 아니고 교육을 진행할 수 있는 사업비가 확보되어 있는 것도 아니다. 그래서 지역 약사회와 보건소가 연계해 교육 신청을 받고 지역 약사님들의 봉사 활동에 많이 의지해 진행되고 있다. 이처럼 의약품 안전 사용 교육 강사를 전문적인 약사 직업의 하나라고 하기에는 부족한 부분이 있어 더 많은 발전과 지원이 필요하다.

우연히 시작하게 된 의약품 안전 사용 교육이 이제는 사회에서 약사가 맡을 수 있는 영역의 하나로 발전해 가고 있다. 약사라는 전문성에 내가 잘할 수 있는 능력을 더하면, 약국만이 아닌 새롭고 창의적인 일을 더 많이 찾을 수 있겠다는 생각이 든다. 내가 만약 약국에 안주하고 있었다면 이런 기회는 오지 않았을 것이다. 되든 안 되든 무언가를 시도하고 있었으니 이런 기회도 주어진 게 아닐까. 앞으로도 더 많은 도전과 탐색을 통해 내가 더 잘할 수 있는 일, 해야 할 일이 무엇인지 고민하려 한다. 좀 더 많은 약사님들이 다양한 시도를 해 보면 좋겠다는 바람을 가져 본다.

약국에 디자인을 입히다

| 김미혜 |

1989년 중앙대학교 약학대학을 졸업하고, 1993년 프랑스 파리 실내장식전문학교(France Paris école privée 'C.T.E' décoration intérieur)를 졸업했다. 2000년 이후 숨디자인 이사로 재직하며 약국, 병·의원, 주거 공간, 상업 공간을 디자인하는 작업을 하고 있다.

"약대를 나왔는데 왜 인테리어 디자인을 하게 됐어요?"

내가 약대를 졸업했다는 사실을 알게 된 사람들에게서 가장 많이 듣는 질문이다. 약사이면서 인테리어 디자이너인 내가 매우 특별한 이력을 지녔으리라고 추측하는 이들이 많다.

그러나 학창 시절을 되돌아봐도 나는 평범한 아이였다. 학기 초 장래 희망을 적어 낼 때가 되면 딱히 쓸 게 없어서 '의사'나 '선생님'을 쓰곤 했다. 선생님이셨던 어머니는 앞으로는 여자도 직업이 꼭 필요한 시대이니 무엇을 할지 잘 생각해 보라고 자주 말씀하셨는데 그 영향 탓인지 나도 평생 일할 수 있는 전문직을 막연하게나마 꿈꿨다.

주변 사람들의 추천으로 약대를 들어갔다. 고등학교보다는 넓은 세상에서 다양한 경험을 하게 돼서였을까? 나도 모르게 언제부터인지 마음속에 디자인에 대한 꿈이 자라기 시작했다. 한번 자리 잡기 시작한 꿈은 좀처럼 사그라지지 않았다. '약대를 그만두고 디자인 공부를 해볼까?' 하는 고민이 계속됐지만, 매번 '일단 들어온 대학이니 졸업은 하고 그다음에 하고 싶은 공부를 해도 늦지 않다.'라는 결론에 자의 반 타의 반 도달했다.

적성에 안 맞는 약대를 참 힘들게 공부하며 다녔다. 거의 다 합격한다는 약사고시에 떨어지지 않으려고 4학년 때는 정말 죽을힘을 다했다. 그동안 공부를 게을리했던 전공 필수 과목들을 따라잡느라 힘들었지만, 공부 잘하는 친구를 둔 덕에 합숙까지 하며 도움을 받아 가까스로 시험에 패스했다. 얼마나 힘들었던지 시험 직후 식음을 전폐하고 1주일 동안 잠만 잘 정도였다. 그래도 운이 좋아 붙었다는 생각이 들 정도로 내게는 그렇게 만만한 시험은 아니었다.

디자인 공부하러 간 파리에서 발현된 '약사 DNA'

졸업 후 근무약사로 일하며, 하고 싶었던 디자인 공부를 하기 위해 미대 대학원 진학을 준비했다. 그런데 그즈음 친한 친구가 파리로 의상 공부를 하러 가게 되었다. 바로 옆에서 유학 준비 과정을 지켜보며, 나도 대학원보다는 파리 유학을 가야겠다고 마음먹었다. 낮에는 약사로 근무하고 밤에는 프랑스어 학원을 다니며 유학 준비를 한 끝에, 약대 졸업 후 2년 만에 드디어 파리로 원하던 공부를 하러 갈 수 있었다.

파리에서 보낸 첫해는 파리 제4대학에서 어학 코스를 다니며 파리에 적응하는 시기였다. 그다음 2년은 내가 원했던 실내 장식과 인테리

:: 파리 전체의 고풍스런 분위기 속에서 유독 약국들만 모던한 냄새를 풍기며 반짝반짝 빛난다.

어 디자인을 공부했고, 그다음 1년은 실습 과정이었다. 특히 실습 과정 1년은 파리에서의 생활을 즐기며 보낸, 내 생애 최고로 행복한 시간이었던 것 같다.

파리는 지하철을 타고 종점에서 종점까지 30분 정도밖에 안 걸릴 정도로 작은 도시다. 그렇다 보니 많이 걸어 다니는 것이 일상이었다. 파리의 건물들, 아니 파리라는 도시 자체는 온통 고풍스러운 그림들 같은 모습을 하고 있다.

그런데 그 와중에도 내게 특히 인상적으로 다가온 것이 약국들이었다. 그 예스런 분위기 속에서 유독 약국들만 모던한 냄새를 풍기며 반짝반짝 빛나고 있어 신기했다. 당시 획일적이고 천편일률적인 한국의 약국들과는 너무도 달랐다.

길을 걷다가도 약국만 보면 발을 멈추고 한참을 들여다봤다. '이런 약국이라면 나도 한번 약사로 일해 보고 싶다.'라는 생각이 들기도 했다. 약국이 근사하니 그 안에서 일하는 약사들도 멋져 보였고 무작정 안으로 들어가 보고 싶은 충동이 느껴졌다.

나중에 파리에서 같이 공부한 친구들에게 파리 약국에 대해 물은 적이 있다. 그런데 나처럼 인상적으로 생각한 친구들이 하나도 없었다. 우리나라 일반적인 약국과는 다르게 좋았다는 정도가 그나마 구체적으로 기억하는 인상이었던 걸 보면, 내가 그토록 꺼리고 어려워하던 약사의 DNA가 나도 모르게 발현된 것이 아니었을까 하는 생각이 든다.

파리에 사는 4년 동안 이탈리아와 독일, 오스트리아 등 주변 나라들을 여행할 기회가 생길 때마다 약국의 풍경이 내 시선에 꽂혔다. 나는 마치 취미처럼 약국을 순례하고 다녔다. 물론 그때는 내가 나중에 약국 인테리어를 하게 되리라고는 전혀 생각지도 못했다.

어느 날 문뜩 떠오른 '약국 디자인' 생각

한국에 돌아와서는 파리에서 공부한 인테리어와 디스플레이를 이용해 프리랜서로 일했다. 방송이나 잡지의 의류 광고 속 공간을 꾸미는 일로, 콘티에 맞춰 세트를 꾸미고 모델이 입을 옷과 소품을 준비해 광고를 순조롭게 찍을 수 있도록 하는 일이었다. 카탈로그 광고를 찍을 때는 계절에 앞서 준비해야 하기 때문에 우리나라와 계절이 다른 괌이나 뉴질랜드로 가는 일이 많았다.

매우 재미있는 일이었지만 단기간에 준비해서 촬영을 하다 보니 육체적으로 매우 힘들었다. 그 일을 1년쯤 하다 결혼을 했고, 그 뒤로 4년 동안 집에서 아이만 키우며 일을 쉬었다. 아이가 어린이집에 갈 수 있는 나이가 되자, 문뜩 일이 다시 하고 싶어졌다. 그러나 오라는 곳도 없고, 프리랜서를 하기엔 너무 오래 쉬어 일을 맡기는 곳도 없어 실의에 빠져 있었다.

그때가 1990년대 후반이었다. 2000년부터 시행하는 의약분업이 뉴스나 시사 프로그램마다 이슈로 등장하던 때였다. 그러던 어느 날, 의약분업이 이뤄지면 약국은 어떻게 바뀌어야 하는지를 다룬 프로그램을 우연히 보게 되었다. 약국의 현주소를 보여 주고 문제점들을 지적하며 앞으로 변화해야 할 방향을 조명하는 그 프로그램을 보는 도중 무언가가 반짝거리며 머리를 스쳐 지나갔다. 바로 내 기억 속에 자리 잡고 있던 파리의 약국들이었다.

'기왕 약국을 바꾸어야 한다면 파리 약국들처럼 누군가의 발길을 멈추게 하고 들어가 보고 싶게 만드는 그런 약국이면 좋을 텐데….'

그렇게 시작되었다. 약국도 잘 알고 디자인도 공부한 내가 그 일을 하기에 딱 적임자라는 생각이 들었고 정말 잘할 수 있을 것 같았다.

본격적으로 약국 디자인에 뛰어들다

그렇게 의욕은 넘쳤으나 현실은 그다지 호의적이지 않았다. 아이디어만 있을 뿐 실제로 약국 인테리어 공사를 해 본 적이 없으니 어떻게 시작해야 할지 막막했다. 약대를 열심히 다니지 않아 아는 선후배도 별로 없었고, 파리에 간 이후엔 몇 안 되는 약대 친구들마저도 연락이 끊겼다. 약국 인테리어를 맡겨 달라고 어디 도움 청할 만한 데가 없었다.

그래서 고민 끝에 내린 결정은 일단 내가 약국을 하나 차려 보는 것이었다. 약사로서 경험을 쌓기 위해 근무약사로 몇 개월 일하면서 약국 경영에 필요한 여러 일을 배우고 난 후, 분당에 10평 정도 되는 조그만

약국을 개업했다.

맘에 쏙 드는 약국은 아니었지만 그래도 기존 약국과는 많이 다른 느낌이었는지 반응이 매우 좋았다. 더구나 운이 좋게도 근무약사로 일했던 약국의 약국장님이 발이 넓은 분이라 나를 약국 관련 신문 기자들이나 약사들에게 소개해 주셨다. '약사 출신 인테리어 디자이너'라는 조금은 신기한 이력 덕분에 한동안 약업 관련 신문이나 잡지에 내 인터뷰와 기사 들이 끊이지 않았고, 그러는 사이 나는 약사들 사이에 유명인사가 되어 있었다. 약국 인테리어 공사를 얻기 위해 별도로 광고할 필요가 없을 정도로 전국에서 불러 주는 곳이 많았다.

당시 약국 인테리어는 별게 없었다. 특별히 전문적인 계획 없이 목수가 약장과 필요한 가구만 짜 넣거나 진열장 회사에서 장을 사다 넣으면 됐다. 실용성만 강조되고 디자인 요소는 거의 찾아볼 수 없었다. 약국 전문 인테리어를 한다는 곳도, 전문성을 띤 디자이너가 있는 곳도 거의 없었다. 따라서 파리에서 디자인을 전공한 약사가 하는 약국 인테리어는, 약국을 고치거나 개업하려고 하는 약사들, 특히 의약분업을 맞아 새로운 스타일의 약국에 목말라 있던 약사들에게 많은 관심과 사랑을 받았다.

본격적으로 약국 디자인에 뛰어들면서, 어렴풋한 기억으로만 남아 있던 파리 약국들을 다시 방문해 자료를 수집했다. 그때 알게 된 것이 유럽에서 파리가 제일 약국이 발달한 도시라는 사실이었다. 프랑스는 유럽에서 약을 제일 많이 소비하는 나라로, 약국에 대한 국민적인 인식도 매우 좋았다. 그러다 보니 약국에서 파는 제품도 신뢰를 받아 매출이 늘어나는 결과로 이어진다는 것이다. 파리 약국들이 다른 어느 곳보다 많은 비용을 들여 멋진 인테리어를 꾸밀 수 있는 것도 그런 기반이 있었기에 가능했을 것이다.

아울러, 우리나라 약국에 많은 영향을 주는 일본 약국 시장도 둘러보면서 약국 디자인에 대한 내 나름의 연구를 발전시켜 나갔다.

디자인 대상으로서의 약국

약국을 잘 모르는 사람들은 약국을 디자인할 게 뭐가 있냐고 쉽게 말한다. "약장에 약 넣고 판매대만 있으면 되는 것 아닌가?" 바로 이런 반응들이다. 내가 처음 약국 인테리어를 한다고 했을 때 나와 절친한 인테리어 디자이너조차 내게 똑같은 질문을 한 적이 있다. 사실 이런 점이 아직도 가장 어렵다.

약국에는 약이 너무 많아 빈 공간이 거의 없다. 디자인할 공간이 별로 없는 것이다. 그 많은 약들을 정돈되게 보이면서도 약국 분위기를 만들어 주는 색과 디자인을 약장 상부의 남는 공간이나 자투리 벽면을 통해 구현한다. 디자인할 곳이 정 없으면 천장까지도 디자인이 들어간다. 공간이 부족하면 조명이나 여러 소품을 동원해 디자인적인 면을 추구한다.

약국에서 처음 상담이 들어오면 먼저 약국 실측을 한 뒤 약사와 상담한다. 어떤 스타일의 약국인지, 처방전 조제 전문인지, 매약 전문인지, 2가지를 병행하는 곳인지 조사한다. 번화가의 상가 밀집 지역에 자리한 약국인지 동네약국인지에 따라 평면 레이아웃이 정해진다. 약국의 세부적인 여러 상황, 즉 1층에 자리했는지, 층약국인지, 또 출입문이 어떤 방향으로 나 있는지, 손님의 동선은 어떤지, 약사의 동선이 어때야

:: 들꽃을 콘셉트로 디자인한 수약국 내부 모습.

가장 편하게 일할 수 있는지, 처방전 받을 병원의 종류는 소아과인지 내과인지 이비인후과인지, 손님의 연령대는 어떻게 되는지 등등 여러 요소들을 감안해 어떻게 디자인할지 방향을 정한다. 그다음 구체적으로 평면을 그리고, 평면에서 입면을 올려 컬러링 작업이나 3D 작업으로 약국 공간을 디자인한다. 그 결과물을 약사에게 보여 주고 몇 번의 절충과 수정을 통해 디자인과 견적을 확정한 후 공사에 들어가게 된다.

약국 디자인을 하며 제일 안타까운 점은 약국 개업 시 장소를 얻는 데 너무 많은 비용을 쓰다 보니 정작 약국 인테리어에는 비용을 아끼게 되는 현실이다. 기본적인 공사비에 30퍼센트 정도만 추가하면 다른 업종 부럽지 않은 인테리어를 할 수 있는데, 비용의 제약을 늘 받다 보니 공사를 하다 만 것 같은 아쉬움을 느낄 때가 많다.

디자인 작업은 어느 분야이든 마치 미술 시간에 새로운 숙제를 받은 것처럼 어떤 그림을 그릴 것인지 고민하고 구상해서 완성해 내는 창조적인 일이다. 내 주변 디자이너들을 보면, 이런 창조적인 디자인을 구상하는 것 자체를 좋아하는 사람도 있고, 그보다는 사람을 만나고 소통하는 일을 더 좋아하는 사람도 있다. 두 일이 함께 잘 이루어져야만 사업적으로 성공할 수 있는데, 나는 전자에 훨씬 더 소질이 있다. 어떤 새로운 프로젝트를 맡으면 약간 흥분되면서, 이번엔 어떤 것을 만들어 낼지 나 스스로에게 기대하게 된다.

나는 디자인하는 일이 직업이고 제일 좋아하는 취미다. 좋아하는 일을 취미처럼 즐기면서 할 수 있는 운 좋은 케이스라고 생각한다. 더구나 대학에서 공부한 전공을 살리며 살기도 쉽지 않은데, 나는 두 전공을 모두 살려 일할 수 있으니 행운아가 아닌가!

약국 인테리어는 약국의 생리와 성격을 잘 알아서 기능적인 면을 충족시킨 후에 디자인을 곁들여야 좋은 결과를 볼 수 있다. 약학과 디자인을 모두 공부한 내가 가장 잘할 수 있는 일이라는 일종의 사명감을 느끼며 일하고 있다.

들어가고 싶은 충동이 이는 디자인을 추구하다

우리나라 약국을 파리 약국처럼 바꾸고 싶은 게 아니냐고 물어 오는 이들이 많다. 그러나 파리와 우리나라는 약업 환경을 비롯해 여러 면에서 다르기 때문에 원천적으로 불가능한 일이다. 다만 내가 약국 인테리어를 하며 구현하고자 하는 것은 파리 약국에서 받은 그 느낌, 즉 발길을 멈추고 안을 들여다보게 되는 약국, 깨끗하고 신뢰가 가서 들어가 상담받고 싶은 약국을 만들려는 것이다.

물론 이는 약국 인테리어만으로 가능한 일은 아니다. 그곳에서 일하는 약사와 근무자들의 노력이 반드시 필요하다. 그러나 최소한 인테리어 디자인이 좋으면 첫 단추를 잘 끼우는 것이지 않을까?

돈을 들여 인테리어를 해야만 약국이 잘되느냐고 묻는 이들도 굉장히 많다. 그때마다 나는 2가지 대답을 들려준다.

우선, 요즘은 목 좋은 곳마다 약국이 밀집되어 있으며, 약국과의 경쟁만이 아니라 화장품숍, 편의점, 건강식품숍, 유기농숍 등등 타 업종과도 경쟁해야 하는 시대다. 약국이 경쟁력을 갖추려면 결국 약국의 신뢰도와 분위기 제고를 통해 고객을 유치하는 길밖에 없다. 여기서 바로 인테리어가 중요한 역할을 할 수 있다.

다음으로, 약국에서 일하는 이들이 쾌적한 환경에서 즐겁게 일하는 것이 고객에게도 좋은 느낌을 줘 계속되는 방문으로 이어질 수 있다. 그래서 나는 약국 인테리어가 약국을 이용하는 환자만이 아니라 약사들을 위한 것이기도 하다고 강조한다. 파리에 가기 전 근무약사로 일하면서 '이 구질구질한 약국을 하루빨리 벗어나고 싶다.'라고 날마다 다짐하던 기억이 있다. 그래서 약국에서 근무하는 분들에게 쾌적하고 즐거운 일터를 만들어 주고 싶은 마음이 크다.

"인테리어 디자인을 바꾼 것으로 단기간에 매출이 확 오르기는 어려워도 장기적으로는 효과가 있다."

내게 인테리어를 맡긴 여러 약사분들이 이런 말씀을 해 주신다.

서울 강북의 오래된 시가지에서 20년 정도 문을 연 약국을 요즘 유행하는 드러그스토어 형태로 산뜻하게 리모델링한 적이 있다. 공사 전에는 드러그스토어라는 생소한 형태가 그 동네에 어울리지 않는다는 의견이

:: 필자가 디자인한 서울약국 입구. 약국을 상징하는 십자가로 간판을 대신했다.

많았다. 노년층이 많은 지역이라 더욱 안 될 것이라고도 했다. 그런데 일단 리모델링을 하고 나니, "이 동네에 젊은 사람들이 이렇게 많이 사는지 몰랐다."라고 할 정도로 젊은 고객의 방문이 월등히 늘었다고 한다.

이미 우리는 디자인 시대에 살고 있다. 이제는 성능이나 기술의 차이가 거의 없어 물건을 고를 때 디자인이 기준이다. 아무리 하찮은 물건 하나를 사더라도 깔끔하고 디자인이 멋진 곳에서 사고 싶은 욕구는 당연한 것이다. 약국도 이제는 이런 서비스를 제공해야 경쟁력을 갖출 수 있는 때다.

내가 계속 앞으로 나아가야 하는 이유

약국 디자인을 13년째 해 오면서 힘든 시절도 많았고 보람 있는 때도 많았다. 고마운 분들도 참 많았는데, 내 약국 외에는 디자인 경험이 전무했던 초창기에 선뜻 자신의 약국 디자인을 100퍼센트 일임하시며 하고 싶은 대로 마음껏 해 보라고 용기를 준 고마운 약사님이 계신다. 그동안 내 기사가 실린 신문이나 잡지를 모두 스크랩해 놓고 언젠가는 약국 디자인을 내게 꼭 맡겨 보리라고 생각하셨다며 그 자료를 보여 주신 약사님에게 받은 감동은 잊을 수 없다.

새벽 2~3시쯤 공사 현장에 문제가 생겨 의뢰인에게 불려 나가던 일, 밤을 꼴딱 새우고 공사하던 일이 부지기수였다. 공사는 디자인을 실현하는 일이기 때문에 따로 떼어 생각할 순 없지만 지금도 현장 일은 참 어렵게만 느껴진다.

요즘 경기가 어렵다 보니 인테리어 업계도 매우 불황이다. 농담 반 진담 반으로 "그만둘까 보다"라고 말할 때마다 "그럼 약국 인테리어는 누가 해?"라고 말씀해 주시는 선배들 덕분에 다시 힘을 내어 본다.

지난 12년 동안 약국뿐 아니라 병원, 주택, 사무실 등 여러 분야의 인테리어 디자인을 함께 해 왔지만, 약국 인테리어는 어느 분야보다도 내게 큰 의미가 있다. 환경도 열악하고 디자이너로서의 성취감도 떨어진다고 할 수 있는 분야이기에 나처럼 약국에 애정이 있어야 버틸 수 있지 않을까 생각한다. 그래서 앞으로도 약국 인테리어가 발전하는 데 어떤 식으로든 작은 힘이나마 보탬이 될 수 있도록 계속 열심히 하는 것이 내게 주어진 일이라고 생각한다.

동서의학의 균형자를 꿈꾸며

| 배현 |

충북대학교 약학대학 졸업. 현재 밝은미소약국을 운영하고 있으며, 상한론연구회 운영위원이자 팜클래스 한방 전문 강사로 활동하고 있다. 또 강동구약사회 한방기초 강좌 및 약통새(약으로 통하는 사람들) 팜콘서트, 경기약사학술제 한방 강의 등 오프라인에서도 활발하게 강의 활동을 하고 있다.

"약사님, 우리 아이가 감기에 잘 걸려서 홍삼을 먹이려는데 열이 많아서… 괜찮을까요?"

"저는 냉한 체질이어서 추위를 많이 타요. 혈액 순환이 안 돼서 그런가요?"

"저는 생리통이 심해요. 누가 어혈 때문이라는데 맞나요?"

약국을 찾는 환자들은 자신의 증상을 설명하며 이처럼 "열이 많아서", "냉한 체질", "어혈"과 같은 표현을 자연스레 쓴다. 그런데 이는 사실 동양의학과 서양의학의 경계를 교묘하게 넘나드는 질문들이다.

동양 문화권(한·중·일)은 독특하게도 주력 의학이 한 가지만 있는 것이 아니다. 수천 년간 내려온 민족의학이 대중의 잠재의식 속에 자리 잡고 있으며 이와 함께 뒤늦게 들어온 서양의학이 함께 공존하고 있는 모습을 갖추고 있다. 그중에서도 우리나라는 한의학을 발전시키기 위해 정부에서 의료 이원화 정책을 펴 왔기 때문에 국민 건강을 책임지고 있는 2가지 의학이 각각 따로 발달·전개되는 모습을 보이고 있다.(일본의 경우는 메이지 유신 때 한의사 제도가 폐지되었고 중국의 경우에도 중의사로 통합되어 운영되고 있다.)

그렇기 때문에 일반 대중은 잠재의식 속에 들어 있는 동양의학적인 내용을 이야기하고 있는 경우가 많다. "열이 많다"라든지, "냉한 체질"이라든지 하는 표현들이 대표적이다.

미처 몰랐던 약사 한방의 효과

약대를 다니기 전에는 졸업 후 약사가 한약을 다루고 동양의학적 사고로 환자를 대할 것이라는 생각을 별로 하지 못했다. 당시는 의약분업 전이었으므로 내가 기억하는 약국은 주로 정제나 가루 형태로 된 약들을 상담을 통해 임의로 조제하던 곳이었다. 약사를 주로 가벼운 질환에 관련된 의료 서비스를 제공하는 사람쯤으로 여겼던 것 같다. 그도 그럴 것이 약국에 가는 상황은 주로 감기나 가벼운 위장 질환, 피부 질환 등이 걸렸을 때 약을 받기 위함이었으니까.

약국에서 주로 사용된 한약 제제로는 다려진 한약을 담은, 포로 된 파우치 제품이거나 과립 형태가 대부분이었다. 어린 시절에는 특별히 접할 일이 많지 않았기 때문에 약국에서 한약의 유통이 많았음에도 그 존재를 잘 알고 있지는 못했다. 하지만 약대에 들어가고 정규 교육을 받으면서, 수없이 많은 약들이 생약에서 추출되었음을 알게 되었고, 더

군다나 한방적 생약 처방들은 다양한 증후군을 일거에 치료할 수 있는 복합적 제제라는 것도 알게 되었다.

약대에서는 약용 식물을 익히는 약용식물학, 본초학, 방제학 등 인체 내에 약효를 발휘할 수 있도록 동식물로부터 만든 생약 제제를 배우며, 약물학이나 생화학, 생리학 등을 배움으로써 서양의학적 개념과 동양의학적 개념을 자연스레 같이 익힐 수 있도록 교육 과정이 구성되어 있다.

졸업하고 나서 약국가에 나왔을 때는 환자들에게 훨씬 다양한 모습으로 동서의학이 접목되어 적용되고 있는 실태를 볼 수 있었다.

약사 한방의 매력에 빠지게 된 계기

의약분업 전에는 약사가 일정 기간 동안 수련하지 않으면 환자를 대하거나 약을 만지는 일은 언감생심 꿈도 꿀 수 없었다. 환자를 직접 대면하는 일은 환자의 불편한 점을 파악해 적당한 약을 선택해 주는 일이 모두 포함되는 것이었으므로, 약 성분을 알고 있다고 하더라도 쉽게 할 수 있는 일이 아니었다. 그래서 당시에는 약국에 처음 취직하면 환자와 어떻게 상담해 불편한 점을 파악하고 어떤 약물을 어떻게 투약하는지 등을 선배 약사들에게 차근차근 배운 뒤 어느 정도 능력이 갖춰져야 환자를 대면할 수 있는 기회가 주어졌다.(물론 요즘은 약대가 6년제로 바뀌면서 임상 실습이 강화될 것이기 때문에 이 역할을 교육 기관에서 책임지게 될 것이다.) 나도 마찬가지로 일정 기간 수련을 거친 후 환자를 대면하게 되었다.

:: 약통사 팜콘서트에서 한방 강의를 하고 있는 필자.

그러던 어느 날 한 환자가 수술을 받아도 자꾸 치질이 재발한다며 먹는 약이 없는지 내게 문의해 왔다. 나는 고심 끝에 보중익기탕에 을자탕이라는 한방 과립제를 추천했다. 물론 환자에게 치질이 재발하는 이유에 대해 설명하고 "이 약을 복용하면서 무리하지 않으면 괜찮아질 것"이라고 이야기는 했지만 부끄럽게도 그때 나는 한방 처방에 대해 아주 큰 확신이 있었던 것은 아니었다. 단지 항생제나 순환 개선제만으로 완화될 것이었다면 여타 치료에 계속 재발할 이유가 없을 것이라 생각했고, 그러면 환자가 사용해 보지 않았던 한방 요법을 써 보는 게 좋겠다는 결론을 내린 것이다.

그런데 정말 놀랍게도 내복약만 먹었을 뿐인데 치료 성과가 굉장히 빠르게 나타났다. 처음에 3일분을 지어 갔던 환자가 15일분으로 치질이 완화되었던 것이다. 다시 약을 먹지 않아도 될 만큼 좋아졌고, 이후 재발하는 느낌이 있더라도 며칠분을 복용하는 것으로 증세가 금방 완화되었다.

일반적인 감기 환자는 그렇다 치더라도 수술로 완쾌되지 않는 치질 환자를 만난 것, 그리고 한방 과립 복용만으로 환자의 증상이 완쾌된 것은 내가 한방 제제의 우수성을 알게 된 계기가 되었다. 이것이 어쩌면 내가 한방을 지속적으로 공부하게 된 가장 큰 동력이지 않았을까 생각해 본다.

통합적 동서의학적 사고의 위력

그 이후 나는 지속적으로 한방 제제를 공부해 왔다. 『상한론(傷寒論)』이나 『금궤요략(金匱要略)』(이를 일컬어 고방(古方)이라 한다) 처방들은 뜻을 같이하는 약사님들과 현재까지도 꾸준히 공부하는 모임을 갖고 있고, 『동의보감(東醫寶鑑)』이나 사상의학도 개인적으로 시간이 나는 대로 강의를 들으며 공부했다. 그렇다고 최신 영양학이나 쏟아져 나오는 신약 공부를 게을리할 수도 없었다. 왜냐하면 약국 업무는 조제·투약이 가장 기본이면서도, 영양학적인 부분이나 식이 요법 등도 함께 이뤄지기 때문이다. 하나만 알아서는 이런 업무를 고루 수행해 낼 수 없음은 어찌 보면 당연한 일이다. 그러다 보니 자연스레 머릿속에는 동서의학이 각각 자리를 잡기 시작했다. 이는 엄청난 위력을 발휘한다.

첫째, 환자를 보다 다양한 시각으로 보고 개선 방향을 제시해 줄 수 있다.

약국을 방문한 환자 중에 알레르기 피부염으로 병원을 수없이 다녔던 환자가 있었다. 주로 스테로이드와 항히스타민제를 처방받아 약을 복용하는 중이었는데 증세가 호전되지 않아 고생하고 있었다. 이런 경우 한방적인 개념을 도입하면 증세가 쉽게 완화된다. 즉 열이 발생하는 음식 등을 먹고 그 열독이 해결되지 않아 알레르기 반응이 지속된 것으로 파악할 수 있는 것이다.

나는 그 환자에게 열독을 제거해 주는 황련해독탕과 백호가인삼탕 등을 복용해 볼 것을 권유하고 동시에 열을 발생시킬 수 있는 영양 보충제들과 음식을 섭취하는 것을 주의하게 하니 정말 1주 만에 모든 증상이 회복되었다. 이렇듯 증상만 완화시키는 서양의학적 개념보다 한방적인 개념을 도입하면 좀 더 쉽게 환자의 괴로움을 덜어 줄 수 있다.

둘째, 환자들이 편견으로 잘못된 치료를 받고 있을 때는 올바른 방향을 제시해 줄 수 있다.

병원에서 처방하는 약이 먹기 싫어 한의원에 가서 약을 먹던 환자가 있었다.(실제로 약국에서 근무하다 보면 이런 환자들이 의외로 많다. 증상이 심한데도 병원에 가기 싫어 영양 요법제만 먹는 사람도 있을 정도다.) 건강 상담을 하러 약국을 찾아온 환자인데 기침 증상이 심해 물어봤더니 병원 약이 먹기 싫어 한의원에서 치료 중인데 잘 안 낫는다는 것이었다. 나는 증상의 상태를 대략 물어본 후 병원 진찰을 간곡히 권유했다. 결국 그 환자는 세균성 폐렴 증상 진단을 받았고, 통원 치료를 하게 됐다. 치료가 끝난 뒤 환자는 고맙다고 인사를 하러 왔다.

세균이나 바이러스 감염증, 물리적 타격으로 인해 몸이 손상된 경우에는 몸의 균형을 맞춰 주는 한방 치료보다는 공격적으로 병원균을 치료하는 서양의학적 방법이 더욱 효과적인데, 그것이 몸에 좋지 않으리라는 인식하에 치료를 잘못 선택한 것이다.

셋째, 수술이나 질병의 치료 후 인체가 정상적인 균형을 잡지 못해 불건강 상태에 있을 때 영양 요법이나 식이 요법 등으로 근본적인 치료를 해 줄 수 있도록 환자에게 도움을 줄 수 있다.

만성 기침이나 비염, 오랜 병치레로 인한 체력 저하 등 분명 병원에서 치료가 완결되었다고 한 상황이더라도 환자는 불편함을 호소하는 경우가 있다. 이때 영양 요법을 병행하면 깨끗하게 마무리해 건강한 상태로 회복시킬 수 있다.

특히 점막이 건조해지는 증상으로 인해 발생하는 기침, 알레르기 증상 등은 서양의학적 방법으로는 잘 해결되지 않기 때문에, 한방적인 방법이나 영양학적인 접근 등이 환자들의 불편함을 완화시킬 수 있는 대안이 될 수 있다.

약사가 한방 제제를?

이처럼 보건·의료인이 동서의학을 모두 알고 있다면 환자가 보다 빠르게 치료 방식을 선택할 수 있게 도와줄 수 있다. 이런 면에서 가장 앞서 있는 직업은 약사라고 생각한다. 그런데 약사가 어떻게 한방 제제를 사용할 수 있을까? 어쩌면 '요즘 약국에서 한약을 취급하나?'라고 의아해할 수도 있을 것이다. 하지만 앞에서도 말했듯이 약사는 과거부터 한약을 취급해 왔다.

현재 약사는 약국 내에서 추출액을 만들어 한약을 조제할 수 있는 약사와 조제할 수 없는 약사로 나뉜다. 한약 조제권 분쟁 이후 '한약사'라는 직능이 탄생하면서 만들어진 상황이다. 약대 졸업생 94학번까지는 한약조제시험을 볼 자격이 주어지면서 한약 추출기를 이용한 한약

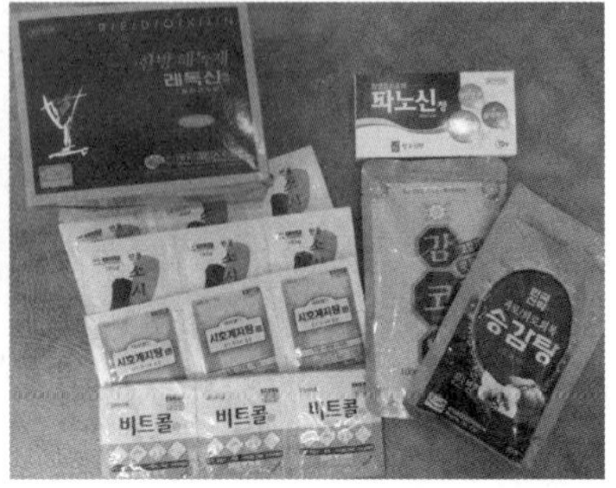

:: 요즘 한방 제제를 운용하는 약국은 과립이나 환제, 포장되어 나온 추출액제 등을 사용하는 경우가 많으므로 과거처럼 약국에서 한약향이 나지 않을 수도 있다.

조제가 가능하지만, 95학번부터는 똑같이 공부했어도 그런 자격이 없어진 것이다. 그마저도 의약분업이 되면서 한약 추출액 형태를 취급하는 약국이 많이 줄었기 때문에 약국에서 한약을 취급하는지 모르는 사람들이 많은 것은 사실이다. 하지만 약사들은 추출액 형태의 한약이 아니더라도 과립, 환제, 정제 등의 다양한 형태의 한방 제제를 지속적으로 취급해 오고 있다.

한방 제제를 생산하는 제약회사들은 광고를 하지 않는다. 그래서 회사 이름을 들어도 믿어도 되는 회사인지 의심스러울 수도 있다. 그러나 한방 제제를 생산하는 한풍제약, 한국신약, 정우신약 등은 TV 광고에 매일 등장하는 유명 제약회사들만큼 역사와 전통이 오래된 회사이기도 하고 정부에서 제시하는 GMP를 충족하고 있는 양질의 회사들이다.

약사들은 이와 같은 한방 제약회사에서 만들어진 일반의약품 한방 제제를 소분(덕용 포장의 제제를 약포지 단위로 나누는 것)하거나 직접 판매하고 있다.(실제로 2003년 5월 31일에 복지부 약무식품정책과에서는 모 질의에 대한 답변에서 약사법 제39조 제9호의 규정에 의해 일반의약품 한약 제제는 의사의 처방전 없이 개봉해 판매할 수 있음을 규정하고 있다.) 또 이미 많은 제제들이 양·한방 혼합 제품이나 건강기능식품(이하 '건기식')의 형태로 출시되어 있기 때문에 환자들이 호소하는 불편한 증상에 대해 맞춤 형태의 한방 제제를 권하고 있다.

한방 제제를 운용하는 모든 약국이 과거처럼 한약향이 나거나 한약장을 갖추고 있는 것은 아니다. 위와 같이 과립이나 환제, 또는 이미 포장되어 나오는 추출액제를 사용하기 때문이다. 우리 약국의 경우에도 한방 제제만 운용하고 있지는 않다. 처방 조제 업무와 건기식과 같은 제제를 판매하면서 한방 제제를 같이 판매하고 있다.

동서의학 각각의 장점을 수렴한 복약 지도

일반적으로 약국의 주요 업무를 처방전에 의한 조제와 투약에만 한정해 생각할 수도 있지만, 나는 약국약사의 가장 중요한 업무 중 하나가 환자의 전반적인 건강에 대해 조언하는 것이라고 생각한다. 이런 전인적인 복약 지도를 할 때는 환자에게 동양의학적인 내용을 포함시켜 이야기해 주면 증상 회복에 많은 도움이 된다.

만성적인 구내염과 설염을 앓고 있는 여성 환자가 있었다. 세균성 감염에 의해 염증이 계속 발생하고 있었지만 그것이 구내염과 설염이 발생하는 근본적인 원인은 아니었다.

구내염과 설염의 원인은 지속적으로 사고를 치는 아들이었다. 아들은 이 환자의 돈을 탕진하고 있었는데 이 환자의 주머니 사정도 한계에 이르고 있었던 것이다. 이로 인해 신경과 약도 먹고 있었다. 구내염과 설염은 이비인후과에서, 불안증은 신경과에서 각기 진료를 받으며 서로 별도의 증상이라고 생각하고 있었다.

이처럼 스트레스가 많은 사람은 담화가 많이 발생하게 되는데 이는 활성 산소를 과도하게 생성하게 만든다. 이때 서양의학에서는 스트레스 받지 말라는 말 외에는 환자에게 특별히 대처해 줄 것이 없다. 반면에 동양의학에는 이런 담화나 혈열에 대한 이론이 있고 그것을 완화시켜 주는 약이 있다. 이 환자에게도 스트레스가 구내염과 설염의 주 원인임을 말해 주고 이러한 내용을 설명해 주었다. 그리고 이를 조절하는 방법을 알려 주니, 구내염과 설염이 동시에 많이 나아졌다.

약사만이 포괄적이고 균형 있는 의학 정보를 제공할 수 있다

우리나라처럼 약국이 생활권 가까운 곳에 잘 분포되어 있는 나라는 많지 않다. 환자가 원하면 언제든 약 전문가, 영양학 전문가인 약사를 만날 수 있다는 것은 어찌 보면 큰 혜택일 수 있다.

현 제도상으로 약사는 동양의학 이론을 기초로 하고 있는 한방 제제 일반의약품이나 서양의학 이론을 기초로 하고 있는 합성의약품, 그리고 영양학을 기반으로 하고 있는 건기식 등을 모두 사용할 수 있다. 그렇기 때문에 약사의 역량에 따라 한쪽으로 치우치지 않은 양질의 의학 정보를 환자에게 전달할 수 있고, 환자가 질병의 고통으로부터 좀 더 빨리 회복될 수 있도록 도와줄 수 있는 조언자 역할을 할 수 있다.

현재 우리나라에서는 환자의 질병에 대한 이러한 접근이 터부시되고 있다.(물론 경희대 한방병원이나 동국대 한방병원처럼 동서의학 협진을 하고 있는 경우도 있지만, 어디까지나 협진일 뿐 한 명의 의사가 2

가지 이상의 다른 의학적 패러다임을 갖고 있다는 의미는 아니다.)

예를 들어, 한의사가 첨단 의료 장비인 CT, MRI 등을 사용하는 것을 두고 의사들이 소송을 건다든지, 의사들이 한방적 개념으로 만들어진 의약품을 처방하는 것을 두고 한의사들이 소송을 건다든지 하는 것은 동서의학 종사자들이 소통 자체를 거부하고 있음을 단적으로 보여주는 사례라 할 수 있다.

하지만 유일하게 약사라는 직능은 그런 내용을 모두 포괄해 사용할 수 있다. 그리고 환자에게 가장 적합한 치료 방향을 조언해 줄 수 있는, 어찌 보면 우리나라의 유일한 직능이다.

나는 오늘도 질병에 대한 편협한 사고를 버리기 위해 그리고 환자들에게 양질의 정보를 제공하기 위해 또다시 책을 펼쳐든다.

약대에서 배우는 천연물·생약 과목

현재 약대는 2+4년으로 운영되고 있다. 약학에 관련된 과목은 본과 4년 과정에서 집중적으로 배우게 된다. 대표적으로 서울대, 성균관대, 연세대 약학대학 교과 과정에 속해 있는 천연물 또는 생약 관련 과목을 살펴보면 다음과 같다.(괄호 안은 학점 수)

서울대학교 약학대학

본과1 : 생약학 1, 2 전공필수(2) / 본과3 : 천연물의약학 전공필수(2)

연세대학교 약학대학

본과 1 : 생약학 전공필수(3) / 본과 1 : 약학실험2(3)

성균관대학교 약학대학

본과 1 : 생약학1 전공필수(2) / 본과 1 : 생약학2 전공필수(2) / 본과 1-2 : 약용식물학 전공선택(2) / 본과 1-2 : 천연물성분개론 전공선택(2) / 본과 1-2 : 한약학개론 전공선택(2) / 본과 2-3 : 임상천연물약품학 전공선택(2) / 본과 2-3 : 한약제제학 전공선택(2) / 본과 3 : 천연물약품화학 전공필수(3)

의약분업과 한약 조제권 분쟁을 거치면서 약대 내에 교육 과정으로 있었던 본초학이나 한약방제학 등이 많이 제외되었다. 그나마 남아 있는 전공 필수 과목은 생약학이나 천연물의약에 집중되어 있다. 학교별로 교과 과정이 다른데 성균관대의 경우만 보더라도 전공 선택으로 많은 양의 생약 관련 과목이 있음을 알 수 있다. 만약 약대 진학에 관심이 있는데 생약 관련 과목을 같이 공부하고 싶다면 각 학교의 교육 과정을 참고해 입시를 준비해야 할 것이다. 만약 약대 재학 중이면서 약사 한약을 공부하고 싶다면 지역 약사회 한약위원회에 문의하는 게 좋다. 각 지역에서는 오랫동안 한방 제품을 취급한 약사들의 강의가 정기적으로 이루어지고 있는데, 이에 대한 자세한 정보를 얻을 수 있다.

메디컬 라이터?
행복을 찾아 나선 이야기

| 윤수진 |

1980년 평택 출생. 2003년 2월 성균관대학교 약학대학을 졸업하고, 2013년 2월 같은 대학교 대학원에서 보건사회약학 석사 학위를 받았다. 현재 메디컬 라이터로 활동 중이며, 블로그 'Medical Writer 쿠쿠쿠의 행복 이야기'와 네이버 오픈캐스트 '약사들이 만드는 행복한 건강이야기'를 운영하고 있다.

새로운 사람을 만나 명함을 건네면 반드시 듣는 말이 있다.

"메디컬 라이터(medical writer)가 뭐예요?"

최대한 이해하기 쉽게 한다고 설명은 하는데 돌아오는 반응은 늘 이렇다. "아, 네…."

상대방이 단박에 알아들으리란 기대는 오랜 경험을 통해 이미 접은 상태이지만, 그래도 마음 한편에는 내가 하는 일을 이해시키지 못하는 데서 오는 답답함이 늘 자리하고 있다.

메디컬 라이터.

대부분의 사람들이 이런 직업이 있다는 사실조차 모르지만, 이 분야 내에서도 직업으로서의 메디컬 라이터에 대한 정의가 아직 명확히 정립된 것은 아니다.

"그래서 메디컬 라이터가 뭐라고요?"

유럽메디컬라이터협회(European Medical Writers Association)에서는 '메디컬 라이팅(medical writing)'을 "임상 데이터나 과학적인 데이터를 다양한 독자나 대상에 각각 맞는 형태 및 방법으로 전달하는 커뮤니케이션"이라고 규정하고, 이 메디컬 라이팅을 하는 사람을 '메디컬 라이터'라고 설명하고 있다.

언뜻 보면, '의학·약학과 관련된 글쓰기' 정도인 것 같으나, 그보다는 훨씬 깊고 전문적인 작업이다. 의약학 전공 도서나 논문이 메디컬 라이팅의 전통적인 영역이라면, 요즘은 다양한 방면에서 메디컬 라이팅을 접할 수 있다. 임상 시험 자료의 수집, 정리, 의약품 및 의료 기기의 사용 허가 자료나 시판 후 안전성 관리 자료 등이 메디컬 라이터의 손을 거친다. 이런 작업이 해당 분야 전문직 종사자들을 대상으로 한 메디컬 라이팅이라면, TV나 신문, 인터넷 매체에서 볼 수 있는 의약품 광고나 의료 서비스 홍보는 일반 대중을 상대로 한 것이다. 『삐뽀삐뽀 119 소아과』나 『신의진의 아이심리백과』 같은 건강 서적도 일반인을 대상으로 한 대표적인 메디컬 라이팅이라 할 수 있다.

메디컬 라이팅은 어떤 경우든 의약학에 대한 정확한 지식과 면밀한 검토에 의해 작성되어야 한다. 이런 과정을 거치지 않은 채 내용에 오류가 있거나 과장이 있는 메시지를 전달했을 경우 그 파급 효과가 엄청날 수 있기 때문이다.

예를 들어, 2011년 국내에 상당한 센세이션을 일으킨 한 의약품 광고를 보자. "간 때문이야~ 간 때문이야~ 피곤은 간 때문이야~!" 유명 축구 선수 부자가 부른 이 CM송은 남녀노소를 불문하고 흥얼거리는 히트작이 되었고 그 제품은 날개 돋친 듯 팔려 나갔다. 그런데 문제는 그다음이었다. 히트 광고로 인해 피곤의 원인이 무조건 '간'이라는 장기 문제로 환원되는 웃지 못할 광경이 벌어진 것이다. 피로를 불러일으키는 다른 원인에 대해서는 경시하는 분위기로 흐르자, 결국 "간 덕분이야~"라는 광고 카피로 바뀌게 되었다. 이처럼 의약품 광고 시장에서 광고 카피 한 줄은 질병이나 건강에 대한 대중의 인식을 순식간에 바꿀 수 있는 만큼 정확한 메디컬 라이팅이 요구된다.

존재조차도 몰랐던 메디컬 라이터가 되기까지

생각해 보면, 내가 약대에 입학한 것은 우연이었다. 가고 싶었던 공대에는 합격하지 못했고, 대안으로 결정한 것이 약대였기 때문이다. "여자가 약대 나오면 괜찮지." 하는 주변의 반응도 결정에 한몫했던 것 같다.

그래서였을까? 약대에 입학하는 순간에도, 약대를 다니는 동안에도 약국이나 병원에서 일하겠다는 생각은 해 본 적이 없었다. 막연히 일반적으로 이야기하는 약사의 진로가 아닌 다른 길을 가고 싶었다. 다른 과에서 어떤 공부를 하는지 기웃거리기도 여러 번이었고, 약사 면허로 선택할 수 있는 특이한 직업이 뭐가 있을지 나름 찾아보기도 했다. 하지만 막상 약대를 졸업하고 갈 수 있는 곳은 약국, 병원, 제약회사, 공직 정도였다. 결국 고민 끝에 외국계 제약회사 영업직으로 사회생활을 시작했다.

사무실이 아닌 전국 각지를 다니면서 영업하는 것은 신 나는 일이었다. 담당 의사를 만나기 위해 자가용은 물론, 버스, 지하철, 기차, 비행기까지 안 타 본 교통수단이 없을 정도였다. 매일 여행하는 기분으로 영업을 하러 다녔다. 하지만 그것도 잠시였다. 당시 신제품 출시를 준비하는 팀에 근무한 덕분에 다른 영업 사원들과는 달리 영업 실적에 쫓기는 일이 없었던 까닭인지 얼마 지나지 않아 매너리즘에 빠졌다. 회사 내에서 일어나는 끊임없는 눈치 싸움과 실적 전쟁을 지켜보며 과연 계속 이 일을 할 수 있을지 고민했다. 마케팅팀으로 옮기기도 해 봤지만 고민은 여전했다.

그러던 어느 날 정말 몇 년 선배인지조차 계산이 안 되는 높으신(?) 선배님께서 질문을 하셨다.

"도대체 어떤 일을 하고 싶은 거니?"

"글 쓰는 직업을 갖고 싶어요…."

왜 그런 대답을 했는지는 아직도 모른다. 대학 시절부터 작은 칼럼을 운영하고 있던 터라 막연히 글 쓰는 직업 즉, 작가에 대한 대책 없는 선망을 가지고 있었던 것일까?

어찌 되었든 그 선배는 글을 쓰고 싶다는 내게 알맞은 일자리가 있다며 소개시켜 주었다. '메디컬 라이터'라는 새로운 세계였다.

메디컬 라이터로서 첫발을 내딛다

국내에 메디컬 라이터라는 개념이 들어온 시기에 대해서는 의견이 분분하지만, 의약품 정보업체 킴스온라인(Kimsonline)이 한국에 들어온 때인 1980년대로 보는 시각이 일반적이다. 킴스온라인에서는 국내 최초로 메디컬 라이터 팀을 만들어, 당시 국내에 정기적으로 발행되는 『KIMS』 책자의 편집을 시작으로 의료 분야 전체에 걸쳐 저널, 의약학 신문의 저술 및 편집을 하게 되었고, 2000년대 들어서는 마케팅 컨설턴트 역할까지 하기에 이르렀다. 나 역시 당시 킴스온라인의 계열사였던 메디메디아코리아(MMK, 현재는 완전히 분리되어 별개의 회사로 존재한다)에서 메디컬 라이터 생활을 시작했다.

영업과 마케팅에서 조금씩이나마 근무했던 경력이 인정되어 회사에서는 곧바로 제약회사 마케팅 관련 업무를 맡았다. 당시 가장 많이 했던 업무는 브로슈어, 광고 문구 작업이었다. 새로운 아이디어를 계속 뽑아내야 하는 일을 해서인지 몰라도 전반적인 회사 분위기는 자유로웠다.

회사 내에서도 메디컬 라이터마다 하는 업무가 제각각이었다. 저널을 맡아 일하는 경우에는 저널의 집필진이나 편집진과 항상 연락할 준비가 되어 있어야 한다. 보통 한 사람이 맡는 저널이 적으면 4~5개, 많게는 7~8개까지 있어 업무량이 상당해 다른 업무는 잘 하지 않았다. 신문을 담당하는 경우는 마감 시한 스트레스가 높은 편이다. 일반적으로 의약학 전문 신문사에는 기자가 있지만, CME(continuing medical education, 의사 연수 교육)와 같이 전문적인 내용을 다루는 부분은 약사들이 전담해 원고를 작성한다. 그 외에도 제약회사 마케팅과 관련해 다양한 일을 수행하는 커뮤니케이션 업무도 있었다.

내가 주로 담당했던 업무는 제약회사에서 제품 홍보를 위해 추진하는 다양한 프로젝트를 대행하는 것이었다. 간단한 브로슈어 제작부터 환자 교육 프로그램, 광고 제작, 자료 번역, 행사 자료집 제작, 심지어 제약회사 신입 직원 교육 프로그램, 의학 전문 세미나까지. 담당한 프로젝트를 얼마나 잘 수행하는가에 따라 메디컬 라이터의 능력이 평가된다.

"참아야 하느니라"

　메디컬 라이터는 업무만 보면 꽤 괜찮은 직업이다. 그런데 막상 일을 하다 보면 생각지도 못한 일들이 생긴다. 한 다국적 제약회사와 마케팅 프로젝트를 하는 과정에서 있던 일이다. 회사 측 담당자는 나보다 한참 어린 직원이었다. 처음에는 함께 일하면서 식사도 같이 하는 등 별 문제 없이 일이 진행되었다. 브로슈어 제작이나 홍보 프로그램 작업 역시 무난한 흐름을 보였다. 그런데 다른 출장 업무가 잡혀 있던 어느 날, 그 담당자로부터 전화가 왔다. 브로슈어 내용 중 일부를 수정해야 하는데, 급하다고 하면서 3시간 이내에 내용을 다시 작성해 달라는 것이었다. 하지만 이미 미루거나 바꿀 수 없는 출장 스케줄이 있는 만큼 해결이 불가능했다. 결국 몇 시간 미뤄 달라고 간곡히 요청했으나, 절대 불가능하다는 답변과 함께 하대하는 말로 혼나는 상황까지 가게 되었다.

　"내가 왜 너희 회사랑 일하는 줄 알아? 이런 것 하기 귀찮아서란 말이야. 그러면 해 달라는 거 바로바로 뚝딱 해 줘야지, 어디서 시간을 미뤄 달라고 해? 너 제정신이야? 다음엔 너희 회사와 일 안 해."

　제약회사에서는 같이 일하는 협력업체들을 일종의 '하청업체'로 보는 시각이 존재한다. 때문에 일이 잘 안 되면 "다른 업체와 할 테니 그만두라"는 식으로 나오는 경우도 많다. 이러한 태도는 나이 어린 직원이 갑자기 프로젝트를 담당하는 경우나, 아주 높으신 임원분들에게서 많이 볼 수 있다. 하지만 일을 진행시키려면 맞짱(?)을 뜰 수도 없는 노릇이니, 벙어리 냉가슴 앓듯 참아 넘겨야 하는 일도 비일비재하다.

　여러 의사 선생님들의 원고를 받아 편집해 책을 만드는 일을 한 적

:: 2013년 3월에 있었던 제8회 메디컬 라이터 정기 모임.(오른쪽 두 번째가 필자)

이 있다. 편집 회의나 사전 모임을 가지면 하나같이 원고를 잘 쓰겠다고 이야기한다. 그런데 막상 마감일이 되어 연락하면 정말이지 이런 황당함이 또 없다. 아예 집필에 들어가지 않은 사람부터 대신 원고 써 줄 작가를 찾는 사람까지 있다. 원고 독촉을 하다 보면 어떤 이유로 원고가 늦어졌는지 대충 알 수 있지만, 겉으로는 모르는 척하고 넘어가야 한다. 또 일부 교수들은 박사 과정이나 석사 과정 학생들이 대신 쓰게 한 다음 본인이 일부를 수정해 원고를 내기도 한다. 책 발간을 후원하는 제약회사 입장에서는 의사가 '갑'이기 때문에, 설사 그런 일이 있다고 하더라도 그냥 넘어가 주기를 바란다. 결국 제대로 된 책을 만들기 위해 메디컬 라이터들이 처음부터 원고를 다시 쓰는 일도 생긴다. 그만큼 황당한 일도 겪으면서 경험을 쌓게 되는 것 같다.

프리랜서 메디컬 라이터로 살아가기

첫 번째 프리랜서 생활은 첫 아이 임신과 함께 찾아왔다. 당시 약사인 남편이 약국을 열고 싶어 했던 것도 있었고, 임신을 했으나 유산 위험이 다분했던 터라 더 이상 회사 생활이 불가능하다는 판단을 내렸다. 때문에 생각지도 못하게 프리랜서 생활을 시작하게 되었다. 그런 상황에서 어느 누구도 일을 주는 사람이 없었다. 한 제약회사에서 발행하는 소식지에 매달 글을 기고하는 조건으로 하게 된 일이 정기적으로 들어오는 수입의 전부였으나 그마저도 첫 아이 출산 뒤 끝났다. 그리고 출산과 비슷한 시기에 남편이 지방에 약국을 열게 되었고, 이사를 가게 되면서 일과 관련한 대부분의 사람들과 자연스레 연락이 끊어졌다. 결국 첫 프리랜서 생활은 그렇게 실패로 끝났다.

시골 약국에서 3년을 보낸 뒤 우리 부부는 다시 서울로 돌아왔다. 아이 교육 문제에 대한 고민도 컸지만, 무엇보다 약국이라는 작은 공간이 답답했고 글을 써야겠다는 생각을 누르기 힘들었다. 하지만 시골 약국에서 3년을 보낸 약사를 환영하는 곳은 없었다. 그렇게 구직 활동을 시작한 지 두 달째 MMK에서 임원으로 계셨던 분이 새로 회사를 창업하셨다는 이야기를 듣게 되었고, 그렇게 닿은 연으로 인해 GH코리아헬스(GH KoreaHealth)에서 다시 일할 수 있게 되었다.

GH코리아헬스에서의 가장 큰 수확은 메디컬 라이터로 제대로 인정받게 되었다는 점이다. 신생업체에서 일하면서 메디컬 라이팅에 대한 부분과 업무 분장, 그리고 제약회사 담당자, 학회 담당자들과의 관계를 처음부터 만들어 나가야 했다. 처음 사업을 시작하는 업체인 만큼 일에 대한 수준과 질을 담보할 수 없다는 이유로 처음엔 단가를 깎여

가며 일했다. 프로젝트를 세우고, 영업 인력 부족으로 제약회사나 의료기기업체, 학회들을 직접 상대하는 과정을 겪으며 메디컬 라이터에 대한 신뢰를 차곡차곡 쌓아 나갔다. 덕분에 제약 마케팅 관련 업계에서 'GH코리아헬스의 윤수진'이라는 이름이 각인될 수 있었던 것 같다. 그때의 경험이 현재 프리랜서로 일하는 데 많은 도움이 되고 있다.

하지만 그렇게 일하게 된 것도 잠시, 둘째 아이의 출산으로 더 이상의 회사 생활은 무리였다. 첫째도 엄마가 회사에 다니는 동안 어린이집 종일반에 있는 것을 힘들어했고, 매일 등·하원하는 것 자체가 전쟁이었다. 거기에 둘째 아이를 맡길 곳이 없었다. 결국 회사를 그만두고 육아에 충실할 수밖에 없었다. 하지만 이번에는 좀 다른 결심을 했다. 먼저 회사를 그만두면서 프리랜서 생활에 실패했던 전례를 따르지 않기 위해 둘째 아이를 낳고 어느 정도 산후 조리가 되었다고 판단되었을 무렵, 비슷한 일을 하는 분들께 회사를 그만두고 프리랜서로 일할 예정이라고 이야기하기 시작했다. 마침 비슷한 시기에 메디컬 라이터 모임도 만들어져, 모임과 계속 연락을 유지했다. 덕분에 이분들을 통해 지속적으로 일을 받을 수 있는 연결 고리를 만들 수 있었다.

프리랜서로 살아가려면 그야말로 자기 관리가 철저해야 한다. 시간 관리, 업무 관리는 물론이고 같이 일하는 사람들과의 관계 역시 상당히 중요하다. 때문에 잠시 회사를 쉬기 위해 프리랜서를 하는 경우가 아니라면, 적극적인 영업 태도가 필요하다.

지속적으로 일하기 위해서는 많은 사람들과 더불어 일할 수 있다는 점을 보여 줘야 한다. 단순히 메일이나 전화로 일을 받고 컴퓨터 앞에 앉아 자료를 분석하고 정리해서 송고하는 일이 전부가 아니다. 최근 국내 의약품 시장 환경이 급변하고 있는 만큼, 직접 발로 뛰어야 하는 학

:: 메디컬 라이터라는 직업은 글을 쓰고 싶은 필자의 꿈을 이루게 해 주었다. 때때로 수입이 '0'인 달도 있지만 좋아하는 일을 하면서 살고 있다는 사실만으로도 충분히 행복하다는 필자.

술 기반 프로젝트가 늘고 있다. 때문에 프로젝트 전반에 걸쳐 아이디어 회의, 전략 수립, 자료 수집 및 구성을 직접 하고 최종 보고서 작성 및 피드백까지 할 수 있어야 메디컬 라이터로 꾸준히 활동할 수 있다.

실제로 최근에 하는 일들을 살펴보면 집에서 컴퓨터로만 할 수 있는 일과 현장을 뛰어야 하는 일이 반반 정도 된다. 덕분에 일주일에 1~2일은 집이 아닌 병원이나 각종 의료 관련 현장에서 일하게 된다.

새로운 시작, 블로그

2012년 7월, 메디컬 라이터에 대한 많은 이야기를 나누고자 "Medical Writer 쿠쿠쿠의 행복 이야기"라는 블로그를 운영하기 시작했다. '쿠쿠쿠'라는 별칭은 대학 시절부터 쓰던 칼럼의 필명으로, 지금도 인터넷에서 사용하고 있는 애칭이기도 하다. 이 블로그를 통해 많은 약사님들, 약대생들, 그리고 약대 입시를 준비하는 학생들이 메디컬 라이터라는 직업에 관심을 가져 주고 있어 너무도 감사하다. 또 기존 약사들이 운영하는 블로그가 의약품과 건강에 대한 내용이 대부분이었던 데 반해, 의약품 시장에 대한 전반적인 리뷰, 제약회사에서 어떤 일이 일어나고 있는지, 그리고 실제 보건 정책들이 어떻게 돌아가고 있는지에 대해 글을 올리면서 호응을 얻고 있는 것 같다. 블로그 운영은 향후 메디컬 라이터들이 여러 사회 보건 이슈에 참여할 수 있는 길을 모색하고 지속적인 활동을 하기 위한 노력의 하나다.

현재 하고 있는 일에 만족하며 살고 있지만, 그렇다고 제약회사나 학회에서 의뢰해 오는 일만으로는 한계가 있다. 메디컬 라이터 역시 지속적인 공부와 새로운 분야를 개척해 비전을 세우는 것이 필수적이라 생각한다. 개인적으로는, 메디컬 라이터들이 제약업계 마케팅이나 임상에 한정되지 않고, 정치나 사회 분야에서도 능력을 발휘할 수 있었으면 한다.

매일매일 꽉 들어차 있는 스케줄을 보고 있으면, 회사에 다닐 때보다 더 바쁘다는 생각이 들기도 한다. 그래도 출퇴근으로 인한 스트레스를 받지 않고, 아이들의 어린이집과 유치원 등·하원을 직접 해 줄 수 있다는 것만으로도 만족하고 있다. 비록 버는 돈이 약국을 운영하는 것보다 적고, 때때로 수입이 '0'인 달도 있지만 좋아하는 일을 하면서 살고 있다는 사실만으로도 충분히 행복하다.

1. 광고업계

의약품이나 의료 기기, 의료 서비스와 관련한 행사 및 광고를 대행하는 에이전시 업체다. 특히 광고를 기반으로 성장한 회사들이 대부분을 차지하는데, 국내에서는 오길비, 맥캔(MaCann) 정도의 외국계 업체를 들 수 있다. 각종 기업 광고를 맡다가 헬스 케어 시장에 뛰어들기 위해 별도 사업부를 만들어 메디컬 라이터들을 고용한 회사들이다.

2. DB(데이터베이스) 사업에서 출발한 업계

1980년대 국내에 소개된 의약품집 『KIMS』는 당시 인터넷이나 웹이 발달하지 않은 상태에서 의약품 분류와 종류를 볼 수 있었던 책으로 의사, 약사는 물론 병원 관계자 및 제약업계 사람들에게 환영받았다. 이들 사업체를 모태로 출발한 업체들이 현재 국내에 있다. 여전히 KIMS(http://www.kimsonline.co.kr)라는 사이트를 운영하고 있는 UBM메디카코리아(UBM Medica Korea), 여기서 파생된 MMK, 메디컬업저버 등이 이에 속한다.

3. 인터넷 및 오프라인 언론사

의료 및 약료 관련한 언론사에서도 메디컬 라이터를 정규직으로 뽑거나 임시직으로 운영하기도 한다. 이들 언론사는 관련 소식을 전달하는 것 외에 최신 학술 정보를 소개하는 역할을 하기도 하는데, 전문적인 지식이나 이해가 없으면 기사를 쉽게 풀어 내지 못하다 보니, 메디컬 라이터들이 이러한 일들에 관여하게 된다. 대표적인 업체로는 청년의사, 메디컬타임스, 코메디닷컴 등을 들 수 있다.

4. 출판 관련 업체

의약학 관련 저널을 발행하고 있는 업체. 특히 엘스비어(Elsevier) 같은 업체들은 의약학뿐 아니라 여러 분야에서도 저널을 내고 있기 때문에 다양한 분야의 작가와 편집자들을 뽑는다. 최근에는 메디컬 라이터들이 국내뿐 아니라 이러한 국제적인 저널 출판업계에도 진출해 해외 근무도 하는 것으로 알려져 있다.

5. 리서치 업체

갤럽은 정치, 사회, 전자, 서비스, 자동차 등 다양한 분야로 나눠 직원을 뽑는데 헬스 케어 분야도 있다. 주로 의료 관련 통계를 전공한 사람들이 이 사업부에서 일하는 것으로 알려져 있다. 갤럽 외에 헬스 케어 분야를 만든 국내 업체로는 AC닐슨, 오길비, GH코리아 정도가 있다. 이들 업체들은 통계가 가능한 메디컬 라이터들을 선호하는 경향이 있다.

6. CRO 업체

임상 시험을 하는 업체들이다. 임상 시험을 진행하는 데 있어 그 프로토콜(임상 시험을 하는 방법을 일목요연하게 정리한 문서)을 작성하고, 그 결과를 체크해 최종 보고서를 만들어 내는 일을 한다. 이를 위해서는 의료 임상에 대한 전반적인 지식이 있어야 한다. 때문에 약사나 간호사 면허를 가진 메디컬 라이터들이 많은 편이다. 하지만 앞서 소개한 업체들과는 상당히 다른 특징을 가진다. 대부분 임상 시험이라는 특정한 목적을 가지고 일하기 때문에 업무 폭이 제한적이다.

메디컬 라이터가 되려면?

메디컬 라이터를 필요로 하는 회사에서는 결원이 생길 때마다 채용을 진행하기 때문에 정기적인 공개 채용은 없다. 대부분 주변 지인의 추천으로 인력을 충원하는데, 가끔씩 약사 구직 사이트에 채용 공고가 나기도 한다.

메디컬 라이터는 주로 약사들이 많이 하고 있으며, 대부분 석사 이상의 학력을 가지고 있는 경우가 많다. 의약학 관련 논문을 읽고 자유자재로 가공·편집할 수 있는 사람을 뽑다 보니, 영문으로 된 논문을 읽고, 논문을 직접 써 본 경험이 있는 대학원 이상의 학력을 요구하는 편이다. 하지만 최근 제약 시장 환경이 급격히 변함에 따라 이러한 시장 흐름을 잘 읽어 낼 수 있는 마케팅 경력자들이 늘어나고 있다. 활동적인 업무가 늘고 있는 것 역시 마케팅 경력자들을 선호하는 이유 중 하나로 꼽힌다.

약사 모두가 주인인 약국

| 장보현 |

제3의 사춘기에 접어든 총각 약사. 서울대 약대를 졸업하고 약국과 부천 성모병원에서 근무했다. 1기 늘픔약사회 대표를 역임했으며, 현재는 서울대 보건대학원에서 보건 정책을 공부하며 신림동 늘픔약국 근무약사로 일하고 있다.

중학교 2학년 무렵으로 기억한다. 목동에서 학교를 다니며 1시간 남짓 버스를 타고 통학하던 때였다. 집에 가는 버스 창가에 앉아 멍하니 창밖을 보다가 늙고 병든 한 노파가 종이 쪼가리를 줍고 있는 광경을 보았다.

'저 할머니는 어떤 인생을 살아오셨을까?'

그 노파의 삶의 궤적을 상상하면서 불현듯 떠올랐던 질문이 있다.

'나는 왜 사는가? 무엇을 위해 살까?'

사춘기를 보내는 청소년이라면 누구나 이와 비슷한 질문에 맞닥뜨린 경험이 있을 것이다. 답을 찾으려 했지만 찾을 수 없었고, 좀처럼 그 질문에서 헤어 나오지 못했다.

그래도 막연함과 공허함 속에서도 부정할 수 없었던 생각이 있었다. 만약 내가 산다면, 함께 사는 사람들의 고통과 슬픔, 배고픔을 조금이라도 덜어 줄 수 있을 때 삶의 의미를 찾을 수 있을 것 같았다. 기아에 허덕이는 아프리카 사람들에게 도움을 주며 살고 싶었고 생명이 오가는 극적인 선 위에 서 있고 싶었다. 그래서 흉부외과 의사가 되어 의료 선교사로 활동하겠다는 꿈을 꾸었다.

'서울대 합격'을 중요시하는 사립 고등학교의 특성상 고3 담임 선생님은 서울대 지원을 권했다. 1순위에 의대를, 2순위에는 약대를 지원했는데, 의대에 합격할 것이란 예상은 빗나갔고 약대에만 합격했다.

'그래, 일단 입학을 하고 수능을 다시 준비하자.'

이렇게 내 약대 생활은 시작되었다.

어떤 약사로 살까?… 답을 찾기 위해 시작한 '늘픔'

대학교에 발을 들여놓긴 했지만 도무지 정을 붙일 수 없었다. 삶의 의미를 못 찾고 방황하는 시기가 왔다. 학교에는 거의 가지 않는 날이 많았고 결국 휴학을 결정했다.

홍대 클럽에서 일하며 하루하루를 보내던 중에 당시 여자 친구의 권유로 약대 사람들과 농활(농촌 활동)을 가게 되었다. 그런데 거기서 지금까지 봐 왔던 사람들과는 조금 다른 사람들을 만났다. 진정성 있는 눈빛으로 삶을 고민하던 약대 선배들, 인도주의실천의사협의회, 건강사회를 위한 약사회, 한의사·한의대생으로 이루어진 길벗한의사회 사람들, 그리고 미군 기지 확장을 이유로 쫓겨나야 했던 평택 대추리 주민들의 비극적인 현실을 봤다. 그들과 함께했던 2박 3일 동안 그 이전까지 보지 못했던 사회의 어두운 모습들과 언론의 왜곡 보도 현실을 보았고, 사회 구조와 정치, 정책으로 인해 고통받는 사람이 많다는 사실을 조금씩 알게 되었다. 무엇인가에 빨려 들듯, 그동안 당연히 여기며 발 딛고 살았던 '한국 사회'를 다시금 들여다보게 된 순간이었다.

이러한 고민을 이어 가고 어떤 약사로 살아갈지 꿈꿀 공간이 필요했다. 그때의 만남이 계기가 되어 전국 약대 연합 동아리 '늘픔'을 함께 시작하게 되었다. 우리는 누구보다 잘 놀고 쾌활하면서도 이러한 고민을 솔직하게 서로 나누며 함께 의미 있는 활동들을 해 나가고자 했다.

약대에 들어오는 사람이라면 누구나 자신보다 어려운 사람을 보며 느끼는 측은지심과, '생명과 건강'에 대한 소명감을 갖고 있을 것이다. 히포크라테스(Hippocrates) 선서, 디오스코리데스(Dioskorides) 선서, 나이팅게일(Nightingale) 선서 모두 의료인들이 이야기하는 소명이다. 그러한 뜻을 가지고 지켜 나가는 것이 쉬운 일은 아니지만, 그러한 사람이 많아지는 것이 사회가 보건·의료인을 배출하고 의사, 약사, 간호사라는 면허증을 주는 궁극적인 이유일 것이다.

그렇다면 약사의 역할은 무엇일까? 난 어떤 약사로 살아야 할까? 대학 시절 늘픔 활동은 이런 것들을 고민해 볼 수 있는 좋은 기회였다.

새내기 약사로서 맞닥뜨린 현실은 더욱 가슴 아팠다

대학을 졸업하고 보건대학원에서 보건 정책을 공부하기로 마음먹었다. 대학원 진학을 준비하면서, 그리고 대학원 진학 이후에도 난 돈을 벌기 위해 약국과 병원에서 꾸준히 일했다. 직접 사회에 나와 일해 보니 그동안 고민해 온 것들이 정말 현실 문제란 것을 깨달았다.

우리나라 보건·의료 체계와 현실을 외국의 사례들과 비교해 보면서 그동안 '당연'하다고 생각했던 일들이 실은 매우 '특이'한 일이었음을 알게 됐다. 똑같은 질병에 걸려도 다른 나라에서라면 전혀 다른 상황이 펼쳐질 수 있다는 사실을 말이다. 단순히 치료비를 거의 내지 않는다는 것뿐 아니라 질병 치료로 인한 경제적 위기나 가족의 고달픔을 상병 수당과 간병 서비스 등을 통해 국가와 사회가 책임지고 있는 모습은 놀라움을 넘어 큰 충격으로 다가왔다.

우리나라는 세계에서 노동 강도가 둘째가라면 서러울 정도로 높고 노동 시간도 많은 데 비해 실질 임금은 적고 산업 재해 발생은 1위다. '한강의 기적'을 일군 세대들이 아프고 병든 나이가 되어 많은 책임을 홀로 져야 하는 현실이 가슴 아팠다. 복지는 '국가의 선심' 혹은 '베풂'이고 그 혜택을 받는 사람들은 '미안함'이 앞서야 하는 현실. 이들에게 보건·의료 서비스란 무슨 의미일까?

또 한 가지, 좋은 구조가 갖춰져야 좋은 약사로 일할 수 있다는 것도 절실하게 느꼈다.

약사가 되어 사회에 나가면 어쩔 수 없이 '경영' 문제에 부딪히게 된다. 대부분의 약국에서 약사는 '빨리빨리'와 '매출'의 압박에 놓인다. 빠르게 약을 조제해 간단한 복약 지도를 하고 다음 환자를 보는 것이 조금이라도 매출을 늘리는 방법이다.

약대를 졸업하고 2년쯤 되었을 때 일했던 약국에는 일명 '카운터'가 2명이나 있었다. 약사가 아님에도 약을 판매하고 상담했다. 심지어 버젓이 진맥까지 했다. 그 약국을 경영하는 '약사'는 이러한 엄연한 불법 행위로 약국을 3개나 운영하며 돈을 긁어모으고 있었다. 대부분의 약국이 양심적으로 본연의 역할에 충실하고자 노력하고 있지만, 구조적으로 이와 같은 유혹에 시달릴 수밖에 없는 측면도 있다. 우리나라 의료 기관은 대부분 '자영업자'가 운영하고 있기에, 비용과 인건비를 줄이고 수익에 집착하는 것이다.

이와 같은 구조 속에서 개인의 마음가짐만으로 이상적인 약사의 역할을 해내기란 쉽지 않다. 약사로서 건강과 약에 대해 부단히 공부하고 환자를 대하는 올바른 마음을 갖는 것도 중요하지만, 약국이 운영되는 구조 또한 그만큼 중요하다.

어떻게 하면 '약사가 자영업자가 아닌 약국' 구조를 만들 수 있을까? 이에 대한 고민이 끊이지 않았다.

환자와 일꾼 모두가 만족하는 약국, '늘픔약국'

나 혼자 양심 있고 성실한 약사로 열심히 일해서만은 도달하기 어려운 목표였다. 내가 변하고 한국 실정에 맞는 정책으로 약사가 환자의 신뢰를 받으며 보람 있게 일할 수 있는 구조가 된다면 이 같은 갈등과 괴로움이 조금은 나아지지 않을까?

그러기 위해서 일하는 모두가 주인인 약국이 필요했다. 경영의 압박에서 보다 자유로우면서도 약사로서의 책임감과 찾아오는 환자들에 대한 애정이 높아지는 구조. 이것이 공동체 약국 늘픔약국을 구상할 때 세운 중요한 원칙이다. 일하는 약사들이 함께 기획하고 준비해서 만드는 변화이기에 지치지 않고 체계적으로 발전해 갈 수 있는 약국, 약국에서 일하는 나와 약국을 마치고 생활하는 내가 분리되는 것이 아니라

:: 2010년 9월 인천 남동구 간석4동에서 늘픔약국이 문을 열었다.

내 일터에서 내 지향을 구현하고 실행할 수 있는 공간이 바로 늘픔약국이다. 약국 문을 넘어 지역 주민을 직접 만나고 지역에서 할 수 있는 역할을 찾아 나가는 약국을 만들고 싶었다.

2010년 9월 인천 남동구 간석4동에 늘픔약국 간판이 걸렸다. 스물여섯의 젊은 약사 둘이 뭉쳐 마침내 일을 저지른 것이다.

드러나지 않는 파격과 조용한 실험들

늘픔약국은 흔히 얘기하는 '잘되는 약국'이 아닌 그냥 동네약국이다. 약국에 들어오는 주민이 특이하다거나 생소하다고 여기지 않는 익숙한 공간을 만들고 싶었다. 어딘가에서 '공동체 약국 늘픔약국' 얘기를 듣고 슬쩍 방문하더라도 '어라? 특별할 게 없는데?'라고 생각하게 될 만한 공간이다. 우리는 그저 주민들이 편하게 상담하고 머물다 갈 수 있는 친절한 약국을 지향할 뿐이다. 늘픔약국 1호점은 그러한 우리의 지향을 담은 '실험실'이었다.

그러나 겉으로 드러나지 않는 다른 '구조'가 있다. 우선 약사들은 서로가 정한 월급을 받는다. 나머지 수익은 약국에 재투자하거나 지역 활동에 쓰고, 쪽방 봉사 활동의 의약품 공급에 쓰인다.

보통, 약국에서 약사와 환자는 주로 '말'로만 정보를 주고받는다. 그러나 아무리 약사가 복약 지도나 건강과 관련된 설명들을 잘 간추려 이해하기 쉽게 전달하더라도, 말로만 주고받은 내용은 환자가 기억하기 쉽지 않다. 환자에게 이 같은 정보가 눈에 띄는 곳에 잘 남아 있고 지속적으로 상기시킬 수 있게 하는 것은 의약품 복용으로 인한 피해와 잘못된 사용을 막을 수 있으므로 대단히 중요하다.

개인 약국이라면 비용과 시간 등의 문제로 하기 어려울 것들을 늘품약국 약사들이 머리를 맞대고 하나씩 시도해 나갔다. 우선 올바르고 안전한 의약품 복용을 위한 방법을 고민한 끝에 복약 설명서, 의약품 설명서, 건강 정보지, 복용법과 주의 사항이 적힌 스티커를 만들어 환자들에게 나눠 주었다. 처방을 받아 조제하는 약만이 아니라 일반적으로 판매하는 약에도 복용법, 주의 사항들을 적었다. 여기에 약국 전화번호를 적어 필요할 때 언제든 약국에 문의할 수 있도록 했다. 근무약사로서는 할 수 없는 이런 일들을 마음만 먹으면 언제든지 해낼 수 있는 것이 늘품약국의 장점이 아닐까?

하나하나 친절하게 설명하는 젊은 약사들과 이전에는 보지 못했던 각종 설명서에 낯설어하는 주민들 사이에서 늘품약국은 조금씩 '좋은 동네약국'으로 자리매김하게 되었다.

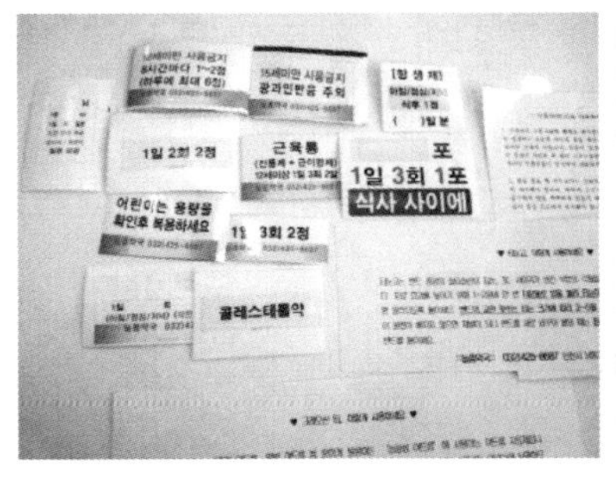

:: 약의 복용법과 주의 사항 등을 담은 늘픔약국 스티커(왼쪽)와 늘픔약국 회지 창간호(오른쪽).

약보다 책이 많은 약국?

늘픔약국이 자리 잡은 간석4동에는 주변 공단에서 3교대로 일하는 분들이 많다. 부모님들이 늦게까지 일하니 학교를 마친 아이들이 할 일 없이 배회하는 모습이 눈에 띄었다. 근처에는 책 한 권 빌려 볼 버젓한 도서관 하나 없는 상황.

책 읽는 것을 좋아하는 두 약사의 아이디어로 동네 사정에 맞게 늘픔약국 한편에 작은 문고를 만들었다. 그동안 두 약사가 가지고 있었던 책들을 시작으로 주변 주민들과 약사들, 지인들에게 기증받아 한권 한권 채운 결과, 책장에는 남녀노소 모두가 볼 수 있는 다양한 책들이 구비되었다. 약국 안에 작은 마을문고가 생긴 것이다.

어느새 늘픔약국은 어디가 아프지 않더라도 그냥 들러 책을 빌려 갈 수 있는 동네 사랑방이 되었다. 책은 많은 분의 도움으로 조금씩 늘어 갔고, 이제는 다들 알아서 빌려 가고 반납하는 풍경이 익숙하다. 의자에 앉아 책을 읽으며 떠드는 아이들의 모습. '약국과 책', 뜬금없는 조합이지만 지역 주민과 함께 호흡하고자 했던 바람이 조금씩 현실이 되어 간다.

요즘은 아동 백과사전류가 인기다. 늘픔약국의 이야기를 듣고 선뜻 자녀들이 보던 책을 직접 가져다주신 한 약사님의 노력으로 지역 아이들의 상식 수준이 높아지고 있다는 소문도 들린다.

지금도 약국 수익의 일부를 정기적으로 신간을 들여놓는 데 쓴다. '약보다 책이 많아지면 어쩌나?' 하는 고민도 해 본다.

늘픔약국에서는 정기적으로 회지도 발행한다. 간혹 일정이 바빠 발행이 조금 늦어질 때도 있지만 회지가 발행되는 날이면 오시는 분들에게 한 분씩 챙겨 드리는 진풍경이 벌어진다. 1년에 4번 늘픔약국 약사가 이야기하는 약과 건강에 대한 정보들, 의료 정책이나 현황에 대한 이야기들, 마을 주민의 수필과 독후감도 실린다. 의사 선생님의 기고, 약국 옆 부동산 사장님의 부동산 상식도 늘픔약국 회지의 매력 포인트다. 일하는 약사들 입장에서 글을 쓰고 모으는 것이 간단한 일은 아니지만, 주민분들의 집 어느 한편에 하나하나 쌓여 있을 약국 회지를 생각하면 기운이 난다. 냄비 받침이 돼도 좋다.

더불어 건강한 사회를 꿈꾸며

학생 때 늘픔 활동을 했던 몇몇 사람들과는 약대를 졸업하고도 인연의 끈을 계속 이어 나갔다. 약사가 되어 비로소 피부에 와 닿은 현실의 문제들, 그 과정에서 갖게 된 고민들을 함께 나눌 공간이 필요했다. 그래서 '더불어 사는 건강한 사회를 만들자'라는 거창해 보이는 뜻을 내걸고 2011년 3월 늘픔약사회를 시작했다. 약사로 사회에 나와 느꼈

:: 늘픔약국 안의 작은 문고.

던 무력감을 내려놓고 앞으로 약사가 될 후배들에게 자신이 꿈꾸던 올바른 약사상을 일상의 삶에서 구현시킬 수 있도록 도와주고, 흔히 이야기하는 이상과 현실의 괴리라는 당연할 것만 같은 숙제를 덜어 주고 싶다. 경험도 지식도 많지 않지만 열심히 하고 싶은 것들을 오늘도 좌충우돌 해 나간다.

현재 늘픔약사회는 20여 명의 젊은 약사가 함께하고 있다. 대학원, 회사, 병원, 약국 등 각자 일하는 곳은 다양하지만 같은 꿈을 꾸며 함께 공부하고 실천하고 있다. 학생 때부터 다니던 동대문 쪽방촌에도 만 5년간 매달 2회씩 300여 가구를 방문하고 있다.

2년 남짓 된 젊은 우리 공동체는 이제 시작이고 현재 진행형이다. 때론 매너리즘에 빠질 때도 지칠 때도 있지만 함께하는 즐거움과 함께해서 할 수 있는 것들이 참 많기에 무럭무럭 자라나 더 많은 사람들과 함께하는 행복한 기대를 한다.

약국 밖으로 나선 약사들, 그곳에서 본 약사의 역할

2011년 7월 14일 간석4동 동사무소와 늘픔약국, 늘픔약사회의 협약식이 열렸다. 간석4동 동장님과 마을 자치회 주민들이 모였다. 지역에 홀로 사는 노인들 중에 형편이 어렵고 만성 질환이 있어 여기저기서 받은 많은 약을 복용하는 분들을 늘픔약사회, 늘픔약국에서 찾아뵙기로 한 것이다.

간석4동에서 우리가 맡은 역할은 대상자들을 찾아 정기적으로 방문하고 의약품 복용 실태를 파악하는 것이다. 알맞은 복용법과 보관 방법 알리기, 집에 쌓여 있는 약들을 식별해 어떨 때 복용해야 하는지 가르쳐 주기, 불필요한 약은 버리고 올바르게 복용할 수 있게 정리해 주기, 필요한 상비의약품 전달하기 등이었다.

사회복지사와 동사무소의 도움을 받아 가운을 입고 정기적으로 일요일 낮에 어르신들의 댁을 방문했다. 의약품을 잘못 복용하고 있는 경우가 너무 많았고 예상보다 심각한 수준이었다. 그동안 약국에서 약을 전해 주는 것만 생각했지, 실제로 환자가 집에 가져간 약을 제대로 복용하는지까지는 생각이 미치지 못했다. 약의 생산부터 유통, 조제와 투약, 복용까지 약사들이 개입해야 하고 좋은 약을 효과적으로 안전하게 복용할 수 있게 하는 것이 약사의 역할인데 약국 안에 갇혀 까마득히 잊고 있었던 것이다.

형편이 어려운 어르신들이 집에서 왜 계속 아플 수밖에 없는지, 약을 잘 챙겨 먹지 못하는 이유가 무엇인지 등은 의약학적 이론만 가지고는 해결할 수 없는 문제였다. 환자들이 무엇을 어려워하고 약사가 어떤 지점에서 도움을 주고 집중적으로 살펴야 하는지에 대해 고민하는 계기도 됐다. 약국 밖에는 약사의 손길과 전문성을 필요로 하는 곳이 매우 많다는 사실도 알게 됐고, 약국 문턱을 넘어 밖으로 나서는 것은 꼭 해야 할 일이라는 확신도 갖게 되었다.

요즘에도 그때 방문했던 나이 지긋한 어르신께서 가끔씩 약국에 오시거나 전화하신다. 사는 곳과 약국의 거리가 멀기 때문에 약국까지 애써 오실 필요가 없지만, 홀로 외로이 살던 그분께 가운 입은 약사들의 방문과 친절하고 허물없는 대화가 참 고마우셨나 보다. 우리의 작은 용기와 노력, 본연의 역할에 충실하고자 하는 마음이 실제로 큰 도움과 감동을 드릴 수 있다는 사실에 감사하고 부디 많은 약사들이 이러한 시도를 함께 해 나갔으면 한다.

2012년 서울 관악구 신림동에 늘픔약국 2호점이 문을 열었다. 1호점과는 또 다른 새로운 실험을 시작하고 있다. 보다 전문성 있게 환자들의 약력을 관리하고, 약에 대한 자세한 설명서와 질병 관련 정보를 제공하기 위한 노력들을 하고 있다. 늘픔약국은 진화 중이다. 가고 싶고 닮고 싶고 일하고 싶은 약국, 약사 본연의 역할을 보다 전문성 있고 보다 넓은 범위에서 해 나갈 수 있는 약국, 우리 동네가 행복해지는 약국. 그런 약국을 만들고 싶다.

임원은 조직이라는
촬영 현장의 감독

| 박종우 |

1966년생. 1990년 중앙대학교 약학대학을 졸업했다. 현재 한미약품 상무이사로 일하고 있으며, 한국제약협회 약가제도위원 및 기획정책위원으로도 활동하고 있다.

이른 아침 출근길 고속도로에 차가 많지 않다. 임원 회의가 시작되는 7시 반에 늦지 않게 출발하다 보니 6시 반에 집을 나섰다. 아직 많은 사람이 출근하기 전이라 아침 공기가 신선하다.

움직이는 차 안에서 핸즈프리를 이용해 부서 직원에게 전화를 건다. 오늘 있을 회의 자료를 챙기느라 어제 늦게까지 준비했을 직원을 통해 다시 한 번 내용과 발표 자료를 정리하며 아침 뉴스 들을 여유도 없이 회사에 출근한다.

TV 드라마에 나오는 기업 임원들은 하나같이 젊고 잘생겼다. 세련된 말투와 복장, 매너에 갖은 폼을 다 낸다. 권력과 경제력은 무한해 보이고, 능력 있는 전담 비서에게 일정을 보고받는 등 부러울 뿐이다. 나도 고객과의 미팅이나 식사처럼 고상해야 할 필요가 있는 자리에서는 매너 좋은 비즈니스맨처럼 행동하기도 한다. 하지만 느긋하게 그 자리를 즐기는 척할 뿐 속으로는 마주 앉은 사람을 설득하거나 우리 회사에 유리한 쪽으로 협상을 이끌 마음에 조급하기만 하다. 드라마 속 임원과는 비교가 되지 않는다.

직원에 비해 임원은 상대적으로 그 숫자가 적고 미디어에서 잘 포장을 해 준 덕인지 좀 특별하고 뭔가 다르게 보이기도 한다. 그러나 임원도 그저 하나의 조직 구성원일 뿐이다. 맡겨진 일을 부담스러워하기도 하고 어렵다고 판단하던 일을 부서원과 합심해 목표대로 창출해 내면 함께 환호하는 한 인간일 뿐이다.

나는 신약 개발을 위한 투자를 우리나라에서 제일 많이 하는 한미약품의 상무이사다. 약사로서 환자를 직접 대면하기보다는 23년이 넘게 동료, 상사, 후배, 파트너 들과 근무했다. 일반 직장인의 생활과 그리 다르지 않았다. 그렇다고 환자를 질병으로부터 자유롭게 하고자 하는 약사 본연의 가치 중심에서 벗어나 본 적은 없다. 각자 수행하는 장소와 방법의 차이일 뿐이다.

남들이 가는 길은 가기 싫었다

"일단 국시부터 끝내고 진로를 결정하자."
"마땅한 게 없으면 약국에서 근무하지, 뭐…."
약대 동기들은 대부분 이런 마음으로 미래를 준비했다. 그때 나이가 20대 초반이었다. 공자는 스무 살에 약관(弱冠)했고 서른에 이립(而立)했다 한다. 약관은 이제 어른이 되었다는 말이고 이립은 뜻을 세운다는 말이다. 이제 겨우 어른이 되었지만 뜻도 세우지 못한 나는 앞으로 무엇을 해야 하는지도, 내가 무엇을 잘하는지도 몰랐다. 다만 막연하게 많은 경험을 하고 싶었다.

젊은 패기에 차 있던 내게 남들이 쉽게 가는 길은 그다지 매력적으로 보이지 않았다. 약대 졸업생 중 다수가 약국을 가게 되지만, 그래도 남들이 좀 덜 가는 병원 원내 약국, 보건복지부, 식약처 같은 공공 기관, 제약회사 등 몇 개의 대안을 앞에 놓고 내가 가야 할 곳과 가고 싶은 곳을 고민해 보았다. 당시에는 그저 막연하게 더 큰물에서 놀고 싶었고 큰 결정을 내리고 싶었다. 또 사람들과 어울리는 것을 좋아하는 성격 때문인지 조직 생활을 경험하고 싶었다. 여러 조건을 고려해 보았을 때 제약학을 전공한 내가 제약회사를 선택하는 것은 큰 고민거리가 아니었다.

제약회사는 사람 생명과 직접 관련된 회사

제약 산업은 사람이나 동물의 질병을 진단, 치료 또는 예방하기 위해 의약품이나 의약외품을 생산·유통함으로써 이윤을 추구하는 제조업이다. 의약품은 현대 과학의 결정체이기 때문에 하이테크 지식 산업이라고도 하고 중공업과 비교해 환경 오염이 적고 부가가치가 높아 "굴뚝 없는 녹색 산업"이라고도 불린다.

제약회사는 이윤을 추구하는 하나의 기업이다. 이윤 추구의 방법은 많다. 남들을 재미있게 하기도 하고, 심부름을 해 주기도 하고, 심지어 법에 어긋나는 일을 가끔씩 하는 기업도 있다. 하지만 제약회사의 이윤 추구 방법은 인류를 질병에서 구원하는 데 있다. 온 힘을 다한 정성으로 연구해 인류를 질병에서 자유롭게 하면 곧 수익과 연결된다. 난치성 질병일수록 치료제의 값도 비싸고 찾는 사람도 많아 엄청난 이윤이 생긴다. 기업 측면에서 보자면 목적은 이윤 추구지만 이윤을 추구하기 위한 방법이 다른 기업과는 달리 사람의 생명을 살리는 데 있는 것이다.

제약회사는 외형이나 조직만 보면 타 산업의 회사와 큰 차이가 보이지는 않는다. 여느 제조업체들처럼 상품을 개발하는 연구소가 있고 제조하는 공장이 있으며 판매하는 영업 조직이 있다. 하지만 생명과 직접적으로 연관이 있는 상품을 제조하므로, 공산품 제조업체와는 많이 다르다.

제약회사는 기본적으로 엄격한 윤리적 틀 안에서 의약품을 개발·생산·유통해야 한다. 그러다 보니 법과 규제가 따른다.

우선, 전문의약품의 가격은 국가에서 그 가치를 평가해 정한다. 일반 소비재와는 다른 점이다. 의약품은 개발 단계인 임상 시험 단계부터 식약처로부터 승인을 받아야 하고 임상 시험을 통해 효과가 있으면서도 부작용이 적다는 것이 입증되어야만 허가를 받아 시판할 수 있다. 또 판매가 허가되더라도 제조 시설이 의약품을 생산·유통하기에 적절하게 유지되고 있는지에 대해 지속적으로 국가 기관의 관리를 받는다. 또 제품을 판매하는 방식도 일반 공산품과 구별된다. 의약품은 화학 물질이 그 고유의 특성 정보(효능, 효과, 부작용 등)와 합쳐져 비로소 그 상품이 되는 만큼 다른 공산품보다 제품 정보가 중요하다고 할 수 있다. 따라서 판매되는 곳도 약국과 병원으로 엄격하게 제한된다.

유통 과정에서도 제조하는 주체(제약회사), 선택하는 주체(의사), 사용하는 주체(환자), 비용을 지불하는 주체(정부)가 모두 다르다. 그래서 부적절한 일들이 발생하지는 않는지 여러모로 관리 감독을 받으며 운영된다.

결국 제약회사는 사람의 생명과 직접적으로 관련 있다 보니 신경 써야 할 것도 많고 각종 법과 규제에 대해서도 유연하게 대처해야 한다.

낮에는 약사로, 밤에는 악사(樂士)로

나는 보건 의료 정책과 보험 약가에 관한 일을 하고 있다.

우리나라는 국민건강보험공단이 국민에게 건강보험료를 받는다. 국민이 질병에 걸려 치료를 받게 되면 그 비용과 약값을 국민이 일부 부담하고 대부분을 국민건강보험에서 부담한다. 따라서 약값이 비쌀 경우 정부 부담금이 커진다. 한정된 보험 재정을 가지고 운영해야 하는 정부에서는 약제비 지출을 줄이고자 노력할 수밖에 없다.

그러나 인간의 수명은 계속 늘어나고 있다. 특히 우리나라는 출산율은 전 세계 최저 수준인 데 반해 질병에 취약한 노인 인구는 세계 최고로 증가하고 있으며 보험료를 부담해야 하는 경제 인구는 점차 줄고 있다. 정부 입장에서 매우 큰 고민이 아닐 수 없다. 그러다 보니 엄청난 개발비를 들여 신약을 개발하고 적정한 가치에 대한 가격을 받으려고 하는 제약회사와 재정을 아끼려는 정부의 줄다리기는 끊임없이 계속된다. 아니, 점점 심해지고 있다.

회사에서 나의 역할은 과학적인 방법을 통해 의약품의 가치를 증명하고 그 가치를 인정받기 위해 정부를 설득하는 일이다. 현재 의약품의 가치를 평가하기 위한 규정과 방법은 많지만, 규정이 개선되는 속도보

다 의약품의 혁신이 더 빠르다. 그래서 의약품 관련 규정이 새롭게 개발되는 의약품의 가치를 담지 못하는 경우도 있다. 이럴 때 나는 새로운 가치 평가 방식을 만들기도 하고 제안하기도 하며 정부와의 간극을 줄여 나가기 위해 노력한다.

의약품 가치 평가는 많은 학문적 접근을 필요로 한다. 내 전공이 약학임에도 경제학, 통계학, 의학, 역학(epidemiology)을 최소한 부전공자 수준으로는 알고 있어야 한다. 또 내 직접적인 업무가 아닌 의약품 개발, 인허가, 임상, 제제 등 타 부서에서 하는 일도 알아야 하고, 의약품이 어떻게 탄생하는지, 탄생 시점부터 어떤 문제점과 특성이 있는지 등을 모두 꿰고 있어야 한다.

가치 평가나 규정의 개선, 동종 업계 정보는 모두 사람을 통해 수행되고 사람을 통해 알게 된다. 그러다 보니 이론은 물론이고 대인 관계도 무척 중요하다. "영원한 적도 없고 동지도 없다."라는 말처럼, 어떤 때는 해당 품목에 대해 경쟁업체 직원들과 철저한 보안 속에서 치열하게 협상을 벌이기도 하지만, 어떤 때는 한 품목의 동업자로서 손을 잡고 마케팅하며 공동의 경쟁자를 물리치기 위해 한 배를 타기도 한다.

상황이 이러니 사람들 사이에서 언제나 좋은 관계를 유지하고 말한마디에도 신경을 쓰는 늘 좋은 사람이 되어야 한다. 그런데 사람을 만나 어떻게 늘 일만 하겠는가? 동종 업계의 같은 일 하는 사람들끼리 어울리며 정보도 듣고 경향도 듣고, 한 번씩 너스레를 떨며 우스갯소리도 해야 하고 가끔은 소주도 한 잔씩 마시게 된다. 그러려면 이야깃거리, 놀 거리가 안 떨어지게 최신 유머와 스포츠, 가무(歌舞)에도 능해야 한다. 한마디로 "낮에는 약사, 밤에는 악사(樂士)"로 살아야 한다.

적절한 완급과 광적인 규율 사이를 오갈 수 있어야

가끔 B급 액션 영화를 보면 조직폭력배 캐릭터가 등장해 '조직'이라는 단어를 사용한다. 조폭 캐릭터는 무섭거나 잔인하게, 때때로 우스꽝스러운 모습으로 그려진다. 보통 1개 팀의 이야기를 다루고 각 캐릭터마다 맡고 있는 역할이 있다. 행동 대장, 똘똘한 부하 1명, 그를 시기하는(또는 배신하는) 부하 1명, 멍청해서 웃음을 주는 부하 1명 정도가 한 팀을 이뤄 스토리를 짜낸다. 그들은 규율도 강해서 말 한마디 잘못으로 뺨을 맞을 수도 있고 심지어 목숨을 잃기도 한다.

'뭐 이런 세상이 다 있나' 싶지만 사실 뒤집어 보면 우리네 조직과 시스템은 비슷하다. 여러 사람이 모여 하나의 조직을 이루고 주어진 업무를 잘 처리하면 조직에서 주목을 받고 그 보상도 커진다. 또 다른 일이 잘못되면 위기에 빠지기도 하고 혼나기도 하고 더 나아가 조직에서 퇴출되기도 한다. 다만 우리가 속한 조직은 합법적인 목적을 추구하고 사회 구성원으로서 사회를 발전시키는 방향으로 일하며 좀 더 이성적인 사람들이 합리적 방법으로 업무를 추구할 뿐이다.

누구나 다 그런 것처럼 나도 사원, 대리, 과장, 차장, 부장의 단계를 거쳐 임원이 되었다. 간혹 조직에서 낙하산이라 불리는 사람도 있으나 대부분의 사람들은 한 단계씩 승진하며 조직에서 성장한다. 처음부터 임원이나 사장을 꿈꾸는 사람들도 있겠지만, 나는 임원이나 사장이 목표는 아니었던 것 같다. 당시 처음 사회생활을 시작한 내게는 너무 먼 미래였기 때문에 그보다는 당장 주어지는 일을 완수하려고 노력했고 그를 위한 효율적인 방법을 더 고민했던 것 같다.

남극 탐험에 도전한 로알 아문센(Roald Amundsen)과 로버트 스콧(Robert Scott)의 일화는 유명하다. 아문센은 대원들이 적정선의 체력을 유지할 수 있게 날씨가 아무리 좋아도 15~20마일 정도만 행진하고 날씨가 아무리 나빠도 15마일씩은 행진했다. 반면, 스콧은 날씨가 좋은 날은 체력이 고갈될 때까지 대원들을 혹사했고 날씨가 나쁘면 텐트 안에 머물게 했다.

아문센에게는 20마일의 행진은 '광적인 규율(fanatic discipline)'이었다. 기업이나 개인이나 목표를 달성하기 위해서는 적절한 완급을 조절하면서도 스스로 지켜 나갈 수 있는 광적인 규율이 반드시 필요하다. 지금껏 여러 광적인 규율 안에서 효율적 사고를 통해 의사를 결정한 일들이 있었다. 실패로 귀결될 때도 있었지만 운 좋게도 성공하는 경우가 더 많았다. 막연한 목표를 바라보며 움직이기보다는 당장 직면한 문제를 효율적 의사 결정과 목표 설정, 규율 준수를 통해 풀어 나간 것이 나와 우리 조직이 함께 성장할 수 있는 하나의 수단이 되었다고 믿는다.

:: 기업 임원은 난제를 들고 찾아온 부하 직원에게 때로는 해결사, 때로는 솔로몬이 돼 주어야 한다.

임원이란 국어사전에서는 "어떤 단체에 소속해 그 단체의 중요한 일을 맡아 보는 사람"이라고 정의하고 있다. 또 영어로는 '디렉터(director)'라고 한다. 디렉터는 영화 촬영 현장의 감독이다. 한 편의 영화를 만들기 위해 각자 다른 일을 하는 스태프들을 조정하기도 하고 혼내기도 하고 달래기도 하면서 노력한다. 온갖 방해꾼이 있어도 결국 극복하는 사람이 이긴다. 그래야 좋은 영화가 나오고 다시 영화를 만들 수 있는 기회가 생길 테니까.

우리 조직도 크게 다르지 않다. 별 문제들이 다 생긴다. 내용은 사소할 때도 있지만 어떤 경우든 반드시 해결해야 하는 중요한 일들이다. 직원들은 자기들 선에서 해결하지 못하는 일을 가지고 와 해결해 달라고 한다. 직원이 어려우면 나도 어렵다. 직원들끼리 힘들다고 울기도 하고 서로 싸우고 편을 들어 달라 하기도 하고 잘못한 직원을 매의 눈으로 잡아내 혼내기도 한다. 때로는 해결사, 때로는 솔로몬이 돼야 한다. 때로는 채찍질도 해야 하고, 때로는 아빠나 형이 돼야 한다. 자신에게 바라는 대로 부응해야 하고 늘 잘해야 한다. 과정과 방법도 중요하지만 무조건 해결해야만 한다. 또 해결하지 못한 숙제에 대해서는 그 책임도 막중하다. 항상 조직의 조화를 유지하며 발전적인 부분으로 시간 낭비 없이 효율적으로 해결해야 하는 중심에 있는 존재가 임원인 것이다.

기업 임원은 본인의 전문가적 지식과 식견, 경험을 갖추는 것만큼이나 조직을 이끌어 나가는 인덕과 지혜도 필요하다. 조직을 운영하면서 장악력이 너무 강해 발생하는 독선은 조직에 독이 되지만 너무 약해 휘둘려서도 안 된다. 조직원을 풍부한 인덕으로 대해야 하지만 덕이 지나치게 넘쳐 감성적인 대처만으로 접근한다면 해결할 수 없는 일들도 있다. 직원을 격려하고 사기를 북돋아야 하지만 방종을 방관해서도 안 된다. 너무 완벽한 인간상을 그리는가? 그래도 닮아 가려 노력하고 있다.

약사 출신으로서 자부심 가져야

제약회사에는 많은 임원이 존재한다. 한 회사에 나와 같이 보험, 정책을 담당하는 임원은 말할 것도 없고, 개발, 임상, 마케팅, 영업, 영업관리, 공장 관리, 기획, 전산, 재무, 회계, 수출 등 수많은 파트로 나뉘고 같은 파트에도 임원이 몇 명씩 있을 수 있다. 게다가 우리나라 제약업체가 400여 개라고 하니 제약회사 임원만 수천 명 될 것이다. 그 수천 명의 학문적 배경은 정말 다양하다. 우리나라 대학 전공이 다 모여 있다고도 볼 수 있을 것이다.

하지만 제약회사 임원 중 가장 많은 수를 차지하는 전공은 약학이다. 또 제약회사에서 약사를 우대하기도 한다. 의약품에 대한 가장 많은 지식을 가지고 있고 다양한 분야에 활용할 수 있는 인적 자원이기 때문이다. 약사는 최소한 제약회사에서만큼은 자부심을 가질 수 있다.

다만 후배들과 생활하다 보면 안타까운 점이 있다. 약사는 제약회사에서 많은 종류의 일을 할 수 있다 보니 한자리에 오래 못 있고 쉬이 옮겨 다니는 경우가 많다. 여러 다양한 경험을 하는 것이 나쁜 것은 아니다. 하지만 그런 진로를 찾는 과정이 너무 길어진다면 넓게는 알게 되더라도 깊게 알지는 못하게 된다. '제너럴리스트'로서의 성장이 나쁘다고 볼 수는 없지만 한 분야를 깊이 모르고서는 그 분야의 관리자가 되기 어렵다. 되더라도 고생스럽기도 하고 많은 난관에 봉착할 수 있다. 여러 경험도 필요하지만 자신의 분야를 확보해 '스페셜리스트'가 되는 것이야말로 중요하다.

약학 전공을 배경으로 좀 더 확장된 전문가적 지식과 경험을 갖추었을 때 비로소 약사이면서 약사 이상의 가치를 가진 구성원으로 성장할 수 있는 기회가 주어질 것이다.

온라인으로 전하는
행복 바이러스

| 정혜진 |

성균관대학교 약학과 졸업. 수원에서 '정약사의 비타민약국'을 운영하고 있으며 블로그 '정약사의 비타민약국'(http://jjinee0809.blog.me)과 상담 카페(http://cafe.naver.com/vitaminyakkuk)를 꾸려 가고 있다. 한국마약퇴치운동본부 약물 오·남용 예방 강사이자 자연영양연구회 학술위원으로도 활동 중이다.

오늘은 친정 부모님이 보건소에서 독감 예방 접종을 하고 오시느라 좀 늦으시는 날이다. 큰아이가 태어났을 때부터 지금까지 우리 아이들을 챙겨 주시느라 고생이 이만저만이 아니시다. 한해가 다르게 연로해지시는 부모님의 모습을 뵐 때마다 마음이 무겁고 복잡해진다. 그런데 요즘엔 한결 부담이 덜하다. 출퇴근 시간이 자유로운 온라인 상담약국을 운영하는 덕분이다.

'정약사의 비타민약국'.

우리 약국의 이름이다. 수원시 영통동에 위치한 오프라인 약국에서뿐 아니라 블로그와 카페 등 온라인상에도 활발한 활동을 하고 있다. 즉 우리 약국은 병원 처방전에 따라 조제·투약하는 일반적인 약국이 아니라, 블로그와 카페를 통해 온라인 상담과 건강 콘텐츠를 제공하는 약국이다. 직접 약국을 방문하기를 원하는 분들에게는 미리 시간 약속을 하고 오시게 한다. 병원 대신 학원과 사무실이 모여 있는 건물 3층에 약국이 있는 것도 다 이런 이유 때문이다.

오프라인에서 온라인으로 약국을 이전하다?

2008년 아파트 단지 내 작은 상가 약국을 인수받아 첫 개국을 했다. 약대를 졸업한 지 10년 만이었다. 이전까지는 약사로서 사명감도 부족한 편이었지만 내 약국을 운영하면서 비로소 약사로서의 삶에 대해 진지하게 고민하게 되었고 공부도 더 깊이 하게 되었다.

동네약국으로 즐겁게 약국을 운영하고 있던 중에, 근처 병원의 의사가 바뀌면서 약국 상황도 덩달아 안 좋아졌다. 아파트 단지 안에서도 외진 곳에 위치해 유동 인구도 많지 않았던 터라, 열심히 하는 것만으로 고객을 늘리는 데는 한계가 있었다.

어차피 시간이 필요한 일이고 내 의지로 바꿀 수 있는 것이 아니었다. 나는 갑자기 늘어난 시간을 이용해 책 읽기 같은 그동안 하지 못했던 일들을 시도해 보았다. 그때 시작한 것이 블로그였다. 그간 나 자신이 궁금했던 내용들, 정리가 필요한 것들을 블로그에 차곡차곡 모으기 시작했다. 그리고 약사만이 들려줄 수 있는 약과 건강에 대한 정확한 정보도 올리기 시작했다. 그러면서 일반인도 읽을 수 있도록 쉽게 쓰는 습관을 들이게 되었다. 자연스럽게 건강 관련 상담 문의가 들어오게 되었고 결국 상담 전용으로 운영되는 인터넷 카페를 오픈하게 되었다. 정약사의 비타민약국은 이렇게 탄생했다.

육아에 지친 엄마들 그리고 아픈 아이들

김치나 청국장 같은 발효 음식이 소화도 더 잘되고 몸에 빠르게 작용해 건강에도 도움이 된다. 마찬가지로, 정보를 단순히 제공하는 것이 아니라 보다 정확하고 생생하게 다듬어 전달해야 받는 사람이 쉽게 이해할 수 있다. 우리 상담 카페에서도 보다 쉽고 편안한 상담이 이루어지는 것을 목표로 하고 있다.

우리 카페에서는 만성 피로나 여성 건강에 대한 상담이 많으며, 나 자신이 두 아이를 키우는 엄마 약사이다 보니 아토피나 면역, 성장과 관련한 유·소아 건강도 전문적으로 상담하고 있다. 특히 유산균 상담이 많은 편이다.

요즘 아이들은 4~5세부터 어린이집, 유치원과 같은 단체 생활을 시작하기 때문에 스트레스도 많이 받고 전염성 질환에도 잘 노출되는 편이다. 그래서 이전보다 항생제를 포함한 약물을 복용하는 사례가 늘고 있다. 이로 인해 아이들이 간이나 위장관 관련 부담을 받기 쉬워져 체력이 약해지고 각종 세균, 바이러스 감염이나 알레르기 질환과 관련한 점막 면역이 약화되는 악순환을 겪고 있다. 그래서 이러한 점막 면역 관련 유익균의 중요성과 필요성을 많이 강조하는 편이다.

점막 면역이란 피부를 제외하고 외부와 바로 접촉하게 되는 코, 입, 항문에 이르는 위장관 점막과 관련된 면역을 말한다. 특히 소장의 융모 사이에 이른바 림프샘 역할을 하는 면역 기관이 있어, 병원성 물질이 들어오게 되면 이를 직접 무찌르거나 면역 세포를 마구 만들어 내기도 한다. 과도한 스트레스 또는 항생제, 중금속, 유해 물질 등에 노출되어 장내 환경이 안 좋아지면, 점막 면역도 약화되고 유해 독소도 인체 내

:: 병원 없는 건물 3층에 위치한 필자의 약국. 약국에서 직접 상담하고 싶은 고객은 미리 시간 약속을 하고 방문하면 된다.

에 보다 쉽게 유입되므로 피부 트러블, 소화 불량, 만성 피로 등을 겪을 수 있다. 이런 관점에서 유산균과 면역을 중심으로 한 상담을 진행하고 있고, 현재 우리 상담약국은 유산균 최다 품목을 보유·판매하고 있다.

카페를 이용한 상담을 요청하는 분들은 컴퓨터 사용이 가능한 워킹맘들인 경우가 많다.

한번은 두 아이를 둔 워킹맘이 한 아이가 한 달 내내 감기를 앓고 있다며 상담을 요청했다. 아이가 아프니 일하면서도 가슴 한편에 돌덩이가 얹어 있는 듯 힘들고 고통스럽다는 그분. 그 심정을 누구보다 내가 잘 이해하고 있기에 맘이 짠했다. 그분은 이미 유산균을 먹고 있던 카페 회원이었으므로 일단 "항생제를 먹일 때마다 유산균도 꼬박꼬박 먹이시고 항산화제도 챙겨 먹이면서 많이많이 안아 주세요." 하고 말씀드렸다. 애가 둘인데 일을 하니 안아 줄 새가 없다며 많이 안타까워하셨다. 실제로 베이비 마사지가 인체 면역 최전방에서 병원성 세균이나 바이러스를 무찌르는 면역 세포의 수를 늘려 준다는 보고가 있다. 이런 이론을 바탕으로 엄마에게는 아이를 안아 주고 마구 문질러 주면 면역 세포가 힘이 세지고 많아진다고 설명드렸다. 또 틈나는 대로 아이를 안아 주고 비비다 보면 피곤에 지친 엄마도 피로가 한결 풀린다는 이야기를 해 드렸다. 이는 내 경험에서 우러나온 것이다. 맘이 한결 편해졌다는 인사에 나도 덩달아 힘이 났다.

상담을 통해 아이들을 보살피는 정보뿐 아니라 심적인 위로와 자신감도 얻게 되었다는 피드백이 올 때야말로 가장 뿌듯한 순간이다.

일산에서 수원까지 상담하러 온 젊은 청년

상담 카페에는 만성 피로를 겪고 있는 부신 피로 증후군 관련 상담 요청도 많이 들어온다.

어느 날 한 청년이 전화로 상담을 예약했다. 본인이 각종 영양제를 먹어 왔고 부신 피로 증후군이 의심되어 병원에 가서 타액과 모발 검사도 하고 치료도 받았지만 그때뿐이었다는 것이다.

다른 질병도 비슷하지만 과도한 스트레스 누적으로 인한 부신 피로 환자의 경우는 특히 그 질환에 대한 정보를 속속들이 알고 있는 게 특징이다. 사실 부신 피로 증후군을 특별한 병으로 여기는 사람은 별로 없다. 게다가 이런 젊은 청년이 부신 피로 증후군이라 하면 더욱 냉담하다. 가족들도 "신경성"이라고 치부하거나 "젊은 애가 왜 이렇게 약하냐?"며 질책하기 일쑤다. 한창 왕성한 활동을 할 시기에 너무 피로하고 무기력해 사회생활이 힘드니 우울증까지 겪기도 한다. 병도 아니라는데 본인은 힘들고 가족들도 외면하고… 이때 다른 말보다 "그동안 얼마나 힘들었느냐?" 하는 위로와 함께 만성 피로에 맞춤 영양제를 추천해 주면서 분명 "점점 나아질 거고 하루하루가 행복해질 것"이라고 격려해 주면 당사자에게는 큰 힘이 된다.

일산에서 먼 길을 달려 수원까지 온 이 청년은 어머니가 유명 다단계 건기식을 판매하는 분이었고 이미 고가의 영양제를 3~4개 복용하는 중이었다. 하지만 과도한 스트레스로 탈진된 부신을 달래지 못하고 겉도는 영양제들이 대부분이었다. 나는 현 상태에 꼭 필요한 영양소를 설계해 최적 함량을 권했다. 그랬더니 청년은 2주가 안 되어 재방문해 상태가 매우 좋아지고 있다고 전했다. 또 그 자리에서 수험생의 두뇌 활동과 기억력 증진에 도움이 되는 영양제도 추천해 달라고 했다. 그 후 또 1주일 만에 예전에는 머리가 항상 맑지 못하고 뿌예 잠을 자도 개운치가 않았는데 그새 많이 좋아졌다는 소식을 전했다. 지금은 그 청년의 어머니까지 우리 약국에서 상담하고 건강 보충제를 복용하고 계신다.

온라인에서 만날 수 있는 친근한 동네약사를 꿈꾼다

보통 약국에서 본인이나 가족의 건강과 관련한 상담을 하고 나면 이에 맞춰 개인별 영양 설계를 제공하고 복용 후 개선되는 효과도 설명한다. 그다음 차후에 개선되는 몸 상태를 보면서 그때마다 호소하는 증상에 맞춰 영양 보충제를 설계·추천·관리해 최적의 몸 상태를 만드는 것이 목적이다.

그런데 여기서 중요한 건 당사자가 제대로 복용하고 예후를 관찰할 수 있어야 한다는 점이다. 정약사의 비타민약국을 이용하는 고객은 얼굴을 직접 대면하지 못한 온라인 소비자가 대부분이다. 그래서 제품을 발송하며 꼭 잘 챙겨 드시고 건강해지기를 바라는 마음을 최대한 담아

:: 필자는 지역 약물 오·남용 예방 교육 강사로도 활동하고 있다.

보내고자 노력하고 있다. 또 관리가 꼭 필요한 분들의 경우 일정 기간이 지난 후에는 연락을 통해 복용 여부를 꾸준히 체크하고 예후 관찰도 병행하고 있다.

택배를 발송한 경우, 일단 제품의 상세한 복용법과 함께 건강 관리를 위해 꼭 알아 둬야 하는 정보를 쪽지에 담아 보낸다. 그리고 약국에 비치된 샘플이나 사은품의 경우도, 받는 사람이 유·소아인지, 여성인지, 남성인지에 따라 각각 도움이 될 수 있는 것으로 챙긴다.

이런 무언의 작업들이 신기하게도 상대방에게 고스란히 전해지는 모양인지, 감사의 메시지를 받게 될 때마다 나도 덩달아 행복하고 감사한 맘이 든다.

동네약국에서도 이런저런 상담을 받아보고 약을 사 먹고 싶은데 편하게 상담받기가 힘들더라고요. 상담받고 구매할 수 있어 너무 좋아요.

앞으로 단골 약국 해야겠어요.^^

우리 아이가 입맛이 너무 까다로워서 혹시나 먹지 않으면 어쩌나 걱정
했는데, 오자마자 먹여 보니 잘 먹더라고요.

건강기능식품 관련 온라인 시장은 이미 '레드오션'이다. 그것도 아
주 새빨갛다. 마케팅적인 요소로 무장한 일반 판매업자들은 말할 것도
없고 약사들도 이미 이 시장에 많이 진출해 있다. 약사들이 운영하는
쇼핑몰 중에 대형 쇼핑몰 몇 군데만이 살아남았고, 이런 백화점식이 아
닌 보다 특정한 고객층을 집약적으로 공략한 새로운 형태의 약사 건식
몰이 트렌드를 만들어 가고 있기도 하다.

나는 초기부터 믿고 상담할 수 있는 단골 동네약사 이미지를 온라
인상으로 구현하고자 노력해 왔다. 실제로 상담하는 한분 한분의 건강
에 진정한 도움이 될 수 있도록 하는 서비스에 중점을 두어 왔다. 또 일
반 약국에서 하기 어려운 단골 고객을 위한 이벤트나 고객 관리, 사후
건강 관리 등을 손쉽게 할 수 있어, 보다 업그레이드된 서비스를 제공
하는 게 가능하다.

즉 신뢰할 수 있는 친근한 동네약사를, 시공간의 제약을 받지 않고
온라인상에서 직접 만나 상담을 받으며 보다 나은 서비스도 제공받을 수
있는 것이다. 이것이 우리 약국의 단골이 점점 느는 이유이지 않을까?

실제로 우리 약국을 이용하는 고객은 제품 정보를 보고 구매를 결
정하기보다 온라인 상담이나 전화를 통해 내가 추천해 주는 제품 위주
로 선택한다. 따라서 온라인임에도 재구매율이 매우 높고 단골 고객도
많은 편이다.

꾸준히 진보하며 시민과 소통하는 약사가 되고 싶다

처음에 기존 약국을 정리하고 병원 없는 약국을 새롭게 시작할 무렵, 아버지께서 반대하셨다. "약국에서 약사만이 할 수 있는 일을 해야지, 일반인도 할 수 있는 건강기능식품을 더구나 온라인 시장에서 한다면 어렵지 않겠냐."라는 걱정이었다.

나는 약사로서 소비자에게 줄 수 있는 정확한 정보와 신뢰를 통해 온라인 공간 속에서 좋은 약사상을 만들어 가려고 노력 중이다. 아버지 역시 지금은 이러한 내 생각에 동조하시며 많이 격려해 주신다. 보통 약국에서는 종종 "아줌마"라고 불리는 경우도 있으나 상담 카페에서는 모두 "선생님", "약사님"이라고 불리는 상황도 아버지가 흐뭇해하시는 듯하다.

현재 정약사의 비타민약국은 고객의 방문을 기다리는 입장이 아니라, 고객이 일부러 찾아오는 형태의 약국이다. 수익 구조는 얼마나 상승할 수 있을지 아직은 미지수다. 하지만 지금까지의 성과만으로도 내 삶의 질을 높이고 새로운 가치에 대한 발견과 깨달음을 얻을 수 있었다. 지금까지 블로그로 콘텐츠를 만들고 상담을 통해 제품을 판매하는 약국을 하며 제품 중심이냐, 지식 기반이냐의 균형을 잡는 데 어려움도 겪고 고민도 많았다. 하지만 그 과정 속에서 약사로서 새로운 진로도 보게 되었다.

계속 업데이트되는 의학, 약물 관련 지식을 지속적으로 관심을 갖고 습득하면서, 블로그를 통해 보다 익숙한 표현으로 정보를 제공해 나가고, 언론을 통해 보다 적극적으로 소비자들과 소통할 계획이다. 이의 연장선으로 현재 저술 작업도 진행 중이다.

앞으로 온라인 상담이 이루어지고 있는 카페의 상담 기능을 보다 더 강화하고 지역 주민들에게 도움이 되는 약물 정보와 건강 정보를 제공해 더욱 적극적으로 시민들에게 다가갈 것이다. 또 격변하는 약업계의 변화 속에서 혼자보다는 여럿이 함께 모여 더 나은 가치를 창출해 나갈 수 있도록 약사 사회에 다양한 기회를 만들어 나가려고 한다. 약사들이 함께 뜻을 모아 꾸준히 공부하면서 약국이라는 공간 밖에서 더 많은 사람과 직접 소통하며 약사 직능을 최대한 발휘할 수 있기를, 그리고 지식인으로서 사회에 기여하며 인정받을 수 있기를 진심으로 소망한다.

열정과 헌신의 국민 애정남

| 맹호영 |

서울대 약대를 졸업하고 제약회사에서 3년간 생산관리약사로 일하다 1987년부터 보건복지부에서 의약품 정책, 보건의료산업 정책 등 주로 정책 분야에서 근무하고 있다. 보건 의료의 중대한 변환점인 의약분업 정책과 통상 정책 분야인 한미 FTA 협상에 직접 참여한 바 있다.

"애매한 것을 제가 정해 드립니다."

몇 해 전, TV 프로그램 〈개그콘서트〉에서 애매한 것을 확실하게 교통정리해 주는 '애정남'이라는 코너가 크게 인기를 얻은 적이 있다.

'애매한 것을 정해 주는 남자.'

서로 자신의 이해관계를 내세우며 갈등이 일고 있을 때 이러한 애정남이 나타나 이해 당사자들이 모두 수긍할 수 있는 합리적인 해결책을 내놓는다면 얼마나 좋겠는가?

나는 1987년 이래 보건복지부라는 공직에서 일하고 있다. 나는 공무원이야말로 이해 당사자들과의 합리적인 조정을 통해 갈등과 충돌을 예방하는 애정남이 되어야 한다고 믿는다.

공무원은 한정된 자원을 가장 합리적이고 공정하게 배분해 모두가 행복해질 수 있도록 하는 심판자가 되어야 한다. 많은 사람이 더불어 살아가는 우리 사회가 큰 혼란 없이 잘 굴러가도록 큰 틀에서 원칙과 기준을 정해 주는 애정남의 역할, 이것이 공무원이 하는 일이다.

민원은 늘 새로운 형태로 발생하고, 공무원에게는 전혀 접해 보지 못한 낯선 업무를 매번 경험해야 하는 까다로운 일이 주어진다. 그러나 내가 기틀을 마련한 제도나 법령이 5~10년 뒤에 더욱 개선되고 발전해 국민의 건강 증진에 기여하는 모습을 바라보는 것만큼 보람 있는 일은 없다.

공무원 선배의 말에 인생이 바뀌다

약대를 졸업한 뒤 나는 안산 반월공단에 위치한 한 제약회사에 입사했다. 당시 제약 산업은 단군 이래로 가장 호황이라고들 했다. 86서울아시안게임과 88서울올림픽을 준비하며 한국의 국력을 세계에 알리던 시절이었다. 국민들은 전례 없이 건강에 관심이 많아 자기 몸에 많은 투자를 하기 시작했고 그 덕분에 보약과 영양제 수요가 폭발적으로 증가했다. 한마디로 약을 만들면 저절로 팔리던 때였다.

회사에서 2년을 근무하며 공장에서 의약품을 만들어 내는 과정에 어느 정도 익숙해질 무렵, 우연히 공무원 선배 약사를 한 분 만났다. 그런데 그것이 내 인생의 전환점이 되었다. 선배의 말은 이랬다.

"기업의 직원으로 시작해 성공의 단계를 밟아 가는 것도 보람차고 의미 있지만, 나라의 '머슴'이 되어 좋은 정책으로 국민 전체를 살찌우는 일에는 그보다 더한 희열이 있다."

선배의 자신 있는 태도는 나를 압도했다. 생각지도 못했던 공무원 세계가 내 꿈을 비집고 들어왔다. 제약업계가 활황이던 시절에 보수가 현저히 적은 공무원으로 전직하겠다는 결심이 쉽지만은 않았다. 그러나 공무원 세계에 대한 동경은 포기할 수 있는 것이 아니었고, 결국 회사에 사직서를 제출했다. 신제품도 개발되고 업무도 익숙해질 만한 상황에서 빠져나오려니 회사에 미안한 마음뿐이었지만, 경쟁 관계의 회사로 가는 것이 아니라 공직으로 전환하는 것이라 용기를 내 보았다. 아쉬워하면서도 흔쾌하게 받아 주신 공장장님에게서 오히려 힘을 얻을 수 있었다.

복지부 임시직 공무원이 되다

1987년 9월 복지부(당시는 '보건사회부'였다) 임시직이 되었다. 내가 처음 맡은 업무는 각종 제도와 법령 초안 정비 작업에 보조로 참여하는 것이었다. 내가 알고 있던 약사의 세계를 초월하는 새로운 세상이 펼쳐졌다.

동경해 오던 공무원 세계에 발을 들여놓았다는 기쁨에 너무 들떠 있던 탓이었을까? 얼마 되지 않아 나는 중대한 실수를 저질렀다.

당시 나는 복지부를 방문한 한 민원인에게 생물학적 제제인 백신의 유효성과 안전성에 대해 알고 있는 지식을 총동원해 멋들어지게 설명한 적이 있었다. 그런데 그 며칠 뒤 어느 백신 전문가 회의에 참석할 일이 있었는데, 바로 그분이 위원장으로 앉아 있는 것이 아닌가! 대한민국 최고 백신 전문가가 애송이 공무원에게 묵묵히 설명을 듣고 있었던

:: 국내 제약 산업 발전에 기여한 화이자연구소 측에 기념패를 전달하는 필자.

것이다. 내 자신이 한없이 부끄럽고 초라해 쥐구멍이라도 찾아 들어가고 싶은 심정이었다. 과도한 자만심은 분명히 대가를 치른다는 교훈을 얻었고, 이는 내 공무원 생활의 중요한 신조가 되었다.

네 달에 걸쳐 매일매일 제약회사 품목별 대장을 정리하고 새롭게 갱신하는 업무도 맡았다. 하찮고 의미 없는 작업으로 모두 꺼리는 업무였다. 그러나 내게는 국내 제약 산업의 품목별 특징 전반을 살펴볼 수 있는 소중한 기회가 되었다.

당시 국내 제약회사 중 완제품을 만드는 회사는 300여 군데였지만, 모두가 신약을 연구·개발할 여력이 없어 제네릭을 만들어 팔던 시절이라 업체 간에 별다른 차이나 특징이 없었다. 그러나 다행히도 그해(1987) 특허법이 개정되어 종전과 달리 제법 특허를 물질 특허로 전환할 수 있게 됐고 특허 침해가 어려워졌다.[*] 개정 특허법으로 복제품 만

[*] 물질 특허는 승인받은 의약품의 유효 성분에 관한 특허, 제법 특허는 그 유효 성분의 제조 방법에 관한 특허. 그동안은 물질 특허가 인정되지 않아 그 유효 성분을 다른 제조 방식으로만 만들면 팔 수 있었으나 이제 불가능해졌다는 의미다.

들기가 힘들어지자 제약 산업도 이제는 신약 개발 없이 버틸 수 없음을
조금씩 자각하기 시작했다. 이때부터 싹트기 시작한 국내의 신약 개발
의지는 2000년에 이르러 국내 최초 신약인 항암제 '선플라' 개발로 이어
졌다. 선플라는 아쉽게도 시장에서 성공하지 못했다.

사다리 밟듯 차근차근 올라온 지난 25년

어려운 환경 속에서 말단 9급 공무원부터 출발해 차관까지 역임한
전설적인 공직자 한 분이 계신다. 40년간 공직 생활을 하면서 3가지 버
팀목이 있었다고 한다. 진실, 성실, 절실의 '3실'이었다. 모든 사람에게
진실하고, 최선을 다해 성실히 일하고, 상대의 마음을 열 수 있게 절실
함을 가지는 것. 사람을 열정적으로 만나며 일을 해결하고자 한 결과
그는 공무원 성공 신화의 주인공이 될 수 있었다.

나 역시 공직에 25년을 머물며 터득한 진리가 하나 있다. 간절하고
절실한 마음을 늘 갖고 있으면 대부분 길이 보인다는 것이다. 주변의
동료, 선배 들이 이러한 절실함에 반응해 위기를 극복할 수 있는 기회
를 마련해 주기도 한다.

정식 공무원으로 임명되면서 나는 7급이 되었다. 7급은 주로 5급
(사무관)과 협력하며 일을 배운다. 상사와 뜻이 안 맞을 때도 있었다.
처음에는 그럴 때마다 애꿎은 전봇대를 발로 차곤 했다. 그러나 언젠가
부터 늘 "오늘이 내 인생 최고로 행복한 날"이라고 의미를 부여하며 일
했더니, 어느 날 갑자기 상사도 좋은 형님이자 코치로 변해 있었다.

6급이 되면서는 '침묵은 금이 아니라 무능'이라는 각오로 각종 회의

에 임했다. 적극적으로 의견을 개진하고 다른 사람에게 더 좋은 견해가 있으면 유연하게 협력하고 경청했다.

공무원은 보직 관리가 매우 중요하다. 다양한 경험과 외부 전문가 인맥을 쌓으려면 핵심 부서에 가서 기획과 집행 업무를 모두 배울 수 있도록 노력해야 한다. 나는 다행히 보건·의료 핵심 부서를 경험해 볼 수 있었다. 공무원은 자신의 경력 관리를 위해 남들이 가고 싶어 하는 선호도가 높은 직위, 선호 부서(흔히 '요직'이라 표현한다)에 근무해 볼 필요가 있다.

1999년에 5급(사무관) 승진이 내정되었다. 중앙 부처에서 가장 정열적으로 일하는 직급이 사무관이다. 정책의 출발점이 되기도 하고 궂은일을 도맡아 하는 직급이다. 조직의 허리 역할도 하면서 정책 입안도 해야 하니 바쁘지 않을 수 없다. 사무관부터는 외부 시민 조직과도 원만한 관계를 형성해 놓아야 한다. 시민단체는 때로는 아군, 때로는 적군이 될 수 있어 인간적 신뢰와 협조 체계가 요구된다. 국민 건강을 위해 평소 서로의 생각과 견해를 공유하면 필요할 때 신속하게 도와줄 수 있기 때문이다.

통상적으로 사무관 업무를 짧게는 6년, 평균적으로 7~8년 무난하게 처리하면 서기관으로 승진하게 된다. 이 7~8년 동안 미래 지도자의 덕목을 키워야 한다. 분명한 목적의식을 가지고 자신에 대한 확신을 다져야 하며, 주변 선배의 조언에도 귀를 기울이고 역량 개발을 위해 지속적으로 새로운 정보를 흡수해야 한다. 서기관으로 승진하면 과장 밑에서 총괄 계장 업무를 수행하게 되는데, 이때 혁신 주도 능력과 문제 인식 및 파악 능력, 해결 능력을 키워 나가야 한다.

어느 정도 전략적 사고가 무르익으면 과장으로 진급하게 된다. 전략적 사고를 통해 이해 당사자들의 각종 요구와 주장을 어떻게 잘 조정해 나갈 것인가를 끊임없이 고민해야 하는 자리다.

젊은 공직약사들의 진취적인 선구안 기억에 남아

25년의 공무원 생활에서 가장 기억에 남는 것은 1993년 복지부의 젊은 공직약사 몇 사람이 6개월간 토론을 거듭하며 국내 제약 산업의 미래와 약사 제도의 발전 방향을 모색했던 일이다. 나름대로 앞으로 7년 후에 펼쳐질 새로운 천년을 준비하는 과정이었다.

당시에는 국내 제약 산업 보호를 위해 인허가 제도에서 외국 기업과 국내 기업 간에 교묘한 차별을 두었다. 그러나 우리 공직약사들은 무분별한 국내 보호 정책이 오히려 국제 경쟁력을 약화시키고 있다고 판단했고, 국내 기업이 장기적으로 경쟁력을 갖출 수 있도록 과감한 개방 정책을 마련했다. 그동안 안일하게 제네릭만을 만들어 온 국내 제약사의 시련이 시작되었으나, 기업과 정부가 함께 노력해 20년이 지난 오늘 국내 제약 기업은 오히려 체질이 강화되고 국제 경쟁력을 갖추게 되었다. 1993년 당시 젊은 공직약사들이 20세기 사고방식에 함몰되지 않고 미래 지향적인 기본 계획안을 만든 것이 아직도 현재 진행형으로 추진되고 있는 것을 보면 감개무량할 뿐이다.

몸을 낮추는 지혜를 터득하다

복지부가 정부과천청사에 있던 시절, 나는 근무 중에 가끔 머리를 식히기 위해 허락을 받고 국립현대미술관을 찾곤 했다. 미술에 대해 특별한 식견이 있었던 것은 아니어서, 사람이 많이 몰려 있는 작품 앞에서 심각한 표정을 지으며 감상하는 일이 많았다. 그 모습이 진지하게 보였는지 간혹 내게 작품에 대한 해석을 물어 오는 이들도 있었다.

많은 민원인이 공무원에게 제도나 법령에 대해 질문한다. 내가 잘 모르는 것을 민원인이 물어 오면 미술관에서 짓던 예의 그 심각한 표정이 되곤 한다. 그럴 때면 민원인이 스스로 답을 찾고 해결하기도 한다.

공직 생활의 연륜이 쌓일수록 내 모습이 어떻게 비치는지 반성하게 되고 부끄러움이 앞선다. 아는 만큼 느끼는 것이 세상의 기본인데, 나 자신이 그간의 경험과 얇은 지식으로 아집과 집착을 떨치지 못하고 있는 것은 아닌지, 또는 잘못된 판단으로 정책을 엉뚱한 방향으로 이끄는 것은 아닌지 매번 자문하고 있다. 오랜 공직 생활을 통해 스스로를 낮추고 겸허해지는 지혜를 터득한 것이 가장 큰 수확이다. 공무원이 몸을 낮추고 전문가와 시민의 의견을 최대한 수렴·반영할수록 정책 효과는 빛을 발하고 성과를 낸다.

몸을 낮추는 지혜는 약사에게도 필요하다.

의약 정보를 의사와 약사가 독점했던 시절에는 전문가 중심으로 정책이 펼쳐졌지만 지금은 정보가 대칭 구조로 바뀌었다. 이제 국민도 네이버와 같은 인터넷 포털 사이트에 접속해 전문적인 의약 정보를 쉽게 확보할 수 있다. 특정 질병 분야는 오히려 고질병, 만성병 환자가 의약사보다 관련 지식을 더 많이 알고 있는 상황이다.

:: 오랜 공직 생활에서 얻은 가장 큰 수확은 스스로를 낮추고 겸허해지는 지혜를 터득한 것이라는 필자.

약사 면허는 약사법에 의거해 약학대학을 졸업하고 국가 면허 시험에 합격한 자에게 부여한다. 약사가 아닌 자는 의약품 취급에 엄격한 제한을 받는다. 약사만이 약에 대한 전문성을 법적으로 보호받고 있다. 그러나 전문 자격증도 국민이 공감하고 동의할 때 효력을 발휘할 수 있는 것이다. 이제는 과거에 배타적이고 독점적으로 부여되었던 면허 자격도 사회적 공감대를 이루지 못하면 법을 개정함으로써 국민에 의해 그 독점적 지위를 박탈당할 수 있음을 인식해야 한다.

공무원은 정체돼 있다는 것은 옛말!

공직 생활을 하다 보면 다양한 경력과 경험을 가진 사람들이 회의 등을 통해 정보를 공유할 기회가 많이 생긴다. 각종 대형 사건이나 국가적 재난이 발생하면 전 부처에서 유능한 인재들이 파견되어 대책단에서 일정 기간 업무를 함께 하게 되는데, 이를 계기로 타 부처 간의 교류와 정책 비교가 가능하다.

또 자기 비용을 들이지 않더라도 어렵지 않게 그 분야 최고의 인맥을 만나 볼 수 있다. 정부 정책을 수립할 때마다 태스크 포스(TF)를 구성해 위원회를 가동하는데, 이때 관련 분야 최고 전문가가 모두 참여한다. 학계의 내로라하는 대학 교수, 이른바 말발이 통하는 시민단체 주요 인사, 정책 방향을 이끌어 주고 홍보에 앞장설 언론계 인사를 위원으로 위촉하면 대부분 적극적으로 참여해 활발히 의견을 개진한다. 이들과 한 번에 안면을 트고 정보를 공유할 수 있는 기회가 주어지는 것이다.

공직에서는 정보도 쉽게 얻는다. 민간 기업에서 엄청난 가치로 여길 만한 고급 정보가 공직자에게는 늘 가까이에 있다. 더욱이 수시로 주요 이해 당사자들 간의 업무 조정·조율 과정을 거치면서 다양한 정보를 입수하게 된다. 아울러 정부 내부 회의 등을 통해 다양한 미래 정책 방향을 가늠해 볼 수 있는 문건 등도 쉽게 취득할 수 있다. 세상의 움직임을 남보다 빨리 느낄 수 있게 되는 셈이다.

교육 기회를 통해 자기 발전을 도모할 수 있는 것은 덤이다. 나는 2003년 1월부터 2년 동안 국방대학원에 파견되어 2년간 석사 과정을 공부할 기회가 있었다. 대학원 과정인 만큼 사무실에서 업무를 수행할 때보다 많은 여유 시간이 주어져 자기 계발의 기회를 누릴 수 있었다. 수업 시간 외에는 도서관에서 그간 읽고 싶었던 책들을 원 없이 보기도 했다.

공직으로 진출하려는 후배들에게

약사가 공직으로 진출하는 경우 다른 분야 전공자에 비해 누릴 수 있는 이점이 많다.

실제로 약사 면허를 받은 뒤 사법고시에 합격해 판사나 검사로 임용되어 보건·의료와 법률적 지식을 접목하는 독보적인 사례도 있으며, 로스쿨에 진학해 보건·의료 전문 변호사로 활동하는 이들도 늘고 있다. 인체 생리나 건강에 대한 지식을 바탕으로 또 다른 전문성을 접목하다 보니 아무래도 비교 우위를 점할 수 있는 여지가 많다.

행정 분야에 있어서도 약학 지식을 바탕으로 보건·의료 정책 분야에 근무하다 보면 업무 이해도나 숙련도를 비롯한 정책 전반의 흐름을 쉽게 이해할 수 있어 이과적인 분석적 마인드와 문과적인 통섭적 마인드가 잘 접목되어 성공 가능성이 높다.

선출직인 국회나 지방자치단체 의회로 진출해 지역 주민의 건강 파수꾼 역할을 할 수도 있다. 행정고시에 진출한 선후배도 많이 있다. 약대를 졸업한 후, 행정고시에 도전해 전체 수석의 영광을 얻은 약사도 있다. 약학이라는 꼼꼼하고 치밀한 학문적 영향을 받아서인지 어느 분야에서든 맡은 바 책임을 다하는 편이다.

미래는 늘 불안하게 시작되고 전문가들도 늘 "위기의 미래"를 말하지만, 그 속에 희망과 절망이 공존하게 마련이다. 최근에는 그 불안감이 가중되어 많은 사람이 미래를 걱정하고 있다. 이에 따라 미래 전망이 불안하지 않고 취업 안정성도 보장되는 공무원이 가장 선호되는 직업으로 떠오르고 있다.

그러나 공직을 택하는 것이 약국가나 제약회사로 나가기 싫어서라면 재고해 볼 일이다. 공직이 차선으로 택하는 진로여서는 안 된다. 나라와 국민을 위한 책임감과 열정이 있지 않는 한 공직은 또 다른 직장생활에 불과할 것이다.

성공한 공무원이 되기 위해서는 6개월마다 자신의 이력서에 새로운 이력을 써 넣을 수 있도록 끊임없이 조탁해야 한다. 어제의 나와 오늘의 나, 미래의 나가 달라지도록 지속적인 열정과 헌신이 요구된다.

5장

약사 정보 업그레이드

약국이 스마트해진다

| 김성일 |

1971년 부산 출생. 동아대학교 화학공학과 재학 중 한방화상진료시스템 벤처 회사인 KORMET을 창업했다가 IMF 여파로 문을 닫았다. 1999년에 대구가톨릭대학교 약대에 입학해 2003년 졸업했고, 2004년부터 부산 대연동에서 싱싱약국을 경영하고 있다. 부산시약사회 정보통신이사를 역임했다.

회사는 가끔씩만 출근할 뿐 주로 집에서 사무를 보는 김진통 씨. 어느 날 아침 머리가 너무 아프다. 병원을 가기에는 통증이 너무 심해 PC를 켜고 인터넷에 접속한다. 즐겨찾기에서 다나아병원 홈페이지를 클릭하고, 30분 뒤에 원격 진료를 받기로 예약한다.

시간이 되어 김진통 씨가 컴퓨터 앞에 앉자 모니터에 담당 의사 얼굴이 나오면서 진료가 시작된다. 집집마다 하나씩은 가지고 있는 진료 키트를 컴퓨터에 연결해 혈압과 혈당, 심전도를 측정하니 별 문제는 없고 스트레스 수치가 높은 것으로 나온다. 수면 시 호흡이 원활하게 이루어지지 않아 일시적으로 통증이 온 것으로 결론 나고 전자 처방전이 나온다. 그 전자 처방전을 집 근처에 있는 약국으로 전송하니 곧 김진통 씨의 스마트폰이 울린다. 폰에 깔아 둔 약국 애플리케이션을 통해 약의 조제까지 15분이 걸린다는 메시지가 왔다. 약국에 가서 약을 받으며 약사에게 설명을 듣는다. 그런데 집에 돌아오니 약사의 설명이 제대로 기억나지 않는다. 다시 애플리케이션을 실행해 방금 받은 약의 조제 내역을 살펴본다. 투약 설명서에 약 사진과 함께 자세한 설명이 나와 있다. 약 먹을 시간이 되면 애플리케이션이 알람도 울려 주어서 항상 제때에 약을 챙겨 먹는다. 그런데 오늘 저녁에 술자리가 있을 예정이다. 혹시나 애플리케이션을 다시 살펴보니, 술을 먹으면 간이 손상될 수 있다고 해서 일단 술자리는 피한다. 그렇게 6개월이 지난 뒤 다시 똑같은 증상이 있다. 이전에 받은 약이 남아 있는데 먹어도 되나 싶어 다시 애플리케이션을 체크하니, 알약 하나하나의 유효 기간이 나와 있다. 확인 결과 기간이 지난 것이 없어 다시 그 약을 복용한다.

스마트 약국의 풍경들

화상 전화도 아니고 화상 진료와 전자 처방전 발행이 가능한 이 김진통 씨 사례는 먼 미래의 이야기가 아니라, 매우 가까운 미래에 현실로 나타날 수 있는 풍경이다. 법적인 절차나 기타 여러 이유로 상용화되지 않고 있을 뿐, 이미 이를 위해 여러 기술이 개발되었고 일부는 실행 중이다. 예를 들어, 병·의원 방문이 용이하지 않은 전국의 구치소와 독도 수비대는 현재도 원격 진료를 받고 있다. 약국이 점점 스마트해지고 있는 것이다.

'스마트 약국'을 가능하게 할 기능들을 간단히 살펴보면 다음과 같다.

전자 처방전

지금은 대부분의 병원이 처방전을 종이로 발행하고 있지만 이것은 조만간 전자 처방전 형태로 바뀔 것이다. 환자가 스마트폰에 받아 가거나, 아니면 약국을 지정해 병원에서 송신하거나, 그게 아니면 아무 약국에 가서 신분증만 제출하면 처방전을 다운받을 수 있게 하거나 하는 몇몇 방법이 논의되고 있다. 어떠한 것을 택하든 클라우드(cloud) 방식이 될 터이므로, 이제는 처방전을 잃어버릴 일이 없게 된다. 환자는 클라우드에 저장된 자신의 처방전을 수시로 열어 보며 병력과 약력을 스스로 관리할 수 있다. 환자의 알 권리가 100퍼센트 보장되는 것이다.

RFID* 방식의 의약품 유통 관리

지금처럼 처방전을 받아 약을 먹으면 환자는 약물 정보를 알기 어렵다. RFID를 사용하게 되면 약국으로 들어온 의약품 재고량과 유효 기간이 정확하게 계산된다. 이에 따라 환자에게 지어 준 약의 유효 기간을 정확히 알 수 있게 된다. 지금도 우리 약국은 RFID 방식은 아니지만 매번 의약품 입고량을 유효 기간과 함께 처리함으로써 환자에게 조제된 한알 한알의 유효 기간을 알 수 있도록 하고 있다. RFID 시스템을 도입하면 장비 하나 구입하는 것으로 일괄적인 처리가 가능해진다. 또 불법 의약품 유통을 제한하는 효과도 크기 때문에 조만간 전체 제약 회사로 확대될 가능성이 높다. 그러면 일반 약국에서도 재고, 조제 관리가 쉽게 이루어질 수 있다.

---

* radio-frequency identification. 정보를 IC칩에 내장하고 무선 주파수로 추적할 수 있는 기술. 바코드의 진화된 형태로, 많은 양의 데이터 저장이 가능해 상품의 모든 정보와 유통 경로를 저장할 수 있으며, 인식률도 높아 물류, 유통, 재고 관리에 효율적으로 쓰인다.

DUR 시스템

협심증 약을 장기 복용 중인 남성 환자가 친구에게 발기 부전제 비아그라를 선물받아 복용한 뒤 실신했다. 그러면 그 책임을 누가 져야 할까? 협심증 약을 처방한 의사일까? 아니면 친구에게 비아그라 처방약을 조제·투약한 약사일까? 아니면 그 약을 복용한 본인? 정리하면, 협심증 약을 처방한 의사에게 물어보지 않고 임의로 발기 부전제를 복용한 환자에게 책임이 있다. 애초에 환자가 그 2가지 약을 먹으면 안 된다는 사실을 알았다면 과연 먹었을까? 부작용은 단순히 친구가 선물한 발기 부전제 한 알을 삼킨 것으로 시작되었지만, 그 결과 몸에 장애가 올 수도 있고 심각한 역효과로 평생 고생할 수도 있다.

이러한 부작용을 예방하기 위해 건강보험심사평가원은 전국 모든 병원과 약국에 DUR 시스템을 가동 중이다. 그래서 환자가 본인 이름으로 처방받을 경우 의사에게 말하지 않고 위험한 약을 처방받고 싶어도 의사·약사에게 반드시 알려지도록 되어 있다.

DUR 시스템은 우리나라의 기술력과 데이터가 세계적으로 아주 우월한 편이다. 물론 처방받지 않고 개인이 구입한 일반의약품에 대해서는 이 시스템이 적용되기 힘든 면이 있다.

POS 시스템

POS 시스템은 대형 마트나 편의점 계산대에서 흔히 볼 수 있는 바코드 시스템이다. 소비자 입장에서는 계산이 신속하고 정확하다는 장점이 있으며 판매자 입장에서는 정확한 재고, 매출 및 품목 관리가 가능하다. 그러나 우리나라 약국은 POS 시스템을 하기에 규모가 여의치 않은 곳이 대부분이다. 그럼에도 이 시스템이야말로 약국이 가장 필요

:: 약국 POS 시스템.

로 하는 시스템이라고 생각한다. 하루 중 어느 시간대에 어떠한 약의 매출이 많은지 분석하고, 한 달 중 어느 시기에, 연간으로 볼 때는 어느 달에 어떤 의약품이 많이 나가는지 등을 유용하게 분석할 수 있다. 이 데이터에 따라 재고를 관리하고 적정 의약품을 배치·진열한다면 쓸모없는 재고 의약품은 줄 것이다. 또 대비가 가능하므로 적절한 상담으로도 이어져 환자들은 시기에 맞게 필요한 의약품을 알맞은 설명과 함께 복용할 수 있다.

약국 관리 프로그램

약국에서 처방 입력과 판매 관리를 하는 프로그램은 4~5가지 정도 있다. 약국 관리 프로그램은 환자의 처방 내역을 저장하고 약을 조제하며 보험공단에 약품비를 청구하는 데 사용된다. 앞에서 언급한 POS 기능까지 이용한다면 금상첨화라 할 수 있다.(대부분의 약국 관리 프로그램에 POS 기능이 내장되어 있기는 하다.)

약국 관리 프로그램에는 다양한 기능이 들어 있다. 환자의 처방 내역을 저장해 약력을 관리하고, 약의 설명과 부작용 등을 자세히 볼 수 있는 의약품 데이터베이스도 탑재되어 있다. 환자에게 약품 설명서를 출력해 주는 기능도 있다. 여기에는 약의 사진과 효능, 주의 사항, 유효 기간까지 인쇄되어 제공된다. 라벨링 기능도 있어 라벨 프린터만 연결하면 각각의 약병에 개별적인 복용법과 설명을 인쇄해 부착하는 기능도 이미 사용되고 있다. 특히 이 기능은 환자들이 아주 좋아한다. 데이터 분석 기능도 있어 고객을 성별, 연령별, 질환별로 분류할 수 있다. 이 데이터는 약국 경영의 기본적인 경영 기준이 된다. 고객별 메모란은 고객의 특이 사항, 알레르기 사항 등 위험한 부작용과 조심해야 할 성분을 메모해서 관리해 주기도 한다.

팜케어(Pharmcare)

병원에서 처방전을 받고 약국에서 약을 지을 때 사용하는 복약 지도용 '팜케어'라는 애플리케이션이 있다. 원래는 환자용으로 개발된 것인데, 이 앱이 미래의 약국을 좌우할 수 있는 매개체가 될 것이라 생각한다. 이 앱의 주된 기능은 환자가 병원에서 처방받고 약국에서 조제받은 내역을 자신의 스마트폰으로 전송받을 수 있도록 하는 것으로, 환자가 직접 자신이나 가족의 약력을 관리하는 것이 가능하다. 그 약력이 저장된 곳에 가서 약품을 검색할 수도 있고 자신이 처방받은 약의 주의 사항이나 병원 정보를 볼 수도 있으며, 근처 병원과 약국을 찾아 곧바로 전화를 걸 수 있는 기능도 있다. 주요 공지 사항을 '푸시 알림' 형태로 받을 수도 있다. 이런 기능은 현재도 탑재되어 있는 것으로, 이 앱이

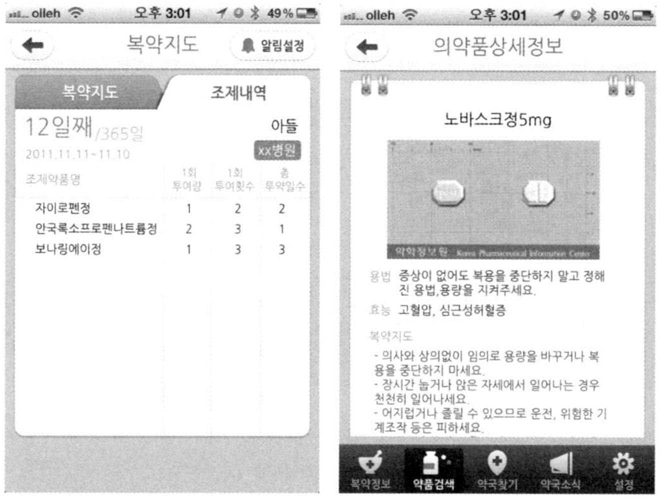

:: 팜케어 애플리케이션 화면.

의사, 약사와 환자를 연결시키는 다리 역할을 꾸준히 해 간다면 앞으로 더욱 엄청난 기능이 추가되리라 예상한다.

화상 진료 벤처 사업가에서 약사로

우리 약국은 환자들로부터 미래형 약국이자 스마트 약국으로 불린다. 앞서 소개된 DUR 시스템, POS 시스템, 약국 관리 프로그램, 팜케어 등을 실제로 쓰고 있기 때문이다. DUR 시스템으로는 단골 환자의 일반의약품 판매 내역을 처방 내역과 함께 저장한다. 약사가 직접 일반의약품까지 관리해 주니, 약을 조심성 있게 복용하는 환자들의 신뢰를 받고 있다. 또 팜케어는 출시되자마자 이용 중인데, 내방 환자들이 신기하게 여기면서도 금방 익숙해하는 등 반응이 좋다.

처음부터 이런 '미래형 약국'의 운영을 꿈꾼 것은 아니다. 아니, 애초에 약대를 가지 않았다. 처음 들어간 대학에서는 화학공학을 전공했다. 재학 중이던 1996년 '한방 화상 진료 시스템' 분야를 연구해 소프트웨어와 하드웨어를 개발했다. 당시는 막 인터넷이 보급되던 시기로, 하이텔 같은 통신이 유행 중이었고 모뎀으로 전화를 걸어 www에 접속하던 때다. 지금같이 통신이 빠르지 않은 상태에서 화상으로 진료하는 방법, 좀 더 구체적으로는 진료 데이터를 전송하는 프로토콜 방식을 개발하는 연구를 했다. 벤처 기업까지 차리고 데이터 압축 부분을 개발하던 중인 1997년에 IMF를 맞아 회사는 거액의 부도를 내고 말았다.

사업을 한답시고 학교도 이미 자퇴한 상태였다. 스물여덟의 나이로 다시 수능 시험을 공부하기 시작했다. 화상 진료 시스템 개발에 미련이 남아서였을까? 혹시라도 약사가 돼서 나중에 진료 시스템에 접근해 일할 수 있을까 하는 생각에 대구가톨릭대 약대에 입학했다. 그리고 약사고시를 패스한 뒤 부산 남구 대연동에 지금의 싱싱약국을 열었다.

메커니즘과 휴머니즘을 동시에 갖춰야

내게는 약국을 경영하며 중시하는 2가지 키워드가 있다. 바로 '휴머니즘'과 '메커니즘'이다.

미래형 약국, 스마트한 약국을 선보이는 것은 메커니즘에 해당한다. 그런데 스마트 약국 시스템을 무작정 이윤 창출을 위해 도입한다면 규모에 따라 오히려 역효과가 날 수도 있다. '환자를 위해 어디까지 해줄 수 있을까?'라는 고민이 없다면 국민 건강을 지키는 약사가 아니라 국민 건강을 수단으로 돈만 버는 약사로 남을 것이다.

나는 약국 경영에서 스마트 약국이라는 메커니즘은 액세서리일 뿐, 휴머니즘이 반드시 바탕에 깔려 있어야 한다고 생각한다. 약국에 들어온 환자에게 약료 서비스와 관련한 모든 것을 완벽하게 해 주는 것, 이것이 곧 휴머니즘이다.

나는 약국을 경영하며 '약국에 들어오는 환자는 무엇을 기대하며 들어올까?'를 가장 중점적으로 살핀다. 지금까지의 경험을 토대로 정리하면 5가지 정도로 추릴 수 있다.

- "빨리 약 먹고 나아야지."
- "이 약국 약을 먹으면 나을까?"
- "이 약국은 약값이 저렴한가?"
- "내가 찾는 게 이 약국에 있을까?"
- "한번 물어나 보자."

대화법에는 "자신이 불리한 주제가 진행될 때는 자연스럽게 주제를 바꾸도록 하라."라는 말이 있다. 나는 여기서 힌트를 얻어 '화제의 전환'이라는 방법을 사용한다. 환자가 어떤 의도로 약국에 들어오든 나와 마주하는 동안 '아, 이 약사가 나를 진심으로 대하는구나.'라고 느끼게끔 하는 것이다. 환자가 약사에게 거리감을 느끼지 않아야 진정한 투약과 복약 지도가 이루어질 수 있다.

그런데 말을 몇 마디 나누는 것만으로 이 화제의 전환이 이루어지는 것은 아니다. 환자를 상대하고 있는 약사의 진심이 전달되는 동시에 약사의 전문가적인 신뢰도 또한 전달되어야 하는 것이다. 약사가 환자를 상대하는 그 시간은 '자연인 대 자연인'이 만나는 순간이 아니라 '완벽한 자연인 대 자연인'이 만나는 순간임을 절실히 느껴지도록 해야 하는 것이다.

'약국은 무엇을 파는 곳인가'는 영원한 숙제

'약사란 무엇을 하는 사람인가?'

'약국은 무엇을 파는 곳인가?'

이것이 내가 대한민국 약사로서 일하는 동안 영원히 붙들고 있을 화두다. 약사는 약을 파는 사람일까? 병을 낫게 하는 사람일까? 약국 경영을 잘하는 사람일까? 아는 것이 많아 환자에게 자신감을 가지는 사람일까? 나는 이 모든 것보다 더 중요한 것이 있다고 생각한다.

나는 '약국은 건강을 파는 곳'이어야 한다는 신념으로 일하고 있다.

내게는 약국을 하며 생긴 조카가 한 명 있다. 친조카가 아니라 조카처럼 생각하는 친구다. 2004년쯤이었다. 지금도 나는 내방하는 환자들에게 영양제나 간장약 등을 복용할 때 실질적으로 필요한 복용법과 주의 사항을 적은 스티커를 나눠 준다. 여기에는 약국 연락처가 찍혀 있는데, 내 핸드폰 번호도 인쇄되어 있었다. 아무 때고 상관없으니 약에 대해 묻고 싶을 때 연락하라는 뜻이었다.

한번은 한 아저씨가 간장약을 사 갔다. 늘 그렇듯이 약국 스티커를 약통에 붙여 드렸다. 그런데 그날 밤 새벽 1시쯤 됐을까. 그분이 아주 급박한 목소리로 내게 전화했다.

"한밤중에 정말 죄송합니다. 아이가 열이 너무 나 응급실에 왔는데

하필 의사가 없어 진료를 못 받고 있습니다. 연락할 데가 약사님밖에 없어서요. 약이라도 살 수 없을까요?"

나는 자다 말고 약국에 나가 문을 열고 해열제를 주었다.

"응급조치는 하셨어요?"

"급한 마음에 경황도 없고 어떻게 하는지도 몰라서요…."

나는 옷을 다 벗기고 열을 식히는 조치법을 알려 준 다음에 소아과 엄마들에게 주는 설명서를 아이 부모님께 드렸다. 그 설명서는 아기가 위급할 때 집에서 할 수 있는 응급조치를 안내해 놓은 것이다. 그것을 참고해 아이 열을 먼저 식혀 보고 그래도 열이 안 떨어지면 약을 먹이라고 했다. 어떻게 됐을까? 그 후 아이와 엄마가 함께 내게 인사를 왔다. 그날 응급조치를 하고 다음 날 아침 병원 문을 열자마자 갔더니 신경계 쪽에 문제가 있다고 했다 한다. 그래서 두 달간 입원했는데, 그날 밤 열을 안 잡았으면 큰일 날 뻔했다며 무척 고마워하는 것이었다.

그 아이는 그때부터 명절이 되면 꼬박꼬박 내게 인사를 왔다. 몇 해 전에는 대학에 진학하려는데 어떤 학교, 어떤 과를 택해야 할지 고민이라기에 소신껏 조언해 주기도 했다. 지금은 이사 가고 연락이 되지는 않지만, 약사라는 직업이 자랑스럽고 소중함을 느끼게 해 주는 기억이다.

처음 핸드폰 번호를 환자들에게 알려 주기 시작했을 때는 하루 30~40통의 상담 전화가 왔다. 그만큼 환자들은 약에 대해 가까이 있는 전문가의 조언을 필요로 한다는 말일 것이다. 그래서 나는 지금도 이제 막 개업하는 후배 약사들에게 말한다. 적극적으로 상담해 주라고. 환자들이 필요로 하는 약사는 그런 약사라고 말이다.

'국민이 정말 필요로 하는 약사'라는 영역은 여전히 블루오션이다. 약사라는 직업은 사람에 대해 공부하고 다시 사람을 알아 가고 결국 사람을 사랑하게 되는 그런 직업인 것 같다. 휴머니즘과 메커니즘이 어우러져 완벽하게 하나의 무언가가 될 때까지, 나는 부산 대연동에서 건강을 파는 약사로서 당당하게 일하고 있을 것이다.

약사, 아는 만큼 보인다

| 홍성광 |

중앙대학교 약학대학을 졸업하고 성균관대학교 대학원에서 보건사회약학 석사 학위를 받았다. 현 서울 동오약국 대표다.

1. 약사가 되려면 어떻게 해야 하나요?

약사가 되려면 우선 국가가 허가하는 면허를 따기 위한 전제 조건으로 약학대학을 졸업해야 합니다. 약대는 전국에 35개가 있으며 2010년도부터 6년제로 바뀌었습니다. 4년제 대학 2학기 이상을 수료한 자가 PEET(pharmacy education eligibility test, 약학대학입문자격시험)를 치르고 다시 본인이 지망하는 대학에 응시하는 형태로 입학이 가능합니다. 2010년 이전에는 고등학교를 졸업하고 바로 약대 입학이 가능했지만 학제가 6년제로 바뀌면서 이처럼 바뀌었습니다. 즉 다른 대학이나 학과 등을 2년 다닌 뒤 약대 본과에서 4년을 공부하는 변형된 '2+4'의 6년제입니다. 이 제도는 좀 더 다양한 학문을 배우고 기초를 세운 학생들이 약대에 들어오게 하려는 것으로, 약학의 영역을 더 넓고 깊게 만들려는 취지입니다. 약대를 졸업하면 국가에서 시행하는 약사고시를 보게 되어 있습니다. 이 약사고시는 한국보건의료인국가시험원 관장으로 매년 1월경에 한 차례 치러지며, 필기시험과 실기시험으로 구성됩니다.

또 한 가지 계약학과라는 제도가 있습니다. 이는 제약회사에서 연구 인력 육성을 위해 사람을 계약하고 약대를 보내 주는 제도입니다. 즉 졸업 이후 몇 년간 근무한다는 조건을 달고 약대에 입학시켜 교육을 시키는 것이죠. 2년 시행 동안 인가받은 인원은 77명이지만 13명(2011년도 실제) 정도의 인원이 이 제도를 통해 약대에 입학했다고 합니다. 이 제도는 약간의 문제점들이 노출되면서 제도의 존속 여부는 불투명하다고 할 수 있습니다. 결국 앞으로는 PEET에 합격해 약대에 입학하고 공부한 뒤 약사고시를 통해 약사가 되는 길밖에는 없을 전망입니다.

2. 약대에 입학하려면 무엇을 준비해야 하나요?

과거와 달리 PEET를 거쳐야만 약대에 입학할 수 있게 제도가 바뀌었기 때문에, 우선은 자연 계열에 입학하는 것이 필요하고 거기서 일정 수준 이상의 학점을 이수해야만 합니다.(반드시 자연 계열 전공자여야 하는 것은 아니지만, PEET는 물론 본과 교과 과정을 이수하는 데는 자연 계열 전공이 많은 도움이 됩니다.) 기본적인 자격이 되어야만 PEET를 통과할 수 있고 각 학교가 원하는 또 다른 기준에 따라 면접이나 구술시험을 통과해야 하므로, 미리 원하는 대학의 상세한 입학 정보를 취득하고 대비해야 합니다.

약대에서 배우는 과목은 생물학, 유기화학, 생화학, 물리학이 있고, 인체에 관련된 해부학이나 생리학, 의약품과 관련된 약물학, 생약학, 약

물동력학 등이 있습니다. 약대에 입학해 약사가 되려면 기초적으로 화
학과 물리학, 생물학 등의 지식을 집중적으로 습득하는 것이 좋습니다.

3. 약대가 늘고 약사 수가 는다는데 어느 정도인가요?

2010년 이전까지는 전국 20개 대학에 약대가 있었으나 의약분업
이후 연구 인력 및 미래 인구 대비 의약사 숫자를 늘려 복지를 대비한
다는 취지에서, 2010년부터 15개 대학에 추가로 약대가 설치되었고 그
에 따라 한 해 약대 정원도 1300명에서 1800명으로 는 상태입니다. 이
인원은 앞으로 증원 등의 절차를 거쳐 2500명까지 늘 것으로 전문가들
은 예측하고 있습니다.

4. 병역 특례라는 제도가 있다는데 어떤 것인가요?

약대를 졸업하고 다시 대학원에 진학해 석사 학위 이상을 취득하는
경우 국가에서 지정한 병역 특례업체에서 연구직 쪽으로 근무함으로써
병역을 대체할 수 있습니다. 특례업체는 해마다 정해진 인원만을 선발
할 수 있고, 보통 3년간 근무하면 병역을 필한 것으로 간주합니다. 다
만 그 중간에 그만두는 경우에는 군대를 가야 합니다.

5. 약국을 개업하려면 어떠한 과정이 있나요?

약국 개업은 약사 면허증 소유자가 약국 장소와 약국 하는 데 필요
한 설비를 갖추면 개설 가능합니다. 즉 면허증을 발급받은 순간부터 약
국 개업이 가능합니다. 하지만 약국 개설 이후에 약국을 경영하는 실습
을 거친 경우에도 실제 적응하는 기간이 필요하므로, 일반적으로 약국
을 개업하려는 약사의 경우 최소 1년 정도의 근무약사 경험이 있어야

개업 이후 오류를 줄일 수 있습니다.

6. 약국 개업에 드는 비용은 얼마인가요?

2012년 기준으로 약국을 개설하는 데 드는 비용은 평균 2~3억 원입니다. 하지만 약국의 평수나 입지 조건에 따라 그 액수는 천차만별입니다. 임대료와 권리금, 인테리어와 의약품 구비에 드는 비용 등을 합치면 최소 2억 원이 듭니다. 상한선은 없기에 수십억 원이 들 수도 있습니다. 일반적인 동네약국이라면 평균치에 근접하는 비용이 듭니다.

7. 약국을 개업하면 수입이 얼마나 되나요?

약국의 수입도 개업 비용과 마찬가지로 약국의 입지 조건과 경영 능력에 따라 차이가 많이 납니다. 약국의 수입은 의약품을 가지고 조제하는 조제료 수입과 일반의약품을 판매하고 남는 수익의 합산이 대부분인데, 처방전을 많이 수용하는 약국의 경우는 조제료에 의한 수입이 많은 대신 일반의약품 판매가 부진하고, 일반의약품 위주의 약국은 조제료에 의한 수익이 적은 편입니다. 약국 또한 빈익빈 부익부가 있는 편이라 수입이 많은 약국장은 소수입니다. 대다수는 현시점에서 개업을 한 대한민국 약국장의 평균 수입인 월 700만 원(세후) 정도가 될 것으로 판단합니다.

8. 제약회사 CEO가 되려면 어떤 진로를 택하고 어떤 스펙을 쌓아야 하나요?

어느 기업이든 '스페셜리스트'가 우선 대우를 받습니다. 즉 전문성을 중시하는 직역을 확보하는 경우 인정을 받는 편입니다. 하지만 CEO라는 위치는 경영 전반에 관한 부분을 총괄하는 자리이다 보니, 이런 스페셜리스트들이 '제너럴리스트', 즉 회사 전반에 대한 경영 능력을 충분히 갖추었을 때만이 가능하다고 볼 수 있습니다. 특정 업무를 잘하는 것만으로는 CEO를 하기 어렵다는 것입니다. 결론적으로 회사의 CEO가 되려면 우선 자신의 특화된 업무 영역을 확보하는 스페셜리스트가 되고 그 이후 회사 경영 전반을 총괄할 수 있는 제너럴리스트가 되어야만 가능합니다.

9. 드러그스토어는 약국인가요?

드러그스토어(drugstore)는 약국과 잡화를 동시에 취급하는 미국이나 일본의 소매업을 이야기합니다. 즉 의약품과 건강과 관련된 제품군이나 잡화 등을 모두 취급하고 있는 형태입니다. 하지만 우리나라의 경우 신문 지상 등에서 드러그스토어라는 용어를 쓰는 업태들은 대개 의약품은 없고 건강 관련 제품군이나 미용 제품, 잡화 등만을 취급하는 경우가 대부분입니다. 따라서 드러그스토어라는 용어보다는 '헬스스토어'라고 봐야 할 것입니다.

10. 공무원으로서 약사 면허증이 도움이 되나요?

대한민국 공무원이 되는 것은 약사라고 다르지는 않습니다. 국가에서 시행하는 공무원 시험에 응시해 통과해야만 공무원 자격을 취득하는 것입니다. 다만 약사라는 직업군의 특성상 공무원으로 취업하는 유형들은 굉장히 다양합니다. 국가나 지방자치단체가 운영하는 국공립병원과 보건소, 정책을 만들어 시행하고 감독하는 보건복지부나 식약처, 심사평가원 등으로 가게 됩니다. 약사 면허증 소지자가 공무원으로 임용되는 경우에는 저런 특수 분야의 지원이 가능하다는 점에서 도움이 된다고 생각할 수 있습니다.

11. (특히 약국을 하시는 분들은) 부부 약사가 많던데 실제 도움이 되나요?

약대의 학부 학생들은 2010년 이전까지 남녀 비율이 3대 7이었습니다. 2010년 이후 6년제로 개편된 이후에도 여전히 이 비율로 입학생이 형성되고 있다고 합니다.

현대 사회 흐름상 과거에 비해 한 가정이 한 명의 소득으로 경제생활을 영위하는 것이 어려워지면서 맞벌이 부부 형태가 일상화하는 경향을 보이고 있습니다. 약사들도 마찬가지로 혼자 일해서 경제생활을 하는 것에 비해 아무래도 좀 더 낫기 때문에 부부 약사가 많은 편입니다. 더불어 남녀 공학이라는 특징 때문에 학교 때부터 '캠퍼스 커플'도 많다고 생각합니다.

부부 약사의 장점이라면 경제적인 면과 직업에 대한 상호 이해도가 높다는 점, 단점이라면 상대방의 직업에 대해 서로 잘 알다 보니 충돌의 영역이 발생할 소지가 크다는 점이라고 할 수 있겠습니다.

12. 약국에 근무하는 사람은 모두 약사인가요?

약국에 근무하는 인원 중 '가운을 입은 사람'들이 약사라고 보면 됩니다. 약사들이 입는 가운의 경우 색이 다양하지만 대부분 약사의 이름이 적혀 있으므로 이를 통해 약사인지의 여부를 확인할 수 있습니다. 약국에 근무하는 인원은 약사와, 약국의 전산 업무를 담당하는 전산원, 그리고 잡무를 보는 직원으로 구성되어 있습니다. 약사법상 약사가 아닌 사람이 의약품을 판매하는 것은 불법이며, 의약품을 제외한 제품군은 약사가 아닌 직원들도 판매가 가능합니다.

13. 약국마다 판매하는 의약품 가격이 왜 다른가요?

의약품은 제약사에서 제조한 뒤 유통사인 도매업체를 거쳐 약국에 공급되어 소비자인 환자에게 판매됩니다. 이 과정에서 도매업체가 공급하는 조건에 따라 약국에 공급되는 의약품 가격이 전부 다릅니다. 약국에서는 공급받는 가격에 따라 정한 소비자 구매 가격을 표시하고 있으므로 약국마다 가격이 다를 수 있습니다.

14. 병원, 제약, 약국, 공직 외에 약사가 진출할 수 있는 분야가 있나요?

약사 면허증을 받은 대한민국 약사가 진출할 수 있는 경로는 굉장히 다양합니다.

- 약업 전문지 혹은 일간지 기자
- 건강 관련 정보를 제공하는 인터넷 콘텐츠 사업
- 의약품 및 건강 관련 제품군의 수출입업
- 의약품 유통사 관리약사
- 화장품 제조업계
- 의약 관련 특수 영역을 담당하는 변호사, 공인 회계사, 세무사, 변리사
- 해외 약사
- 출판업
- 건강 관련 사회적 기업 혹은 사회 단체
- WHO(세계보건기구) 등 국제기구
- 제약회사 CEO

실제로는 좀 더 다양한 직종에서 약사들이 활동하고 있습니다. 단

순히 약 전문가가 아닌 보건·의료에서의 약사의 사회적인 역할을 생각하면 앞으로 다양한 직업군이 더 많이 만들어지지 않을까 합니다.

15. 개국가에서 근무약사로 일할 경우 급여는 어느 정도입니까?

개국가의 근무약사는 몇 가지 형태가 있습니다. 근무하는 약국의 크기와 업무 형태에 따라, 하루 10시간 정도 근무하는 책임약사와 하루에 몇 시간씩만 근무하는 파트타임 약사, 1주일 중에 주말만 근무하는 주말 근무약사 등이 있습니다. 이에 따라 급여도 천차만별입니다.

또 병·의원 처방전이 주력인 처방 위주 약국인지, 처방전과 일반의 약품 판매가 섞여 있는 중·대형급 약국인지, 그리고 흔히 동네에서 볼 수 있는 동네약국인지에 따라서도 근무약사의 급여가 다릅니다.

수도권과 지방 간의 급여 차이도 상당한 편입니다. 2013년 시점으로 보면 서울·경기권의 10시간 기준 근무약사의 연봉은 4000~5000만 원 수준인데, 지방은 5000~6000만 원 정도로 형성되어 있습니다. 근무 강도가 강하면 강할수록(예를 들어, 소아과 처방전 위주의 약국), 근무 시간이 길면 길수록 급여 체계는 높아진다고 생각하면 됩니다.

약대가 6년제로 개편되어 2013년, 2014년 2년간 약대 졸업생이 없는 상황이다 보니 시점상 급여가 최고 상태에 이를 수밖에 없다는 점은 고려해야 합니다. 20개에서 35개로 늘어난 약대 졸업생들이 배출되는 2015년 이후에는 아무래도 수요와 공급의 원리에 의해 급여가 다소 감소하리라는 예측을 할 수도 있습니다.

16. 약사로서 힘든 점과 보람된 점은 어떤 것인가요?

약사라는 면허증을 받고 다양한 곳에서 건강과 관련된 일을 하면서 겪는 일들은 다른 직업군만큼이나 다양한 편입니다. 어떤 일을 하는가에 따라 어려운 점과 보람된 점은 다소 다르지만 건강을 다룬다는 점에서 대동소이한 점들은 분명 존재합니다.

제가 약국을 하는 입장에서 약사로서 힘든 점이라면 무엇보다 근무 시간이 길다는 점이겠지요. 그리고 약국도 경영을 해야 하는지라 멀티 플레이어가 되어야 한다는 점입니다. 예를 들어, 약국에는 업무상 컴퓨터가 많은데 이런 컴퓨터가 고장 날 경우 일일이 누군가에게 도움을 요청할 수 없으니 기초적인 부분은 스스로 해결할 만큼 지식과 경험이 필요하게 됩니다.

환자와의 관계에서는 아무래도 약국이라는 곳이 신체적이든 정신적이든 어려움이 있는 분들이 오는 곳이다 보니 예민한 반응을 보이는 분들과의 일상적인 충돌이 힘들다고 해야 할 것입니다. 최근 볼 수 있는 약사 직능에 대한 회의적인 시선이나 사회적인 편견 등도 의욕을 꺾어 버리는 경우가 많습니다. 또 한정된 공간 내에서 세심한 업무를 오랫동안 진행하다 보니 식생활이 원활하지 못하고 건강 관리가 쉽지 않은 것 역시 힘든 점입니다.

보람된 점이라면 아무래도 환자의 어려운 점을 들어 주고 의약품을 매개로 그 어려움을 해소시켜 주었을 때라고 할 수 있습니다.

17. 출신 약대에 따라 취업이나 승진에 차별이 있습니까?

약대를 졸업하고 약사 면허증을 받고 나면 출신 약대에 따라 선배들이 후배들을 이끌어 주는 것은 여느 직업군과 마찬가지로 존재합니다. 다만 과거에는 학연이나 지연에 따른 이런 차별이 약간은 존재했었지만, 최근에는 많이 사라진 상태라고 봅니다. 또 앞으로는 6년제 약대

시대를 맞이해 35개 대학에서 약사가 배출되면서 이런 문제점들은 거의 없어질 것이라고 생각합니다.

18. 약사도 정년이 있습니까?

약사 면허증에는 정년이 없습니다. 다만 약사도 인간이기 때문에 인간으로서의 정년은 있습니다. 제약회사나 병원의 경우 일반적인 직장의 정년을 그대로 생각하면 됩니다만, 개국약사의 경우는 정년은 없습니다. 지금 가장 연세가 많은 개국약사는 90세가 넘어서도 아주 열성적으로 약국 업무를 수행하고 있습니다. 체력적인 부분이나 정신적인 부분에서 문제가 없다면 약사의 업무를 수행하는 데 정년은 기본적으로 보장된다고 생각합니다.

19. 약사라는 직업을 수행하는 데 어떤 성격이 적합합니까?

약사라는 직업은 자연과학을 기초로 하는 직업이라는 인식이 강한 편입니다. 그래서 꼼꼼하고 원칙을 중시하며 약간은 내성적인 성격이 맞을 것이라고 짐작할 수도 있습니다. 특히 연구소나 병원 조제실 근무 등의 경우에는 이러한 성격이 적성상 가장 맞을 것입니다.

하지만 실무적인 측면에서 보면, 약사는 약이라는 제품을 매개로 사람을 상대하는 직업군이라는 측면이 더 강하다고 생각합니다. 실제로 대한약사회 신상 신고자의 70퍼센트 이상이 개국약사입니다. 개국약사는 처방·조제에 의한 복약 지도나 상담 등에 있어 오히려 적극적이거나 역동적인 성격일 경우에 훨씬 적응도 잘하고 경영도 잘하는 편입니다.

약학이라는 학문 자체가 자연과학이라고 생각할 수 있지만 사회에

나와 약사의 업무를 보다 보면 오히려 인문학적인 요소가 상당히 필요
한 편이라 다양한 경험이 있는 활동적인 성격이 약사라는 직업에 적합
하지 않을까 합니다.

20. 약국과 약방은 어떻게 다른가요?

약국과 약방은 다릅니다. 약국은 약사 면허증 소지자가 개설해 판
매와 상담을 합니다. 약방은 과거에 약사 면허증 소지자가 적었던 시
절, 한시적으로 약국이나 한의원 근무를 한 경험이 있는 사람들에게 의
약품 판매 자격을 부여한 것으로 매약상 혹은 약종상이라 부릅니다. 즉
의약분업 제도하에서 처방전을 가지고 약방을 가더라도 조제가 불가능
합니다. 약방에서는 이미 제조된 의약품만을 판매할 수 있는 셈입니다.
지금은 대도시의 경우 약방은 거의 사라진 상태이고 지방에 아주 극소
수가 남아 영업을 하고 있습니다.

21. 직업으로서의 약사의 전망은 어떻습니까?

현대 사회는 식생활의 개선과 의약품의 발달 덕분에 평균 수명이
80세를 넘어서고 있습니다. 과거에 비해 노령 인구가 늘어나고 그 속도
가 급속하게 진행되고 있는 상황입니다. 또 경제적 여건의 향상으로 건
강에 대한 관심이 높아지고 있어 치료보다는 예방 쪽으로 진행될 가능
성이 커지고 있습니다. 이런 사회적인 흐름과 마찬가지로 약사의 직능
역시 변화를 맞고 있습니다. 무엇보다 의약분업 이후에 의와 약의 분리
에 의한 처방과 조제라는 영역이 명확해지면서 약사의 직능에는 심한
변화가 왔습니다.

그로부터 10여 년의 시간이 흐르고 약사들은 과거에 비해 직역의

축소에 가까운 현실을 비로소 느끼고 있습니다. 특히 개방화와 민영화라는 시대적인 트렌드에 의해 영역 확장 내지는 직역에 대한 명확한 개념을 정립해야 하는 시기가 왔다고 봅니다.

약대를 졸업하고 국가가 부여하는 약사 면허증을 소지하는 과정을 겪고 나면 약사라는 직업에 합류하게 되는데, 약사 면허증은 생각보다 다양한 분야에서 유효합니다.

지금 현황으로 보면 전체 면허 사용자 중에 70퍼센트 이상이 개국약사로 진출하는 편중 현상을 보이고 있지만 약대 6년제의 취지대로 의약품만이 아닌 건강이라는 영역을 생각하면 이 편중 현상은 멀지 않은 장래에 사라질 것으로 보입니다.

사회적인 관심의 변화가 '케어(care)'에서 '큐어(cure)'로 바뀌고 고령화 사회가 됨에 따라 건강에 대한 일반인들의 관심이 높아지는 상황입니다. 이에 발맞추어 약사의 직능이나 영역도 많은 변화가 있을 것이고, 이렇게 보면 건강 전문가로서 약사의 전망은 밝다고 생각합니다.

개국약사로 24년을 살면서 약사라는 직업의 특성상 많은 사람들을 만나 다양한 이야기를 들을 수 있었습니다. 때론 제게 고마움을 표시하는 사람들을 보며 보람을 느낍니다. 무엇보다 세상을 보는 다양한 시각을 가질 수 있었습니다. 고객인 환자들로부터 '선생님' 소리를 듣는 영광을 누릴 수 있는 것은 제가 약사라는 직업을 가지고 있기 때문입니다.

더불어 후배들에게서 선배로서 세상을 살아가는 지혜를 전해 주는 것, 그들이 세상에 나아가 나보다 더 많은 환자에게 웃음을 주고 보람을 스스로 찾게 하는 것 또한 제가 약사이기 때문에 가능하다고 생각합니다.

미래의 약사를 무척 불투명하거나 불안정하다고 판단하는 사람도 있습니다. 그러나 지금처럼 약사들이 스스로 자신의 모습이나 사회적 역할에 대해 진지하게 고민하고 노력하는 한 의약품 전문가가 아닌 국민 건강 도우미로서 거듭날 수 있기에 미래가 밝다고 단언할 수 있습니다.

전국 약학대학 일람표

* 2011년부터 신입생을 모집한 약대

학교	학과(전공)	주소	전화번호
가천대학교* myhome.gachon.ac.kr/pharm	약학대학	인천 연수구 함박뫼로 191	032-820-4821
가톨릭대학교* www.catholic.ac.kr/~pharm	약학대학 약학과	경기 부천시 원미구 역곡2동 산 43-1	02-2164-4049
강원대학교 pharmacy.kangwon.ac.kr	약학대학 약학과	경기 춘천시 강원대학길 1	033-250-6901
경북대학교* pharmacy.knu.ac.kr	약학대학 약학과	대구 북구 대학로 80	053-950-8553
경상대학교* pharm.gnu.ac.kr/main	약학대학 약학과	경남 진주시 진주대로 501	055-772-2407
경성대학교 www.ks.ac.kr/pharmacy	약학대학 약학과	부산 남구 대연동 314-79	051-663-4888
경희대학교 pharm.khu.ac.kr	약학대학 약학과	서울 동대문구 회기동 1	02-961-0355
계명대학교* web.kmu.ac.kr/pharmacy2	약학대학 약학과 제약학과	대구 달서구 달구벌대로 1095	053-580-6642
고려대학교* pharm.korea.ac.kr	약학대학 약학과	세종 세종로 2511	044-860-1603
단국대학교* hompy.dankook.ac.kr/pharmacy	약학대학 약학과	충남 천안시 동남구 안서동 산 29	041-550-1430

학교	학과(전공)	주소	전화번호
대구가톨릭대학교 pharm.cu.ac.kr	약학대학 약학과 제약학과	경북 경산시 하양읍 금락로 5	053-850-3603
덕성여자대학교 dspharm.kr	약학대학 약학과	서울 도봉구 근화교길 19 (쌍문동)	02-901-8164
동국대학교* pharm.dongguk.edu	약학대학	경기 고양시 일산동구 동국로 32	031-961-5203
동덕여자대학교 www.dongduk.ac.kr/pharmacy/index.do	약학대학 약학과	서울 성북구 하월곡2동 23-1	02-940-4000
목포대학교* pharmacy.mokpo.ac.kr	약학대학 약학과	전남 무안군 청계면 영산로 1666	061-450-2680
부산대학교 pharmacy.pusan.ac.kr	약학대학 약학과 제약학과	부산 금정구 부산대학로 63 2 (장전동)	051-510-1684
삼육대학교 www.syu.ac.kr/web/pharmacy	약학대학 약학과	서울 노원구 화랑로 815 제3과학관 315호	02-3399-1616
서울대학교 www.snupharm.ac.kr	약학대학 약학과 제약학과	서울 관악구 관악로 1	02-880-7825
성균관대학교 pharm.skku.edu	약학대학 약학과	경기 수원시 장안구 서부로 2066	031-290-7720
숙명여자대학교 pharmacy.sookmyung.ac.kr	약학대학 약학부	서울 용산구 효창원길 52	02-710-9576
순천대학교* pharm.sunchon.ac.kr	약학대학 약학과	전남 순천시 중앙로 255 (석현동)	061-720-3114
아주대학교* pharm.ajou.ac.kr	약학대학 약학과	경기 수원시 영통구 월드컵로 206	031-219-3433
연세대학교* pharmacy.yonsei.ac.kr	약학대학	인천 연수구 송도동 162-1	032-749-4103
영남대학교 pharm.yu.ac.kr	약학대학 약학부	경북 경산시 대동 214	053-810-2805
우석대학교 pharm.woosuk.ac.kr	약학대학 약학과	전북 완주군 삼례읍 삼례로 443	063-290-1567

학교	학과(전공)	주소	전화번호
원광대학교 wkpharm.com	약학대학 약학과	전북 익산시 익산대로 460 (신용동)	063-850-6812
이화여자대학교 home.ewha.ac.kr/~pharm21	약학대학 약학과	서울 서대문구 대현동 11-1 약학관A동 209호	02-3277-3003
인제대학교* pharm.inje.ac.kr	약학대학 약학과	경남 김해시 인제로 197 약학대학 320호	055-320-3939
전남대학교 altair.chonnam.ac.kr/~pharmacy	약학대학 약학부	광주 북구 용봉로 77 (용봉동)	062-530-2920
조선대학교 pharmacy.chosun.ac.kr	약학대학 약학과	광주 동구 필문대로 309	062-230-6363
중앙대학교 www.pharm.cau.ac.kr	약학대학 약학부	서울 동작구 흑석로 84	02-820-5590
CHA의과학대학교* pharmacy.cha.ac.kr	약학대학 약학과	경기 포천시 해룡로 120	031-8017-9611
충남대학교 cnupharm.cnu.ac.kr	약학대학 약학과 제약학과	대전 유성구 대학로 99	042-821-5912
충북대학교 pharm.chungbuk.ac.kr	약학대학 약학과 제약학과	충북 청주시 흥덕구 개신동 12	043-261-2806
한양대학교* pharmacy.hanyang.ac.kr	약학대학 약학과	경기 안산시 상록구 사3동 제5공학관 527호	031-400-5793